公平与发展

EQUITY AND DEVELOPMENT

中国社会科学院社会学研究所

/

主编

社会科学文献出版社
SOCIAL SCIENCES ACADEMIC PRESS (CHINA)

序

　　中国社会科学院、北京大学、复旦大学、南京大学、台湾大学、台湾中央大学、香港中文大学基于协力推动人文社会科学的学科发展及交流合作，共同发起了"海峡两岸暨香港人文社会科学论坛"。此次论坛于2014年11月1~2日在中国社会科学院隆重召开，由中国社会科学院承办，中国社会科学院社会学研究所协办。

　　中国社会科学院副院长李扬、香港中文大学副校长张妙清、台湾大学副校长张庆瑞、北京大学副校长刘伟、台湾中央大学副校长刘振荣、复旦大学副校长林尚立以及南京大学副校长杨忠分别在开幕式致辞。在开幕式上，七家主办单位共同签署了"海峡两岸暨香港人文社会科学论坛合作协议书"，协议书的签订将使海峡两岸暨香港在人文社会科学领域缔结更紧密的联系，对凝聚海峡两岸暨香港人文社会科学专家学者的智慧，增进彼此的理解和信任具有重要意义。

　　海峡两岸暨香港之间的经贸往来、文化交流不断拓展，相互联系日益紧密。经济上互依互惠，文化上同根同源，社会交往的纽带丰富多样，使海峡两岸暨香港在经济社会发展过程中有许多共通的感受和体会，在人文社会科学领域有许多值得交流的重大议题。面对全球化和社会变迁带来的挑战和机遇，如何处理好公平与发展的关系，是实现社会和谐稳定、经济可持续增长的关键。在中华历史文化传统的大背景下，共同探讨公平与发展的内涵与关联，相互交流看法和经验，彼此了解，实现海峡两岸暨香港共谋发展、增进人民福祉，是社会科学研究者共同的使命。

　　此次论坛的主题为"公平与发展"。中国社会科学院副院长李培林教授、香港中文大学副校长张妙清教授和台湾大学朱敬一教授为本次论坛发表主旨讲演，他们的讲演分别介绍了海峡两岸暨香港的经济社会发展中的公平状况、公平的演进趋势，提供了视角不同但意涵深邃的关于公平与发展的分析框架。来自海峡两岸暨香港 80 多位专家学者就"公平与发展的内涵与关联"、"中华历史文化传统与华人社会实现公平与发展"、"海峡两岸暨香港实现公平与发展经验的比较与启示"三个专题展开了深入探讨。

首先，对于公平与发展的理论思考，是不少学者的兴趣点。有 8 篇文章从理论的角度探讨公平与发展的问题。这些论文和报告或者从哲学或社会理论的高度探讨了公平与发展的内在关系（苑举正，杨祖汉，周怡），或者从华人社会的中华性观念出发探讨工业共赢发展的公平尺度（吴小安），或者从法律平等的视角来看待社会客观发展，或者把公平的发展视为一种重要的人权来看待，认为只有从这样的角度来认识发展，公平的发展才是可能的（肖巍）。在某种程度上，这些研究似乎提供了一种关于公平与发展问题的理论思考的完整逻辑链条。

其次，关于海峡两岸暨香港公平与发展问题的经验研究，赵永佳、叶仲茵教授的论文"香港代际公平与发展"，侧重分析香港青年人群在教育、就业和工作收入等方面的不平等的十年变动趋势，并从职业教育相关公共政策的角度探寻促进香港代际公平的出路。朱敬一、康廷岳教授的论文研究了经济转型引发的台湾社会"不公平"问题，特别运用翔实数据分析了社会不公平的五个关键层面，即薪资冻涨、所得分配、居住正义、子女教育、阶级流动等五个方面的不公平，并分析了导致这些不公平的主要原因和机制。张玉芳、古允文的论文"经济成长之外：台湾包容性发展的挑战"，全面检视了台湾以往偏重经济成长的发展模式所面临的挑战，提出一个有能的政府必须让经济成长转化为就业机会和薪资所得，同时对劳动市场中的边缘人口提供福利保障，从而应对挑战、提高包容性水平的政策主张。范从来、张中锦教授的论文"收入分配与公平发展的实现"从收入主要来源分布的不平等状况，也就是工资性收入、经营性收入、财产性收入和转移性收入的分布不平等的变动趋势及其影响，研究了内地收入分配不平等的形成机制，提出了相应的促进公平的政策主张。吴愈晓、黄超的报告"中国教育获得性别不平等的城乡差异研究"，运用全国性抽样调查数据，研究了中国城乡居民教育获得在性别不平等的程度、变化趋势以及不平等来源等方面的差异，得出了当前中国教育获得的性别不平等主要发生在农村地区、传统性别角色差别对待观念是主要成因的发现。这在某个方面似乎也暗示着传统文化中某些因素并不利于促进社会公平。

最后，关于公平与发展的政策探索。公平与发展的关系问题，不仅是一个现实问题，更是一个政策问题。因此不难理解，在本次论坛上发表所有研究成果，其实都基于各自研究的问题，进行了公共政策层面的思考。在论文集当中，景天魁教授的研究和张妙清教授的研究，着重从社会政策的角度分析社会公平的政策导向问题。景天魁教授的论文深入阐述了他的保障底线公平的社会福利政策观，多年来他一直关注基于底线公平的社会福利政策导向，基于丰富的研究资料提出底线公平作为公平与发展相均衡的福利基点的重要论述。张妙清教授的论文"平等机会与发展：性别的角度"，运用经验数据分析了香港在教育机会、就业机会、收入获得、职业地位获得和向上流动机会的客观状况以及民众的主观看法，发现香港的性别机会不平等问题还不容轻忽，必须从法律和政策两个方面进行研究和倡导，来促进机会分配的性别公平。

针对公平与发展的研讨，海峡两岸暨香港学者在许多方面达成共同的认识和理解，包括：公平的发展刻不容缓；不公平的原因是复杂的，经济成长机制、资本投入模式、产业分布及其转移、收入分配机制、相关公共政策、社会文化价值都是值得关注的；实现公平的发展需要多方的共同努力。研讨会的召开和论文集的出版，对形成具有共识性的"公平与发展"华人学术理论、丰富实践经验具有重要价值。本论文集展现了海峡两岸暨香港学者研究公平与发展的学术前沿和最新成果。论坛长效机制的建立对海峡两岸暨香港人文社会科学学者展开更为精细和专业的学术合作提供了新平台和新契机。

目　　录

主题演讲

中产阶层成长和橄榄型社会 ………………………… 李培林 / 3

平等机会与发展：性别的角度 ………………………… 张妙清 / 26

经济转型引发的台湾社会"不公平" …………… 朱敬一　康廷岳 / 45

第一单元　公平与发展的内涵与关联

底线公平：公平与发展相均衡的福利基点 …………… 景天魁 / 63

公平与发展的哲学关联 ……………………………… 苑举正 / 78

收入分配与公平发展的实现 …………………… 范从来　张中锦 / 92

人类与动物平等关系初探

　　——以辛格之动物解放伦理学为例 ……………… 李凯恩 / 113

香港代际公平与发展 …………………………… 赵永佳　叶仲茵 / 125

第二单元　中华历史文化传统与华人社会
实现公平与发展

公平的尺度：试论中华性与华人社会的共赢发展 ………… 吴小安 / 145

康德的"外在自由说"与华人社会的发展 ……………… 杨祖汉 / 162

一般信任、发展与公平的内在联系 ………………………… 周　怡 / 177

中国政治发展的价值根基 …………………………… 胡水君 / 195

第三单元　海峡两岸暨香港实现公平与发展经验的比较与启示

经济成长之外：台湾包容性发展的挑战 ………… 张玉芳　古允文 / 221

中国教育获得性别不平等的城乡差异研究

　　——基于 CGSS2008 数据 ……………… 吴愈晓　黄　超 / 239

内地经济发展为港台社会带来的机遇和挑战：

　　民意角度的评析 ……………………… 郑宏泰　尹宝珊 / 260

公平的发展何以可能 ……………………………………… 肖　巍 / 286

主题演讲

中产阶层成长和橄榄型社会

李培林

（中国社会科学院副院长、学部委员、研究员）

一 全面小康社会走向更加公平的目标

党的十八大报告提出，到 2020 年，全面建成小康社会。在收入分配方面的目标，"合理有序的收入分配格局基本形成，中等收入者占多数，绝对贫困现象基本消除"。这虽然是个描述性的指标，实际上却涉及很多的指标，特别是中等收入相关的界定。什么是中等收入者？中等收入者占多数有无可能？绝对贫困现象能否基本消除？以上问题都涉及约束性指标。党的十八届三中全会决定进一步提出，"扩大中等收入者比重，努力缩小城乡、区域、行业收入分配差距，逐步形成橄榄型分配格局"。这是党中央第一次提出"橄榄型分配格局"的概念。尽管在社会学领域，"橄榄型"的概念已很常见，比如，对中国的描述，有"金字塔型"、"橄榄型"、"纺锤型"等很多描述收入分配结构形状的词语，但是橄榄型写进中央文件，还是第一次。怎么来界定橄榄型分配格局？

从中国国家的实际情况看，改革开放 30 多年来，收入差距一直在扩大。按照基尼系数测算，在改革开放的起点 20 世纪 80 年代初，其值略超 0.2，在全世界属于最平等的一类国家；发展到 2013 年，城乡居民家庭年人均收入基尼系数达 0.473。在基尼系数变化发展的过程中，初期的社会共识是打破大锅饭，拉开收入差距，引进竞争机制，提高资源配置效率。当时的政策就是拉开收入差距。小平同志说"要让一部分人和一部分地区先富起来"，而且他认为这是带动全国的大政策，当时的拉开收入差距是在社会共识下形成的。

故事的转折点发生在 90 年代中期，即基尼系数第一次超过 0.4 的时候。按照当时学界的讨论，基本认为基尼系数位于 0.3～0.4 是比较合适的，过小或者过大都不好。一旦超过 0.4，社会学界的很多文章就说超过警戒线，达到临界点。

但是，当时经济学界的共识是效率优先、兼顾公平。这是中国改革的基本取向，他们认为收入差距大一些没有关系。而且经济学界比较深入人心的库兹涅茨的倒 U 型分配曲线假说认为收入达到中等收入国家水平以后，差距会自动缩小。这是其他国家的路径经验。按照库兹涅茨的基本推论，发展初期资本和技术稀缺，所以比较昂贵；达到中等收入国家水平以后，就会变成劳动力稀缺，劳动力价格上升，而资本和技术的价格相对便宜。因此，收入结构会自动调整。还有一种政治方面的解释，认为一个国家发展的过程也是民主化的过程，劳动者在民主化过程中工资谈判的力量会越来越强，所以也会推动劳动力成本上升，从而扭转收入差距。总之，当时经济学界的普遍共识是改革开放打破了大锅饭，在这个问题上不能再有犹豫。不过，在社会学界，由于比较同情弱者，他们已经开始比较强调收入差距对国家发展和社会稳定的影响。

触及临界点发生在 2000 年以后。原本根据预测，进入 21 世纪后，中国进入中等收入国家，收入差距会自动缩小，结果 2000 年以后，收入差距反而不断增大。这个时候的分析就多了起来，有些人认为在全球化的进程中，财富增长模式发生了重大变化，库兹涅茨的倒 U 型曲线在中国的适用情形已经发生了很多变化。比如说财富增长，过去经由几代人才能打造成长为一个百万、千万富翁，而现在借助于虚拟经济和房地产，人们可以一夜暴富。在全球化的过程中，收入分配的差距拉大，不仅发生在发展中国家，发达国家的情况也类同，改变了以前的发展趋势。

2000 年以后，中国的经济学界和社会学界在缩小收入差距方面取得了共识，争论集中在怎么缩小差距上，是采取一些政府转移支付的再分配方式，还是更多依靠市场提高竞争能力、减少无序的差异。中国在2008 年进入拐点，按照国家统计局的数字，2008 年是中国收入分配差距的最高点，大概是 0.491，接近 0.5。随后到 2013 年，五年间收入差距微弱缩小到 0.473。如果缩小的趋势能够继续，那么到 2020 年，中国能够出现库兹涅茨所描述的倒 U 型曲线。现在争论的问题在于：收入差距缩小的趋势能否继续？数据本身是否真实？现在的学界，尤其是美国的威斯康星大学的学者，根据中国国内的不同统计口径的数据，测算的基尼系数的结果要高于国家统计局的数据。当然，学界的大调查数据都是回忆式的，调查时问到的是上年的收入各是多少。而统计局的数据产生是簿记制度，簿记制度比回忆更精确。但是统计局的弱点在于样本多年不变，抽样户固定，最富和最穷的是抽不到的，所以各有利弊。现在我们只能相信统计局的数据，所以现在就是看未来的趋势如何。

当然，现在对于趋势的描述有很多争论。新出版的法国学者托马斯·皮凯蒂的《21 世纪资本论》一书，其法文版和英文版，一直占据亚马逊图书榜的首位，很多诺贝尔奖的获得者对这本书给予高度评价。这本书很易读，原本在收入分配的描述中，统计的专业技能运用是比较多的，但是这本书没有用到高深的统计。这本书用了 300 年的数据，描述了一个大趋势：收入差距一直在扩大。而库兹涅茨的倒 U 型曲线，只不过是长周期中的一个偶然偏差，最终还是要回到长周期的差距上升的曲线上。虽然这本书被给予高度评价，但是社会科学所描述的轨迹，毕竟与自然科学的精确轨迹不同，任何一个变量的变化，都将导致轨迹的不同，这个问题，仍处于研究和探索的过程之中。

每个国家影响收入差距的因素都有所不同，就中国而言，结合经济学界和社会学界的各种分析，意见比较一致的是，在解释基尼系数升高、收入差距拉大的原因的时候，大概 60% 来自城乡和区域差异，而单单城乡差异一项，就占到总差距的 40%。与其他国家不同的是，中国城乡差距的解释力比较大。当然，在现在的总趋势下，城乡和区域差距的解释力在弱化，而个体之间的差距的解释力在增长。城乡差距为何在中国起到这么大的作用呢？原因主要和中国人多地少的基本国情有关。

在当今的三大结构——产业结构、就业结构和城乡结构中，农业产业增加值在 GDP 中只占到 10% 左右。但是，农业劳动力占到总劳动力人口的 34%，农民在城乡结构的占比将近 46%，而这还是剔除了农村富裕人口进城居住半年以上、算作城镇常住人口后得到的比例。也就是说，54% 的城市化水平并不完整，其中有相当比例是在城镇居住达到半年以上的农村富裕人口。从三大结构来看，46% 的农村居民，34% 的农业劳动力，分享到的 GDP 蛋糕只有 10% 。

从这样的结构来看，农民属于低收入群体，单靠种地发家致富是极其困难的。我们曾经有过计算，欧洲农民并不是"穷人"的概念，一般都属于中产阶层以上的群体，而欧洲每个农户的平均可耕作土地为 30~40 公顷。比较而言，中国每个农户的平均耕地面积只有 0.5 公顷。这还是全国的平均水平，如果剔除东北及中原的土地富余地区，南方地区的人均耕地只有几分地。一公顷约合 15 亩地，常言道人均一亩二分地，要在一亩二分地上创造致富的奇迹，是非常困难的。所以在研讨会上，就开玩笑：让专门研究农业技术的专家亲自去种一亩二分地，即使再高的智商，种什么才能真正富裕起来呢？种水果、种草药或者花草，都不可能完全富裕起来。只有两样东西：一是种鸦片；二是种人民币。如果说到种人民币，那就是改变土地用途，农业用地要改成工业用地，工业用地改成商业用地，如果在土地上建造房屋，基本就跟种人民币的效果差不多了。地方财政的相当部分收入源自变更土地用途，所以各地都有变更土地用途的冲动。而现在不允许农民自行变更土地用途，必须经过国家征用。十八届三中全会后政策有所松动，但现在还没有明确的规定，变更土地用途后的收入并不能全部回到农民手里。虽然都称作农民，但是在西方的称谓是 farmers，一说到中国农民就是 Chinese peasants。Peasants 的准确翻译为"小农"，中国小农的称谓就说明了面积之狭小。在中国，要想整个改变城乡结构差异，最主要的途径就是劳动力转移。而这也是正在发生的现实：现在农民收入增长最快的部分是非农收入。

关于收入分配本身，以前社会学界多数也讲，调整收入分配的初衷在于兼顾公平，社会公平是人类的基本价值，要保证一个社会的人们的基本权利，就要强调社会的公平价值。但是，单从社会价值的角度强调收入分配的重要性，往往得不到经济学界的认可：效率和公平是不同的价值。以前的大锅饭过分强调公平不考虑效率也是不可取的，而现在，收入差距的扩大已经影响到自身。

如果想转变经济增长方式，就应该使经济增长的驱动力更多依赖自身消费，而非过度依赖投资和出口。可是，消费的发展依然不尽如人意，收入分配对于消费有直接的影响。我们的调查发现，存在家庭的消费率随着收入增加而递减的规律，此处的消费率指的是消费占收入的比重。

越穷的家庭，其消费率越高；越富的家庭，其消费率越低。按照收入进行五等分，从最低的 20% 到最高的 20%，消费率递减。如果进行十等分，每一组各占 10%，收入最低的 10% 的家庭的消费率达到 98%。而收入最高的 10% 的群体，消费率则下降到 20% 多。收入差距扩大以后，尽管每年的居民收入增长很快，但是由于增长的比例过分向富人集中，就会出现富人由于消费饱和不花钱，穷人想消费而没有钱的情况，所以就会影响到消费对于经济增长的拉动。

恰恰在中国希望转变经济增长方式，将消费作为"三驾马车"中最有力的驱动工具期间，居民消费率持续下降。2000～2011 年，中国消费率（消费总额占 GDP 比重）从 62.3% 下降到 49.1%，其中居民消费率从 46.4% 下降到 35.4%，远低于世界平均 70% 以上的水平。美国 3 亿多人一年消费 10 万多亿美元商品，欧盟 15 国消费 9 万亿美元，中国 13 亿多人只消费 2 万多亿美元商品。这也是中美关系的复杂之处：中美之间的相互依存度很高，中国是最大的生产国，但是生产的产品自己消费不了，只能往海外出售；美国是最大的市场，绝大多数商品都要销往美国。美国依赖中国的商品，降低自己的生活成本；中国依赖美国，消化剩余产品。中美之间，既有尖锐的斗争，也有经济上的相互依赖关系。当然，现在的奇怪之处在于，在美国购买的产品比在国内便宜，中国的游客在美国看到大车的商品被运到 Outlets，名牌产品比国内要便宜 1/3，其中的很多产品还产自中国，本国生产的产品在国内却买不到。

对于一个国家而言，消费没有成为拉动经济增长的主要驱动力量，这是发展中国家尤其是穷国的典型特征。比如，美国、日本等国家都是依靠自身消费拉动经济增长，而中国过去长期依靠投资和出口，消费本身的力量相对薄弱。消费不振不完全是收入问题。现在的中国，已经不能完全说是个穷国，不是本国民众完全没有能力消费，也不完全是钱的问题，且不说将近 4 万亿美元的外汇储备，单从国内来讲，国家的财政收入快速增长。1994～2012 年，税收总量从 5000 多亿元增加到 10 万多亿元，年均增长 18% 以上。这只是税收的统计口径，从财政收入的角度看，增长达到 20% 以上，因为规费的增长比税收增长要快。这还不包括掌握在政府手中的大量土地出让金的收入。中国的政府很有钱，现行的预算体制，主要是项目预算，而财政制度是零余额制度，一到年底各大部委都发愁消化资金。所以看上去，国家很有钱，但这些钱花不出去。

可是从中央到地方的财政在逐级恶化，大约 2/3 的乡镇负债运行。特别是在落后地区，转移支付的是人头费，但是还雇用了很多的编制之外的人员，这些人员的供养资金没有财政拨款，就需要想方设法收取。为什么农村基层的干群关系紧张？因为取消农业税后，老百姓不满意政府还设各种名目收钱。关于财政，过去有句话：上面喜气洋洋，下面哭爹喊娘。但是最近一两年，上面也不再喜气洋洋了，财政增长下降得很厉害，2014 年首次出现个别月份财政收入的下降。这个问题很严重，因为近几年来国家福利增长很快，需要大量的资金持续供应。

　　所以在这种情况下，很多人会想：是不是中国的分配结构导致国富民穷呢？但是从统计数据看，老百姓也很有钱，居民储蓄也在快速增长。1994～2012 年，居民储蓄存款余额从 2 万多亿元增加到近 40 万亿元，年均增长 18% 以上，相当于当年 GDP 的约 75%。由于储蓄的增速快于 GDP 的增速，所以未来几年，储蓄将超过 GDP 总额。这笔钱怎么办？这是中国的特殊之处，一般国家的储蓄＝收入－消费，余额用于储蓄再投资。但是，中国的银行中增加的居民储蓄总额大于"收入－消费"，其原因就在于相当部分为隐性收入，有说法是隐性收入占到 GDP 的 30%。打个比方，有人来调查你的月收入，工资条上有个数字，但是实际的收入远高于工资条的收入，而且实际收入能显示在银行的储蓄里。国家很希望老百姓的储蓄进入消费市场，实现消费对国家经济的拉动作用。其实国家的政策也有一定的引导作用，银行的储蓄率一般不高于通货膨胀率（通过 CPI 度量）。比如说一年期的储蓄利率在 3% 左右，CPI 约为 2% 多一些，个别年份超过 3%，基本持平。但是，存到银行的资金，不能真正保值增值，要拿出来赶紧去花，可是老百姓是打死也不花。从北京的情况就能看到，一旦发行高于 4% 的国债，老大爷、老太太清晨六点就来排队，排着长长的队伍，国债发行很多时候不过三天便一抢而空。国债利率只比银行存款利率高一点而已，这在其他国家是非常罕见的。因为其他的投资渠道不健全，老百姓总希望利息高一点算一点。实际上，老百姓不舍得花钱的真正原因，还是随着收入的提高和生活的普遍改善，家庭的不确定性风险反而更高。比如说一个家庭越来越不清楚，未来究竟要花掉多少钱。所以各大银行进行的有关储蓄目的的调查，连续多年的结果都相同：居民储蓄基本目的的排序中，第一位是子女教育；第二位是看病医疗；第三位是买房；第四位是养老。以子女教育为例，以前很容易测算：四年大学，每年的学费 6000 元，加上一定量的生活费，存上 10 万块钱，四年足够。现在一个家庭只有一个孩子，如果出国留学，在美国一年的学费二十几万，加上生活费近 20 万，四年的大学基金至少要存上 150 万。还不知道毕业后有没有工作。家庭规避未来风险的意识发生了完全的改变，包括买房、养老、医疗等，都要存很多很多的钱。所以，消费不仅仅是文化背景的差异。不是说美国人的消费观就是信贷消费，这代人花下代人的钱，而中国人就是习惯存钱给下一代，其实是制度决定了家庭消费习惯的选择，因此要调整收入分配，不仅是改变消费习惯，还需要公共服务、社会保障以及其他相关方面的配套。

在社会学界，关于调整中国的收入分配，学者们关注的不仅仅是调整结果，还关注其对社会问题形成的影响。现在虽然没有文章直指收入差距扩大会带来怎样的社会问题，但是各种分析都表明，基层群众的不满是很明显的，特别是与其他国家进行比较后。社会经济地位认同调查分为五层：上层、中上层、中层、中下层和下层。在所做的调查中，与其他国家相比我们发现了一个很奇怪的规律：人们主观上对于收入的感受和客观上的收入制度，并没有一个很明显的因果联系。比如，美国的收入差距大于法国，但是美国人自认为属于中层的比重要超过法国；巴西的收入差距高于日本，但是巴西人自认为属于中层的占比达到 57%。所有国家的经验都表明，不管客观上的收入是否平等，主观上认为自己属于中层的比例接近 60%。即使在一个不平等的制度下，通过教化、宣传等宣扬公平竞争的制度，也会让身处其中的人们认可自己所处的位置。他们不会将一切归咎于制度，而是从自身的教育水平、能力、技术等方面找主观差距，不会对制度产生不满。有学者写文章比较了北京和香港两个城市。两地的基尼系数接近，但是在香港，多数人认为收入低应该提高学历、提高能力，多加几份工，增加自己的收益。但是到了北京，就开始骂娘了，大家都认为自己所处的位置不应该是我理应的位置，一切是由制度决定的。

2011 年的一份调查数据显示，中国人认为自己属于中层的比例只有 44%，不足 50%，绝大多数人认为自己属于中下层或者下层。从这个结构上看，中国与印度的差距很大。印度的结构类似于国际通行的结构，尽管印度和中国在基尼系数上相差不多，其实印度贫富差距的对比要比中国更为鲜明，我们去新德里、孟买等城市的市中心，看到绵延几千米的用塑料搭顶的贫民窟，视觉上的冲击比中国要强烈得多。有一次开国际会议，我还请教过印度学者，为什么印度那么多人认为自己属于中层呢？印度学者的分析有一定道理：印度与中国有两点不同，第一点不同是宗教，75%以上的人口信仰印度教、伊斯兰教以及佛教等，都是东方宗教。东方宗教的教义是克制内心欲望，去适应环境，而我们中国人不信教，不仅如此，改革开放还释放出了心中的欲望恶魔，人人都要改变位置，人人都要发财致富，恶魔一旦释放就很难收回。第二点不同是历史走向。印度历史上延续的是种姓制度，种姓制度很不平等，而民主化是逐渐走向平等。尽管中印的交汇点一样，但是中国是从改革开放前的平等走向现在的不平等，而印度是从不平等走向平等。走向的不同决定了人们的心态也不一样，住在贫民窟的人还认为自己很公平。

但是在中国的调查样本中，我们发现其特殊之处在于：并不是收入最低的人对现状不满，农民工里有很多人认为自己属于中层，而是干部队伍里有相当比例的人认为自己属于中下层。当时，我要协调入户困难的问题，所以找了北京市的一位处长吃饭，请他帮忙，向他宣传调查的重要性。在上菜之前，我就先对这位干部进行了调查，问他认为自己属于哪一阶层。他想了半天，说自己属于中下层。我就问："你怎么会属于中下层呢？"他也是在有权势的部门，不算隐性收入，我了解到的在阳光工资制度下，北京处长级别的月收入大概 7000 块钱。7000 块钱超过了农民的年均收入。我就说："一个月的工资超过了庞大农民群体的年收入，还认为自己属于中下层，那农民属于什么层级？还有农民工和下岗职工，以及失业者。按照这种认知，中国的调查问卷是不是还得加上一个底层？"他就说："你们这些学者都是书呆子，这是在北京，不能光看收入，还要看消费。"他就给我算了一笔账：这批人没有赶上分房，租到四环边上的 60 平方米的房子，租金 3500 元，这还算便宜的。家里有一个孩子，请不起保姆，把农村老家的父母接到北京看孩子，闹得婆媳不和。自己的父母还得限制消费，一个月只能给 1200 元。一个孩子上学的费用不高，可是周末要上辅导班，两个半天，每次三小时左右，通常每小时的课时费用是 80～100 元。这么算下来，辅导班的课时费比一对老人的生活费用还要高。问题是所有的孩子都在上辅导班，不能让孩子失去未来的竞争力啊。家里还有一个妹妹，高职毕业后暂时找不到工作，每个月要资助 800 元。这么算下来，每个月基本没钱消费了，不好意思约着一块出去，即使 AA 制也掏不出钱。他是一个博士，在北京奋斗了这么多年熬成这样，难怪他会对社会心生抱怨。

所以，调整收入分配是一件很复杂的事情，不是很多人想当然简单认为的杀富济贫，把钱从富人口袋里转移到穷人口袋里。实际上不是这样的。即便有大量的转移支付，使得收入差距的客观结果稍微有所调整，还不算转移支付过程中由于治理技术的不足而发生的损失，群众的不满情绪并不一定下降。所以，很重要的一点是理顺收入分配秩序，让每个个体认同在现有的竞争秩序下自己所处的位置就是应该所在的位置，需要大家对秩序形成认同。社会主义初级阶段很长远，由于起点、资源禀赋和努力程度的不同，收入分配的结果不可能相同。现在的分配制度是以劳动为主，各种要素如资本、技术等参与分配，这就决定了不可能平等。在相对平等的情况下，要有道理可讲，让大家认识到这是在一定规则下形成的秩序。

而现在的问题恰恰是在现有秩序下，说不清楚为什么，这是很大的问题，由此造成干部群体本身就很不满。本来的一些干部研讨班，到最后都变成了工资制度研讨班。有一次我参加一个高层的收入分配调整的调研会，还请了几个基层代表，不过也是县委书记、县长级别。有一个河北的县长，在会上就说："我的县和北京的县经济结构也差不多，中间就隔了一条河，历朝历代两个县的县官拿到的俸禄是一样的。可是现在北京的县长比我这个县长的工资高了一倍多，都是在共产党的领导下，这是河界还是国界呢？"实际上这位县长提出了一个很重要的问题：现在不是吃不饱的问题，而是大家追求公平价值。处于同样的岗位，待遇不同的理由在哪里？现在中国的很多差异说不出理由。

所以，调整收入分配秩序，要触及利益格局，我觉得恐怕调整起来需要很多年的时间。当然，现在影响中国收入差距的城乡和区域因素都在好转，农村居民收入增速连续五年超过城镇居民收入增速。这两年城镇居民收入增速较缓，现在的说法是城乡居民收入增速跑赢 GDP，实际上农村居民收入增速快于 GDP，而城镇居民收入增速不及 GDP。这是统计局的新方法，过去从来都没有把城乡居民收入作为一个整体公布，因为之前的收入数据都是来自家庭调查，城镇和农村分开统计。从 GDP 的增速来看，东部和西部已经连续九年增速较快，所以区域和城乡的差距看上去已经处于转折点，如果趋势能够持续，就会呈现倒 U 型。

现在的差距在于个体之间的差距更为拉大，代际的差距拉大。中国的老龄人口比重逐步增加，统计发现，年龄越大的阶层，收入反而越低。放在一个家庭当中，孙子的收入高于儿子，儿子的收入高于父亲，这是很明显的，未来可能会出现低收入群体老龄化的趋势，这是中国的特殊之处。

二　收入分配状况的国际比较

总的来看，欧洲收入分配比较平均，这从另一个侧面说明了其大锅饭现象比较严重。比如希腊，国家都要破产了，可是要降低国民福利，老百姓就要上街游行。

由表1可见，比较严重的是拉美，12个国家的基尼系数在0.5以上，这也是华盛顿共识所指的"不惜以城乡和贫富差距为代价，试图实现跨越式增长"。拉美很多国家在20世纪70年代初期的人均收入与"亚洲四小龙"相当，但是在人均GDP达到8000美元时遇到了天花板，就是现在所谓的中等收入国家陷阱。"亚洲四小龙"值得称道的是，在起飞阶段保持了收入分配比较好的状态，尽管现在差距也有所扩大。

表1　基尼系数的国际比较

单位：个

基尼系数	欧洲	北美洲	拉丁美洲	大洋洲	非洲	亚洲	合　计
0.2 ~ 0.299	19	0	0	0	0	1	20
0.3 ~ 0.399	21	1	0	2	11	17	52
0.4 ~ 0.499	2	1	8	0	13	8	32
0.5 ~ 0.599	0	1	12	1	5	3	22
0.6 以上	0	0	0	0	5	0	5
合　计	42	3	20	3	34	29	131
最高值	俄罗斯 0.413	墨西哥 0.509	玻利维亚 0.592	巴布亚新几内亚 0.509	纳米比亚 0.707	新加坡 0.522	

受到儒家文化圈"均贫富"思想的影响，亚洲本来相对比较平均，但是近几年收入差距也开始扩大。亚洲存在收入分配差距的经济体有两类。一类是新加坡、中国香港等，属于城市经济体，不过它们又属于国

际上公认的竞争力比较强、发展结构较好的城市。这类城市之所以存在收入差距，主要是由于存在两套工资制度，国家供养的工资制度和市场竞争的工资制度差异太大。国家（地区）采取高薪养廉，香港的教授工资大约为16万港币，相当于台湾教授收入的四五倍，台湾的教授收入为十二三万台币。前几天开两岸三地的会议，就说台湾民众包括学生在闹事，基尼系数这么低就闹事，按照这个逻辑大陆早就闹事了。如果是公职人员，工资会更高，我的一位朋友从研究所换职到港署，工资从16万港币提升为30多万港币。但是，市场竞争工资很低，大学毕业生找工作，收入仅为8000～10000港币。国家供养工资与市场竞争工资的差距非常大。另一类是中国和印度，城乡差距和区域差距是解释收入分配差距的原因。

从收入分配结构看，巴西最悬殊，我们在比较了巴西、印度、俄罗斯、美国和中国五个大国后，发现在所有大国当中巴西是最高的。同其他金砖国家和美国比起来，巴西的高收入群体（收入最高的20%）所占收入份额最高，低收入群体（收入最低的20%）所占收入份额最低，而中低收入群体和中等收入群体（收入中间的60%）的收入份额明显萎缩，这种不合理的收入分配结构，使得巴西的收入差距最悬殊（见图1）。这是同一时段的横向比较。

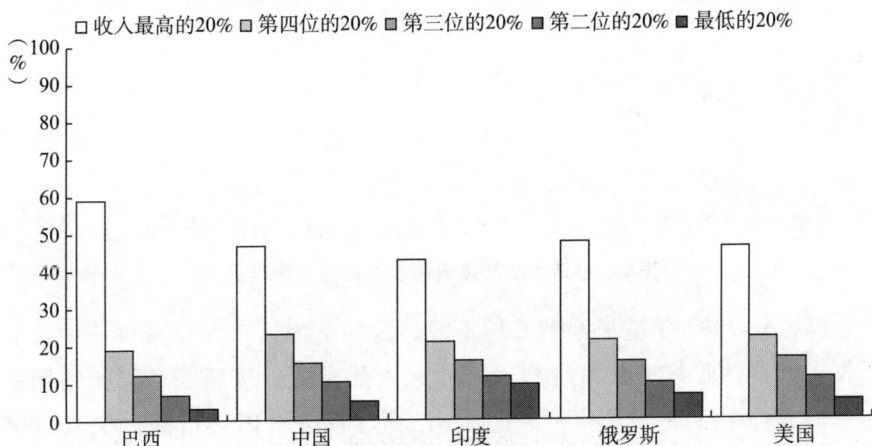

图1　收入分配结构：巴西最悬殊

从发展趋势看，大国当中只有巴西反而处于收入差距下降的态势。近十几年来，尽管巴西基尼系数的绝对值仍然在大国中位居最高，但是在全世界大国的收入差距普遍扩大的时候，巴西是全世界唯一的收入差距反而在缩小的大国。所以，巴西的经验值得中国学习，尤其是在调整收入分配时经济还能保持适量增长，这是非常不容易的。

世界银行按照消费，也计算出了中国的基尼系数，趋势与国家统计局的测算结果一致。巴西、中国、印度、俄罗斯的数据来自世界银行，其中中国、印度、俄罗斯基尼系数的计算基于消费，巴西基尼系数的计算基于收入。美国的基尼系数来自 OECD 的统计，使用税前收入计算。国家统计局基尼系数的计算基于住户调查中的收入记账。从趋势上来看，巴西虽然基尼系数较高，但是自 2003 年开始呈下降趋势，印度却呈上升趋势，中国的基尼系数自 2003 年开始显著上升，但是近些年呈平稳回落的态势（见图 2）。

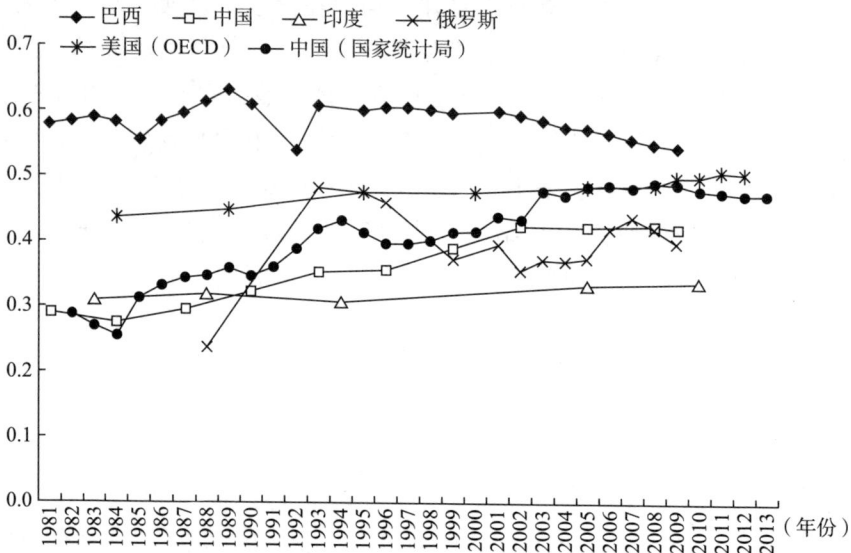

图 2　金砖大国与美国的收入差距变化趋势

巴西自 2003 年基尼系数开始下降，这同贫困人口大量减少、中低和低收入人群的收入增长速度超过高收入人群有关。按照联合国的贫困标准——人均生活费每天不足 2 美元，巴西这部分贫困人口的比例从 2002 年的 23.2% 减少到 2012 年的 5.9%。最贫困的 10% 的人口在这九年中的收入增长速度是最富裕的 10% 的人口的 3 倍（见图 3）。这是巴西的特殊之处，收入越低的群体收入增速越高，所以才能实现收入差距的改善。

巴西中产阶级显著扩大缓和了巴西收入差距。1BRL（巴西雷亚尔）

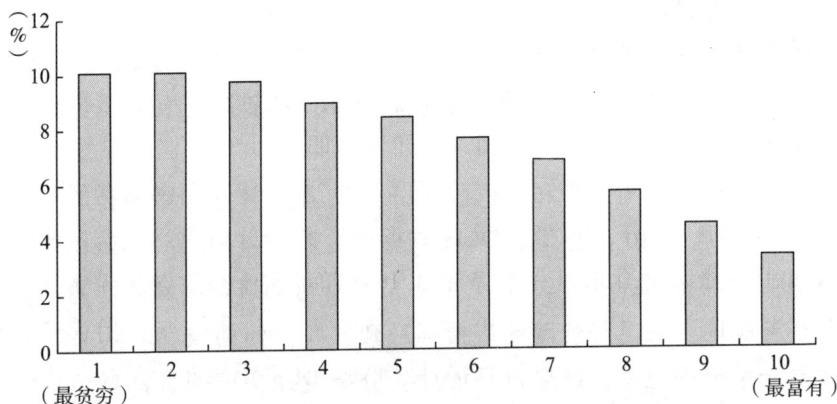

图3 2003～2011年巴西各收入分位组的年增长率

约为2.47元人民币。C阶层——家庭月收入在1734～7475BRL（约合人民币4283～18463元）代表中产阶级，从2003年的6600万人增长到2011年的1亿1500万人，而低收入和中低收入阶层则显著减少（见图4）；当然，中低收入阶层进入中产阶级的速度要超过中产阶级进入富裕阶层的速度。巴西的这种发展路径对中国调整收入分配结构、缩小收入差距有一定启发意义。众所周知，收入分配差距一旦形成，要想改变态势是很难的。笔者还没有详细研究过巴西的收入差距与税收、消费等其他方面到底有哪些关系，但是巴西能实现这一点非常不容易。

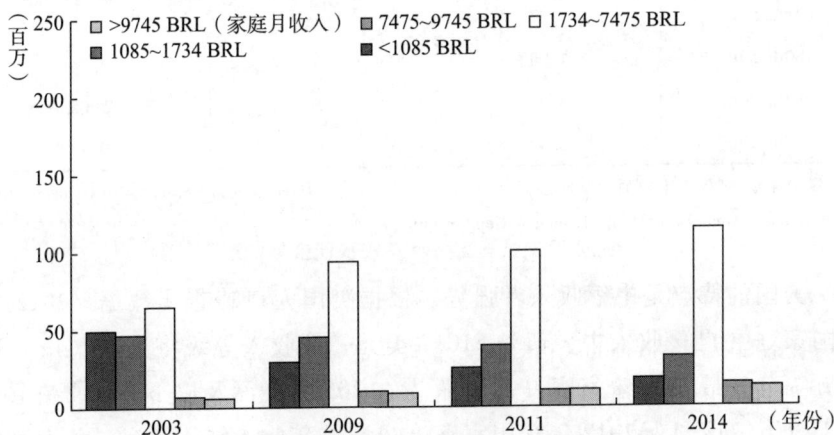

图4 巴西各收入阶层的人口规模

说明：BRL为巴西货币巴西雷亚尔的通用三位字母代码。

再看美国和中国收入差距比较。前段时间有学者写过文章，说中国的收入差距超过美国，引起了中国高层的关注。所以，我们也做了比较。比较的方法很多，如基尼系数、五等分等，这里采取的是比较复杂的、全面的最高与最低收入分位值，比率见表 2。在多数比率下，美国的数值高于中国。

表 2 显示，中国最高和最低收入分位值的比率显著低于美国，比如第 90 百分位与第 10 百分位、第 95 百分位与第 20 百分位、第 80 百分位与第 20 百分位的收入比率，这说明中国最富裕和最贫困群体之间的收入差距小于美国。为了与美国的该指标一致，我们使用家庭收入来计算不同收入分位值的比率，结果也是如此。分析发现美国的贫富差距也非常显著，但应当考虑的一个干扰因素是中国人倾向低报收入，因而调查数据中的收入即使经过调整仍可能被低估，从而掩盖了真实的收入差距。同美国的收入结构类似，中国城镇的收入差距主要存在于高收入与低收入之间，而中等收入与中低收入、中低收入与低收入之间的收入差距较小。

表 2　中国与美国的最高与最低收入分位值比率

收入比率	中国（家庭人均收入）	中国（家庭收入）	美国（家庭收入）
90th/10th	8.52	7.22	11.93
95th/20th	7.32	6.45	9.28
95th/50th	3.57	3.84	3.75
80th/50th	1.90	2.00	2.04
80th/20th	3.90	3.36	5.05
20th/50th	0.49	0.60	0.41

资料来源：2013 年中国社会状况调查（城镇居民样本）；U. S. Census Bureau, 2013 Current Population Survey Annual Social and Economic Supplement.

美国的特点是中等收入者强势。根据美国人口普查局数据，2012 年美国家庭（户）收入中位值是 51017 美元。按收入等级将家庭（户）进行五等分，最低 20% 家庭（户）收入在 20599 美元及以下，大概在图 5 线 1 以下。该图为 2012 年美国家庭（户）的年收入结构情况，从中可以看出其家庭（户）间也存在着较大的收入差距，收入结构的顶端也存在着长尾，表明部分人口的收入相当高。但是，处于中等收入水平——35000 美元至 94999 美元的家庭占到了 43%〔图中线 2 和线 3 之间的家

庭（户）］，这个比例高于中国，而一个国家的消费市场主要取决于中等
收入群体（见图5）。

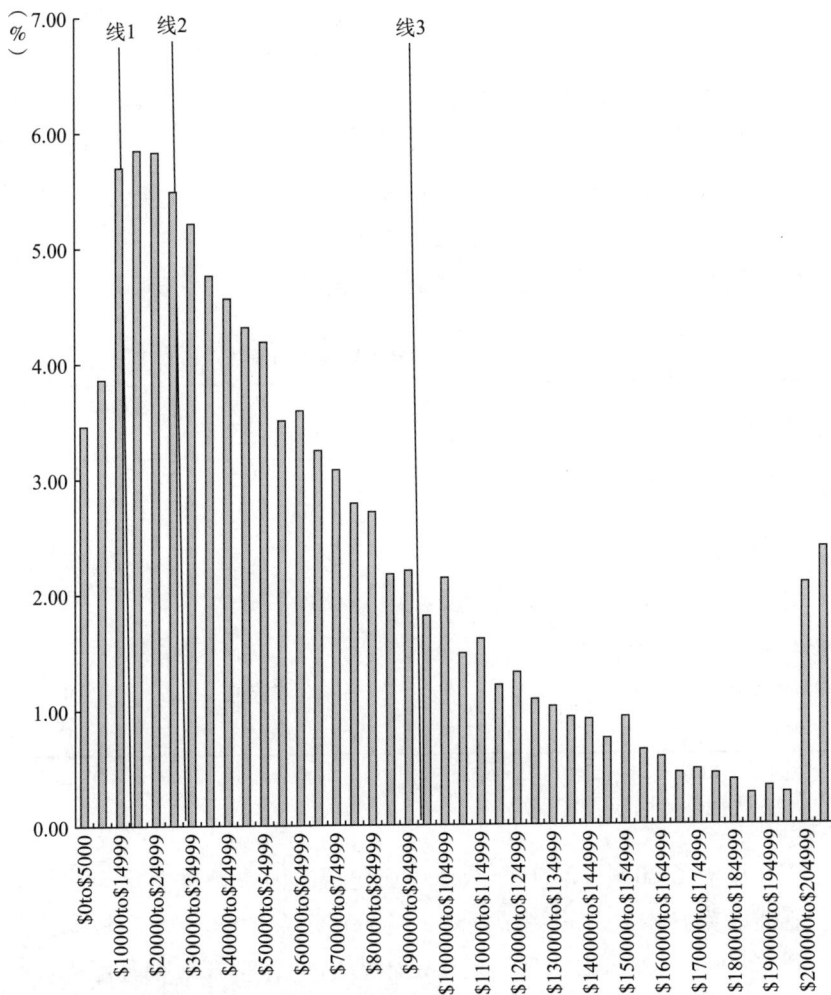

图5　2012年美国家庭（户）的年收入结构

资料来源：美国人口普查局。

对于中产阶级世界人口规模以及消费的分析，美国布鲁金斯学会高
级研究员、经济学家霍米·卡拉斯认为，在当代社会，中产阶层通过消
费为全球的经济增长做出了重要贡献，特别是亚洲的中产阶层，将快速
增长并壮大，从而使亚洲取代美国，成为驱动全球经济增长的主要力量。
为了测量这一"消费阶层"（the consumer class）并进行全球性的比较，

卡拉斯使用"经济"含义的绝对指标来定义"中产阶层",认为每人每天支出10美元至100美元(PPP元)的家庭为中产阶层。这个支出范围的下限参考了两个贫困线最严格的欧洲发达国家——葡萄牙和意大利的平均贫困线,上限为最富裕的发达国家卢森堡的收入中位值,由此排除了最贫穷的发达国家中的穷人和最富裕的发达国家中的富人。PPP指Purchasing Power Parity,是购买力平价指标,卡拉斯使用的是2005年国际购买力平价(2005 International Comparison Program),1美元(PPP元)相当于3.45元人民币。亚太的中产阶层消费占比为23%,排在第三位,而人口占比为28%,因而他认为这是未来的增长点(见表3)。

表3 中产阶层:世界人口规模和消费

地区	人口数量 (百万)	人口数量所占世界比重 (%)	消费 (十亿PPP元)	消费所占世界比重 (%)
北美	338	18	5602	26
欧洲	664	36	8138	38
中南美	181	10	1534	7
亚太	525	28	4952	23
撒哈拉以南非洲	32	2	256	1
中东和北非	105	6	796	4
全球	1845	100	21278	100

资料来源:Kharas, Homi, "The Emerging Middle Class in Developing Countries," OECD Development Centre Working Paper No. 285, 2010.

图6显示了2000~2050年全球中产阶层的消费比重变化。从目前来看,亚洲(除日本)只占到了全球中产阶层消费的10%,但是卡拉斯预测,到2040年亚洲将占全球中产阶层消费的40%,未来很有可能持续增长到60%,其中中国和印度的中产阶层贡献最显著,到2050年中国和印度的中产阶层消费加在一起将占到全球中产阶层消费的50%。而美国和欧洲在全球中产阶层消费中的份额将在未来的二三十年中呈下降趋势。如何扩大中国中产阶层的规模?调整收入分配结构固然是根本的、长远的措施,但是在卡拉斯看来,最佳的中期策略应当是提高消费在GDP中的比重,也即通过提高居民消费来促进中产阶层的成长。卡拉斯也特别提到国企改革的作用,国企改革使得国企的巨额利润惠及全体居民或者利用这些利润来完善社会保障体系,以此提高居民的购买力,从而扩大

消费。

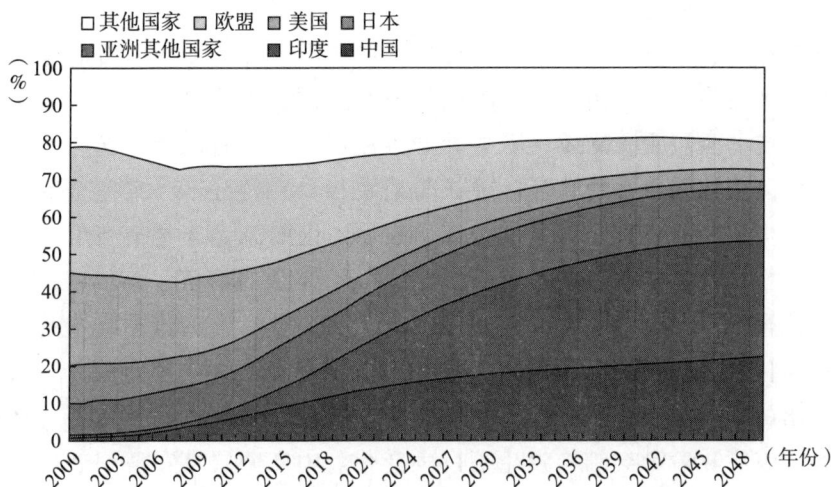

图 6　中国和印度将主导未来全球中产阶层消费

在我看来，图 6 的预测过于乐观。现在欧美的消费仍占主导，合计占比 60% 以上，其趋势是在未来消费比重会逐步缩小。中国和印度未来的增长趋势，尤其是印度，受益于人口增长的空间增幅会更加明显。到 2048 年，欧美与中印的消费占比将发生完全反转。我觉得预测数字乐观了些，不过趋势是对的。

国际上很多智库对中国的中产阶层的研究非常感兴趣，就是因为中国的人口基数大，中产阶层占人口总量的比重每增加 1 个百分点，消费人群的数量就增长千万，这是庞大的消费市场，因此智库特别注重研究中国中产阶层对于汽车、化妆品等的需求偏好。

三　扩大中产阶层，建设橄榄型社会

（一）中产阶层的界定

社会学家和经济学家对于"中产阶层"（middle class）的定义不尽相同。一方面，与经济学的概念相比，社会学的概念更富有想象力；不过另一方面，又显得不严谨。尽管中产阶层的概念提出有将近六七十年的历史，但是直到目前还没有统一的定义。按照财富、权力、社会声望等不同的标准，企业界的以财富论英雄，政界的按权力论高低，知识分子依据社会声望划层，不同的人按照不同的标准进行分类。如果对整个社会分层，就要把不同的指标综合起来，每个指标赋予相应的权重。还有学者加入收入、教育水平等指标，有位法国学者还加入消费品位的指标，后来被许多人引用。中产阶层的消费品位并不直接由收入决定，而是受传统的阶层观念影响，形成社会主流后被其他阶层所模仿，有一定的消费品位才符合消费潮流。他认为消费行为和偏好不一定完全取决于收入，当然这是对抗经济学的定律。比如中国的月光族的消费就与其他阶层不一样，完全是消费理念的差异。

社会学界在划分中产阶层时，更为关注职业。因为当初，这是作为职业结构和产业结构变化的最大指标，也就是最早的白领、服务业阶层而提出的。当社会的服务业比重超过制造业，白领工人的数量超过蓝领工人，就意味着社会结构发生了巨大变化。中产阶层是在意识转变的背景下提出的概念，而不仅仅是收入和财富的概念。

从职业角度来讲，可将中国社会划分为干部、管理者、私营业主等十个阶层，农村的阶层比重类似于金字塔型，城市的阶层比重类似于橄榄型。现代社会结构的转变，就是从金字塔型到橄榄型，这是职业角度的分析。其中暗含的假定是，收入的结构也要经历从金字塔型到橄榄型的转变过程。

怎么来衡量中产阶层？中国与日本、韩国的情况类似，所以三国选用了统一的指标——收入、职业和教育，三个指标合在一起，作为中产阶层的衡量标准。这与经济学界的界定有很大差异。因为经济学界认为有房有车有钱，就是中产阶级，社会学界增加了教育和职业指标，需要具备大专以上的教育背景等。据此测算，中国中产阶层就分为核心中产、半核心中产和边缘中产，三块加在一起，大概占到35%。同韩国、日本相比，这个比例相对较低。

（二）中等收入者的界定

中央提出"中等收入者"以后，我们又来测算中等收入群体的比重。中等收入群体与中产阶层的概念不同。国外文献也有这个概念，middle income group 与 middle class 不同。单从字面上来看，"中等收入"是一个收入概念，不包含职业。翻阅了很多国外文献，中产阶层单从收入上衡量，有两种办法：一是绝对指标；二是相对指标。

中国首次提出"中等收入者"的概念是在十七届六中全会，当时笔者也在起草组，当时也没讨论标准是什么，就直接写进文件了。郑新立等人认为，中等收入就是收入接近中等的群体，随着生活水平的改善，达到这个收入标准的群体肯定在不断增长，持续扩大占多数没问题。后来我国提出建设橄榄型社会，这就意味着这不仅是平均线的问题，而且是结构性指标。在既定的收入分配结构当中，如果收入分配结构不改善的话，即使达到平均线的人群扩大，收入分配的结构可能还是金字塔型，不可能变成橄榄型，只不过水涨船高，平均线不断升高而已，处在平均线以下的，可能还是绝大多数。要建设橄榄型社会，就意味着改变现有的收入分配结构，所以需要采用相对标准，排除最富裕的5%和最贫穷的25%。很多国家把贫困线划在平均收入线的一半，比中国的标准要稍高一些。

中国社科院进行的全国四次调查的数据显示，2006~2013年将近十年的时间，中等收入群体的比重没有快速增长的态势（见表4）。

表4 我国中等收入群体比重

项目	2006 年	2008 年	2011 年	2013 年
低收入群体	20%	20%	22%	17%
中低收入群体	50%	49%	51%	53%
中等收入群体	27%	28%	24%	28%
高收入群体	3%	3%	3%	3%
总百分比	100%	100%	100%	100%
样本总量	3421	3685	3990	4627

注：The percentages are out of urban population.

资料来源：CSS surveyed the household income in the previous years.

按照现在的增长态势，2020年实现中等收入群体占多数不太可能，当然这只是我们的一种测算方法，国家也没有公布标准，统计局也没有提出实现2020年目标的具体路线图。中等收入群体的人数占比为28%，其收入占比为46%，将近过半，不足1/3的群体分享了近半的收入。

（三）中产阶层绝大多数是中等收入者

我们将按照收入、职业、教育三个指标定义的"中产阶层"，与此处的"中等收入群体"做了交互分析，结果发现这两个概念很吻合，高收入和中等收入群体中有70%属于中产阶层，这两个概念并不冲突和矛盾（见表5）。

表5　中产阶层绝大多数是中等收入者

项目	高收入和中等收入群体	中低收入和低收入群体	总百分比
中产阶层	70%	11%	27%
中产阶层下层	30%	89%	73%
总百分比	100%	100%	100%
样本总量	803	2142	2945

注："中产阶层"被定义为管理精英、职业精英和收入高于平均水平的普通白领。
资料来源：CSS2001。

（四）中产阶层与中等收入群体的比较：收入、职业和教育

从收入维度讲，中等收入群体的收入要高于中产阶层。按照教育水平，中产阶层的教育程度要高于中等收入者。富起来的一帮人，教育水平不一定高；高教育阶层的人收入不一定高，比如社科院。从职业上比较，差距就更大了。"中产阶层"一般定义为白领，但是有相当部分的高收入者属于蓝领，比如月嫂。

比较苦恼的是，城乡居民的收入结构整体上仍呈现金字塔型，从中等收入者开始呈现两极式的连接方式。低收入者和中低收入者占据了整个金字塔的底端，而从中等收入者开始人口逐渐减少，到了金字塔顶端人口迅速减少，但是收入非常高的高收入者又形成了一个波峰，这种长尾效应体现了明显的收入差距。农村居民收入的金字塔分布更加明显，整体收入水平比城镇居民明显偏低，底端的低收入组集中了更高比例的农村家庭；在2011年和2013年，家庭人均收入2000元以下的农村家庭还占到10%左右，这部分人口生活在贫困线以下。

图7中所设立的收入分组以2000元为单位，分组单位越大，人口数量越往底部集中，收入结构则从"金字塔型"趋向"倒丁字型"，这是因为较大的分组单位放大了收入差距。而在控制了收入分组、人口频次的情况下，2013年居民收入金字塔的中部和底部比2006年、2008年和2011年的金字塔更丰满，说明在2013年，中等和中低收入水平的家庭

比例有所增加，而金字塔最底端的低收入家庭的比例有所减少，这是收入差距趋于缓和的一个信号。

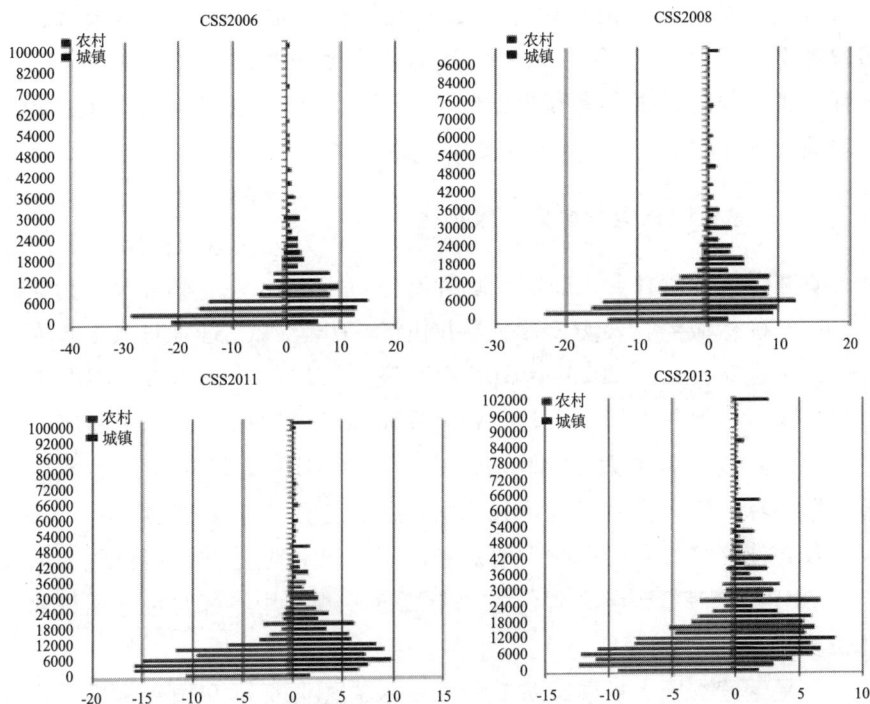

图7 城乡居民收入结构的变化

　　如何才能向橄榄型社会过渡呢？通过计算机模拟，这也是国际上通用的倒推法，给出不同的参数，不断模拟出相应结果。在有可能的条件下，最有可能实现的是看上去像橄榄型的结构。在不能再增加不可能实现的条件下，模拟的橄榄型社会中的中等收入群体占42%。这是可以解释的。文件中说2020年中等收入者占多数，但是没有提具体的数字，多数也可以有不同的群体，如果这个群体的人数最多，就可以算作占多数。在这种格局中，中等收入者的比重可达到42%，可以说是一种中等收入者占高比例的格局。

（五）到2020年形成橄榄型社会的条件：基于CSS2013的估计

　　形成"橄榄型分配格局"，关键在于扩大中等收入者的比重。必须通过大幅度增加低收入者和中低收入者的收入，使更多的低收入者和中低收入者实现向上流动。在CSS2013家庭人均年收入数据的基础上，根

据经过努力可能达到的收入增长条件，通过多次模拟，我们预测了到
2020年我国城镇地区可能达到的收入分配格局。模拟的假设是在各阶层
收入水平普遍提高的情况下，收入分配结构更加合理；具体来讲，从
2012年到2020年，中等收入者的平均收入翻一番，高收入者的平均收
入翻一番，同时低收入者和中低收入者的收入增长更快一些达到20%，
平均收入翻两番。

（六）建设橄榄型社会的政策选择

要建设橄榄型社会，还需要政策支持。

一是确保城乡收入增长翻一番并快于GDP增长。这是写入十八大报
告的约束性条件，到2020年GDP翻一番，人均收入翻一番。GDP翻一
番容易实现，但是人均收入翻一番就要难一些。因为人口每年还有净增
长，人口基数不断扩大，人均收入必须快于GDP的增长才能实现翻一
番。据测算，GDP实现年均增长6.9%就能实现到2020年翻一番。近两
年，合并计算的城乡居民收入增长跑赢了GDP，但是城镇居民收入增长
慢于GDP。笔者看到各个省份的"十二五"规划中，都写进了居民收入
增长要快于GDP增速。

二是继续实施大规模减贫政策。贫困有国际标准和国别标准，中国
按照国别标准——年人均纯收入低于2300元，大体相当于按照购买力平
价计算的每人每天2美元。据此标准，中国还有7000多万人处于贫困
线下。

三是开展普遍的职业培训，让更多的新生代农民工成为中等收入者。
现在的中等收入者人数占比为23%，从职业分布看，以干部、国有企业
技术职工、白领专业技术人员、私营企业主等为主。农民工群体有2亿
多人，按照其他国家的发展规律，至少有一半以上能够想办法进入中等
收入群体。怎么进去呢？不能仅仅靠提高最低工资。在中国GDP出现下
行趋势后，出现的反常现象是就业依然强劲，劳动力成本还在快速增加。
蔡昉说的是对的，劳动者的供求关系发生了非常大的变化。当时预测的
是农村将有近2亿剩余劳动者，大多属于40岁以上群体，不能变成真实
有效的非农劳动力的供给。在此情况下，教育和培训是提高农民工工资
最为敏感的指标。农民工如果能多接受一年教育，多参加一年培训，就
会使收入快速增长。在这方面，国家要舍得投入。中国现在的职业教育

课程，很多都是通识化的。很多国家的职业教育是很值钱的，比如欧洲的法国和德国，三年拿出来的工程师文凭，比一般的大学文凭要值钱，马上能找到很好的工作，当然接受职业教育的成本要比一般大学高。企业的大规模职业培训，也需要政府提供资金支持。现在也有一些政府培训项目，但是效果不太明显。如果在这方面大规模改善，新生代农民工进入中等收入群体的效果会非常明显。

四是进一步促进大学毕业生就业创业，保证绝大多数大学毕业生成为中等收入者。现在每年有将近 900 万的大学毕业生，要使他们成为中等收入群体。如果大学生位于中等收入群体以下的话，那么中等收入群体就很难扩大了。虽然服务业比重在扩大，可以吸纳就业增量，但是思路转变速度仍然太慢，给大学生创造不了足够的就业机会。在这种供大于求的情况下，大学生的平均就业工资相对水平下降，全国调查的数据是 3300 元，相比之下农民工的工资上升到 2500 元。这就滋生了上学无用论，不符合人类资本投资理论，高校之间的竞争也很激烈。大学到底学什么？有的校长说大学不是职业培训所，大学是人类精神家园。可是首先得给饭碗啊！大学课程到底怎么设置，怎么与职业市场相衔接？教育目标设置得很高，学生想得很实际，一入学首先想的就是就业，这方面教育改革的责任重大。

五是税收与消费挂钩，缓解中低收入者的生活压力。其他国家的税收基本都是和消费挂钩，唯独中国这个最应该挂钩的国家反而没挂钩。税收与消费没有挂钩是由于技术上的不足，没有个人收入申报制度，纳税的只是固定收入工作者，不考虑每个家庭的消费情况。国外都是要留存消费单据，年底向税务总局申报，如果供养的人口较多，税务局会返税。而中国的税收不与消费挂钩，造成向中低收入者收税的态势。

六是理顺收入分配秩序，提高收入分配满意度。不管收入分配差距的大小，关键是人民群众幸福和满意。理顺收入分配秩序，让大家知道什么人的收入高一些，成为大家的共识。只有这样，这个社会才是和谐与稳定的。

平等机会与发展：性别的角度

张妙清

（香港中文大学副校长、卓敏心理学讲座教授、香港亚太研究所所长）

平等权是中国宪法确定的公民基本权利。本文从性别研究角度，探讨以下问题：推广平等机会对社会的作用、国际社会对性别平等的关注和发展、香港实现性别平等的进展、女性晋升高职遇到的障碍，以及华人社会的文化环境和观念如何影响平等机会的推广。

推广性别平等机会的社会作用

推广性别平等机会与消除歧视，有助于提升社会公义，对社会及经济发展亦有利。[①] 联合国开发计划署（2014）的数据指出，性别不平等仍是阻碍人类发展的主要因素。据高盛的分析，消除两性于劳动参与上的差距，可提升希腊和意大利的国内生产总值（GDP）逾18%，日本是14%，经济合作与发展组织（OECD）国家亦超过12%（Goldman Sachs，

[①] 联合国于2010年引进"不平等调整后人类发展指数"（Inequality-adjusted Human Development Index），并对139个国家或地区进行评估，结果发现"人类发展成就的损失主要是由于健康、教育、收入方面的不平等而造成……人类发展指数的平均损失大约为22%"；2013年的相关数字为22.9%（共145个国家或地区）（联合国开发计划署，2010：86~87，2014：171）。按此指数计算，"不平等使中国的人文发展指数损失了1/5"（杨家亮，2014）。

2013：10）。世界银行的《2012 年世界发展报告》亦指出，两性平等与社会经济发展互相紧扣（World Bank，2011）。

"平等机会"的含义，不是指人人一模一样，要同样对待，而是在相同条件下，不应令某些人得到较差待遇。平等机会亦应顾及因起点不同而造成的影响。男女之别属于这种起点上的不同，男女各有不同的生命历程、需要和经验。政治、经济、社会和环境因素，以及一些看似平等的政策或措施，对男女的影响其实不一样。因此，制定政策时必须顾及性别差异，将之作为独立的因素考虑。

世界各地的研究一再显示，性别多样（gender diversity）对各类组织都可带来众多好处，例如在商界，让女性加入领导层，并让她们有更多表现机会，企业的表现及盈利会相应提高（McKinsey & Company，2013）。大型企业在提拔女性方面，进度虽然缓慢，但也显得越来越积极（European Commission，2010a）。

国际社会对性别平等发展的关切

基于这些原因，加上在 20 世纪后期，妇女运动引起各方关注，国际社会为促进妇女权益、解决性别不平等的结构性限制，在 80 年代启动了"性别主流化"（gender mainstreaming）策略，目的是将性别平等前景，整合到社会发展和政策制定的流程内。

性别主流化和具体的性别平等政策之间的区别，在于后者从一个既有的政策领域起步，再制定相关的条文，而性别主流化则是从找出性别不平等问题开始，进而确定发展性别平等政策的途径，聚焦于政策流程，要求所有范畴及层面的法例、政策和计划，均纳入性别角度与需要，将之整合到流程的设计、实施、监测、评估、改善和发展上。换言之，把妇女赋权的特有策略，放置到潜在社会结构的背景内。

在这个前提下，1995 年在北京举行的联合国第四次妇女问题世界会议通过了《北京宣言》和《行动纲要》，把性别主流化确立为全球策略，在 12 个重要领域确立策略目标，[①] 获得 189 个政府的支持。之后，欧洲

---

① 这 12 个领域包括：贫穷、教育和培训、保健、暴力行为、武装冲突、经济、参与权利和决议、提高妇女地位的机制、人权、媒体、环境、女童。

委员会把"性别主流化"定义为"组织、改善、发展及评价政策流程，从而通过涉及政策制定的参与者，令性别平等前景，被整合到所有政策的各个层面和阶段内"（Council of Europe et al.，1998：15）。

联合国经济及社会理事会的 1997/2 号《商定结论》（ECOSOC *Agreed Conclusions* 1997/2），进一步把性别主流化策略注入决策流程，提出以性别敏感方法（gender-sensitive approach），阐述各政策及项目的设计、预算编制、执行、监测和评估。建议采用的性别主流化工具，包括系统地采用性别分析、性别分列数据，以及性别调查和研究（United Nations，1997，1999：23~31）。其后，不同国家和国际组织开发了多个相关的框架和工具，包括加拿大国际发展署（Canadian International Development Agency，1997）、乐施会（March et al.，1999）、世界卫生组织（World Health Organization，2002）和澳洲妇女政策署（Office for Women's Policy et al.，2005）。

在香港，中文大学的性别研究中心是本地性别研究的先驱，笔者在 1997 年发表的《从性别角度看香港社会》（*Engendering Hong Kong Society：A Gender Perspective of Women's Status*），是香港就性别分析的首部学术专著（Cheung，1997）；1995 年性别研究中心同人编著的《从统计看香港的性别与社会》（*Gender and Society in Hong Kong：A Statistical Profile*），亦是香港首份涵盖多个范畴、按性别分列的统计数据汇编（Westwood et al.，1995）。

香港特别行政区政府于 1996 年成立平等机会委员会（以下简称平机会），落实执行《性别歧视条例》，亦于同年引入联合国《消除对妇女一切形式歧视公约》（以下简称《公约》），定期向联合国提交履行《公约》的报告。其后于 2001 年成立妇女事务委员会，专责推广女性权益和福祉。委员会于 2002 年拟定"性别主流化检视清单"，协助政府人员在制定与评估法例、政策和计划时，有系统地考虑女性的角度与需要。从 2001 年起，政府统计处亦参考 1995 年性别研究中心的数据汇编，出版《香港的女性及男性主要统计数字》年度报告。

由于性别不平等会阻碍人类发展，联合国开发计划署在《人类发展报告》中，制定指数以量度性别平等情况，包括 1995 年推出的性别相关发展指数（Gender-related Development Index）及性别赋权度量（Gender Empowerment Measure）、2010 年的性别不平等指数（Gender Inequality Index），以及 2014 年的性别发展指数（Gender Development Index）。存在缺点的旧指数，[1] 已陆续被新指数替代。[2]

性别不平等指数用于量度因性别差异而造成的损失，采用了生殖健康、赋权和劳动力市场参与三个维度。生殖健康维度有两个指标：孕产妇死亡率和未成年人生育率；赋权维度亦有两个指标：两性在国家议会中的席位比例和至少接受过中等教育的人口比例；劳动力市场参与维度则用两性的劳动力市场参与率来衡量。指数值介于 0 至 1，越接近 0，表示男女越平等。

性别发展指数用于量度两性发展潜能，即男女在人类发展指数上的差异，包括寿命（出生时预期寿命）、教育（平均受教育年限、预期受教育年限）和收入（按购买力平价计算的人均国民总收入）三方面。[3]指数值介于 0 至 1，越接近 1，表示两性差异越小。

香港实现性别平等的进展

国际评比

根据《2014 年人类发展报告》，香港于人类发展指数排行榜中（共187 个国家或地区），名列第 15 位，但在性别发展指数（共 148 个国家或地区），则名列第 49 位（见图 1）。对于香港在性别不平等指数上的表现，因香港并非国家，没有国家议会席位，所以不在排序之列。但若以立法会女性议员人数取代女性国会议员人数，香港于 2012 年的性别不平等指数值为 0.079，名列第 8 位（妇女事务委员会，2013：68）。

---

[1]　如性别赋权度量用于衡量女性的政治参与（女性在国家议会中的席位比例）、经济参与（女性在高层次及专业职位中所占比例），以及对经济资源的决策和支配权（两性收入差距）（联合国开发计划署，2010：90）。然而，经济参与的两个指标较适用于发达国家，很多国家亦缺乏两性收入差距的数据。

[2]　其他量度性别平等的国际评比，可参阅如世界经济论坛（World Economic Forum）于 2006年起公布的《全球性别差距报告》（*The Global Gender Gap Report*），"全球性别差距指数"（Global Gender Gap Index）由经济参与和机会（薪酬、参与度和高技能就业）、教育（获取基本教育和高等教育的机会）、政治赋权（在决策机制中的参与度），以及健康与生存（预期寿命和性别比率）四个领域共 14 个指标构成；指数值代表两性差距已消除部分的百分比。

[3]　2010 年之前，教育领域是采用成人识字率和粗入学率两个指标，收入领域是采用按购买力平价计算的人均 GDP。

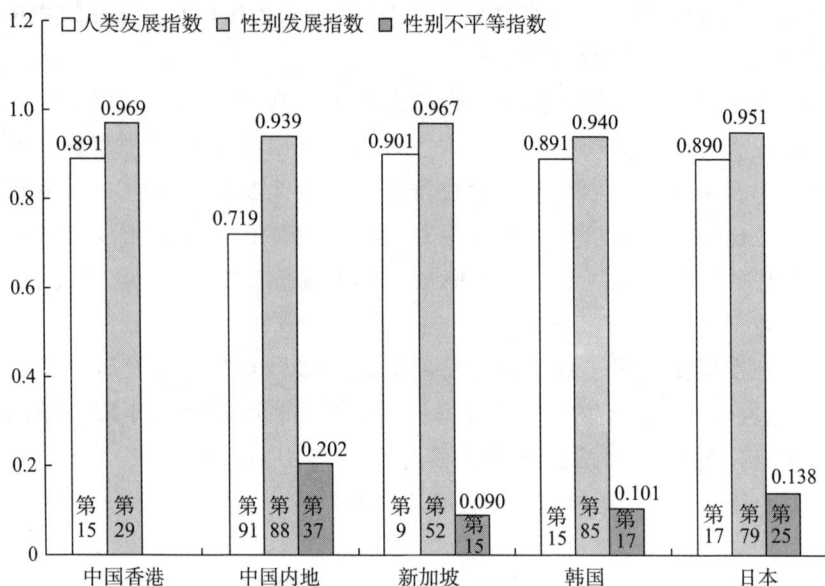

**图1　中国香港、中国内地与极高人类发展水平亚洲国家/地区的
发展指数与排名（2013）**

资料来源：联合国开发计划署（2014：164~165，172~173，176~177）。

与其他处于极高人类发展水平的亚洲国家/地区相比，中国香港仅在
人类发展指数落后于新加坡：新加坡在人类发展指数排名第9、性别发
展指数排名第52、性别不平等指数排名第15。[①] 中国香港的人类发展指
数排名与韩国相同，但性别发展指数排名则高于韩国（第85）。日本在
人类发展指数排名（第17）上轻微低于中国香港，但性别发展指数排名
（第79）则相距较远。而处于高人类发展水平的中国内地，在人类发展
指数上排名第91、性别发展指数上排名第88，但在性别不平等指数方面
高居第37，与极高人类发展水平亚洲国家差距不大。[②]

主观评价

从上述指数排名可见，香港的妇女地位，表面看来处于较高的水平；
民意调查亦显示，公众对性别议题多持正面评价。例如2005年的一项调

---

① 性别不平等指数排名越高，表示两性越平等。

② 世界经济论坛的《2013年全球性别差距报告》评比了136个国家，中国、日本和韩国分列
　　第69、105和111位（*World Economic Forum*，2013：12~13）。

查显示，相信女性社会地位在过去 10 年已有改善的，男性受访者有 85.2%，女性有 77.3%；认为妇女地位高或很高的，男性有 72.5%，女性有 63.1%（香港中文大学性别研究中心，2005）。不过，这些观感并未考虑妇女背景的多样性和复杂性，也未考虑性别、阶级和其他社会因素之间的交互关系。此外，这些表面令人感到称心的数字，亦会把不同妇女组别之间的差异，以及女性和男性之间的相对差异都隐藏起来。

另一项 2009 年的调查发现，83.4% 的受访者认为女性能够充分发挥她们的能力；对香港整体性别平等状况，64.6% 的男性和 53.9% 的女性表示满意，不满者各仅约占一成。然而，调查亦发现，性别定型的情况仍相当普遍，两性地位不平等的问题依然存在。如同意"女性应该重视家庭多于事业"者，占 50.1%；认为女性的最大贡献在于照顾家庭，如管教子女、照顾家人和处理家务者，更高达 87%（妇女事务委员会，2009）。"女主内"的观念仍根深蒂固，因而会影响女性在就业及社会参与等多方面的发展机会。

再者，客观统计数据显示，性别差距仍持续存在，从教育、经济以及权力与决策三个领域可以看到当中的情况。

教育领域

过去 20 年女性在所有教育层次的入读情况虽然已有改善，[①] 但有学者经深入研究后，用了"偶然的平等与延迟的不公"来形容香港女童教育，指出这些进展只是在香港杂乱无章的政策，以及社会发展差劣协调下出现的偶然现象，而得出的成绩，也不是女性在生活机遇方面出现根本转变的结果。研究显示，香港女性在接受教育上的改善，以及在 20 世纪 70 年代至 90 年代同时出现的整体经济繁荣和社会转变，只是把性别不平等，推迟到工作、婚姻和家庭生活领域的较后阶段（Mak, 2009）。

如同大部分发达社会一样，香港女性入读大学本科课程的比例已超过男性，2013 年的数字是 54.1%，女性就读研究院研究课程的比例，更由 1986 年的 20%，显著上升至 2013 年的 42.5%（政府统计处，2014：57，68）。然而，在教育过程中，性别偏见仍无处不在，如在 2013 年，

---

① 香港政府先后在 1971 年和 1978 年开始提供六年和九年普及基础教育，并从 2008 年起，将免费教育延伸至 12 年。

修读传统女性科目，如教育科、文科和人文科学科的本科生，女性各占
72.2% 和 70.4%；而修读简称为 STEM，即科学、技术、工程和数学科
目的女性比例，依然持续偏低，如修读工程科和科技科的女性只占
32.5%，修读理学科的亦只有 37.2%（政府统计处，2014：57，70），
导致女性进入高科技行业和研究部门的比例，长期落后于男性。在现代
社会，"技能偏向的技术转变"（skill-biased technological change），即新
技术导致对更高学历和技能的人力需求不成比例地增加，是收入差距扩
大的主要原因（Esping-Andersen，2007），香港女性仍较少研修 STEM 科
目，必然会削弱她们的劳动竞争力和晋升机会。

此外，大部分教科书以及隐藏性课程（如师生互动、课外活动的性
别分工）等，依然充满传统性别定型（Mak，2012）。

经济领域

随着女性工作权和教育权获得立法保障，越来越多的女性开始进入
劳动力市场，在各行各业崭露头角，不过，女性进入专业和管理层行列
的比例，虽有可观的改善，但仍倍低于男性。[①] 换言之，职业上的性别
隔离不但没有消失，实际上还在恶化，尤其在低收入工作方面。以非技
术工人为例，女性的比例不但显著上升（由 1993 年的 48.3%，增加至
2013 年的 66.5%），而且与男性的收入差距也同时扩大（月收入由男性
的 58.3%，下降至 43.3%）（政府统计处，2014：113 ~ 114，259 ~
260），于是形成女性"受困"于低工资服务业和非技术工作的"贫民窟
化"（ghettoization）危机。对于被边缘化的妇女，例如从内地落户香港
的新移民，这些弊端更显突出。

也有研究显示，由于全球化的冲击，已婚妇女参与受薪劳动大军的
数量有所增加，双职工家庭的数量有所提升。从表面看，全球化对就业
妇女冲击不大，但经过仔细分析后发现，伴随经济全球化而来的收入与
职业两极化趋势，基于年龄和学历划分的在职妇女，彼此之间的差异严
重加剧，高薪职位由年轻和高学历的女性担任，年长和低学历者则被困
于无前途和无保障的低薪工作或退出劳动力市场（Ngo & Pun，2009；

---

① 1993 ~ 2013 年，在就业女性中，专业、经理及行政人员的比例由 7.5% 增至 12.1%；男性
的相关比例是 16.5% 和 22.3%（政府统计处，2014：113 ~ 114）。

Ngo，2012）。

国际经验显示，在经济危机及就业紧张时期，女性除承受严重的失业威胁外，亦会因配偶失业、家庭收入减少而负起更沉重的家计责任（European Commission，2010b；International Labour Office，2010），香港也不例外。此外，由于年长和低学历女性在劳动力市场的竞争力和回报日益下滑，女性贫穷率由 1996 年的 15.4%，上升至 2012 年的 18.1%，在 2001～2010 年，约 2/3 的在职贫穷人士为女性，贫穷女性化的趋势越来越明显（Wong & Fong，2012：76～77，84；香港社会服务联会，2013）。①

权力与决策领域

反映妇女地位的另一个指标，是她们在权力与决策方面的参与。平机会在 1996 年进行的《性别平等机会基线调查》，以及笔者多年的研究（Cheung & Lee，2012）一直发现，在地区层面的非正规政治参与上，例如在业主立案法团、街坊组织、助选团等社团活动的参与上，女性相当踊跃；但在正规政治的层面上，例如加入政党和参选等方面的参与，男性则比女性积极。

在进入权力结构和决策方面，联合国经济及社会理事会于 1990 年为妇女担任领导职位比例确立指标：1995 年达至 30%，2000 年达至 50%（United Nations，1991：16）。在香港，在行政会议、公务员体系、首长级公务员、公营架构咨询及法定组织、选举委员会等组织，在司法机关，甚至在政府议会（即立法会和区议会），女性所占比例均虽有增加，但明显未能达到性别均衡的目标。②

女性能在企业掌权的比例，更不及公营部门。笔者曾分析香港恒生指数 42 家蓝筹股的 2009 年公司年报，发现在所有领导（即主席、首席执行官或董事总经理）中，只有一位女性（2.3%），其余 41 位均是男性

---

① "贫穷"的定义是住户月收入少于或等于同组住户入息中位数一半的住户；"在职贫穷"则指的是月收入少于所有雇员月收入中位数的四成。

② 如 2001 年至 2013 年间，女性公务员的比例由 33.5% 增至 36.3%；首长级女性公务员由 23% 增至 33.7%；公营架构咨询及法定组织的女性非官方成员由 19.3% 增至 27.3%。选举委员会的女性委员，由 2007 年的 13.6%，微升至 2013 年的 14.9%。立法会于 1991 年引入直选，但多年以来，不论是候选人、当选人还是总体女性议员的比例，始终没有超过 20%（政府统计处，2014：319～323）。

（Cheung & Lee，2012：206 - 207）。另根据香港交易及结算所（2012）的统计，香港上市发行人董事会中（共 13397 人），女性董事仅占 10.3%；40% 的发行人（1518 家中的 612 家）的董事会并无女性，37% 的发行人董事会（564 家）只有一名女性。就算是高层职位，香港女性亦只占 29.4%，但在亚洲六个市场已排名第三，仅落后于中国内地（35.6%）和马来西亚（34%）（Community Business，2014）。① 企业领导层缺乏女性成员，是一个亟待改善的问题。

女性晋升高层的障碍与支援

女性的学历不断提升，但在领导和决策职位上，性别不平等仍是一个显著的问题。以高等教育为例，不论在学院还是研究院的工作人员中，女性仍占少数，资深教授或大学高层管理人员中，女性的人数更少。笔者任职的香港中文大学，可以反映亚洲大多数大学的情况：中文大学目前的助理教授中，女性占 37%，但正教授级中，女性只占 15%；在中文大学的 51 年历史中，笔者是第一位女性副校长。截至目前，在香港的政府资助大学中，从未有任何女性担任校长。②

在包括更广泛的社会规范、科学界和大学结构的系统内，始终存在以性别为基础的障碍（Cheung & Lee，2012）。对女性来说，工作与家庭之间较易存在冲突，不管她们的就业地位和状况如何，女性都要肩负更多的家庭责任。当学术机构要求长时间的工作，以及出差到海外出席会议和参与研究合作时，肩负家庭责任的女性就处于劣势。多项研究显示，在研究型大学开始工作的女性，有 1/3 不会生育孩子，而在获得终身教职的女性中，单身的可能性比其他人高出一倍（Mason & Goulden，2004；张妙清、贺戴安，2009；Cheung & Halpern，2010）。为取得工作与家庭之间的平衡，许多女性选择放弃追求高层职位。对于已婚的初级女性学院成员来说，终身教职审核经常与生育周期重叠，就算有家务助理，她们在照顾孩子方面也要负很大责任。部分大学有酌情安排，在女

---

① 此研究比较了 2013 年底，32 家跨国企业在六个亚洲市场的性别多样水平，包括中国内地、中国香港、印度、日本、马来西亚和新加坡。

② 在亚洲，女性领导的学院数量大多不足 10%（Forestier，2013），欧盟国家（斯堪的纳维亚国家除外）亦多不足 20%（European Commission，2013：115）。

性分娩假时停止"终身教职时钟"，有关措施虽可协助部分女教员迎头赶上，但其他女教员不一定欢迎这种拖延。因此，问题是大学政策是否有足够的性别敏感度，以协助发展更多样化的职员组合。

部分组织亦有传统网络和指导，帮助初级职员穿过权力结构的"迷宫"，抵达更高级别（Eagly & Carli，2007）。不过，由于女性楷模不多，具备多样性敏感度及会针对女性特殊需求的导师亦甚少，女学术人员要晋升至领导职位仍特别困难（张妙清、贺戴安，2009）。

促进女性的职业发展，不能单凭个人的努力，机构亦需做出承诺和出台措施来配合。对此，欧洲和北美的部分大学曾启动一些措施，以解决在科学和高等教育中的性别偏见、性别不平等、女性边缘化，以及高层缺乏多样化的问题，例如英国在 1999 年已开展一项约 80 所大学参与的雅典娜计划（Athena Project），以推动女性在科学、工程和科技上的职业进展（The Royal Society，2014）。

男女各有不同的领导天赋和风格，如男性以行动为导向、好竞争、勇于冒险，女性则较重视人际关系、关怀、分享与合作（Cook & Rothwell，2000），两者互补，才有助于激励士气、提升效能，以利于组织发展。

香港高等教育的性别敏感度仍处于低水平，部分原因是机构缺乏女领导人。在香港中文大学，早在 1995 年笔者出任社会科学院院长时，就制定政策和程序，对抗校园性骚扰，在香港各大学中，这是首创。性骚扰涉及不受欢迎的身体接触、语言和非语言的行为，造成有敌意的环境，令受害者感到受恐吓。香港中文大学落实了一套系统来处理投诉，通过宣传、教育和培训管理人员来促进关注。而当笔者在 1996～1999 年担任平机会首届主席时，我们将此政策推广到香港其他大学。

虽然笔者个人被誉为"提倡香港性别平等的先锋"，但在笔者所属的香港中文大学，性别平等在各种优先事项中，仍未受重视。因此，当我们身处其位时，就要利用机会，将性别平等纳入议程。2014 年 3 月，笔者就以副校长的身份，为女同事组织了国际妇女日聚会，校长应邀出席，女同事把握此机会，分享女学术人员面对的挑战。随后，校长同意成立一个负责实施女性与家庭友善政策的专责小组。笔者要求另一位男副校长与笔者一起，担任专责小组联席主席，从而将这个倡议主流化。专责小组的职权范围包括：找出女同事和负有家庭责任同事的需求；提出政策、设施和资源以解决这些需求；在解决这些需求时，考虑所需资源；为女同事和肩负家庭责任同事，推广有利于工作环境的做法等。简要地说，由女性担任大学领导，可以提升大学制度和设施对女性适切性的关注，从而帮助推进女学术人员的职业发展。

法律与文化对推广性别平等机会的影响

性别平等的法律保障

法律可为平等机会提供底线，保障个人免受歧视的权利。香港政府曾制定及修订多项法例，消除对女性的歧视，促进两性的平等权利，较重要的包括：

- 1971 年实施《婚姻制度改革条例》，禁止纳妾，确立一夫一妻的平等婚姻制度；
- 1991 年实施《香港人权法案条例》，确保男女享有经确认的公民及政治权利；
- 1994 年实施《新界土地（豁免）条例》，承认新界妇女的土地继承权；
- 1996 年实施《性别歧视条例》，明确基于性别、婚姻状况、怀孕的歧视，以及性骚扰皆属违法；
- 1997 年实施《家庭岗位歧视条例》，规定基于家庭岗位的歧视便属违法；
- 2002 年修订《刑事罪行条例》，明确婚内强奸属刑事罪行。

政策偏差与文化滞后

然而，香港妇女的教育、就业和经济能力虽然已有改善，但女性际遇仍未能彻底改变，除落实法律的困难外，社会文化环境确实有重要的影响。

香港的法律制度基本沿袭英国，崇尚法治与人权，但传统中国的权威恩典、强调和谐及偏好平衡的文化价值，仍深深植根于本地社会。以下以香港小学升中学分派学位案件为例，分析华人社会强调和谐的文化环境，加上过时的性别定型观念、公义和公平伦理原则的复杂性，对推广平等机会的影响。

　　虽然平等与免受歧视被假定为人权的基本元素，但怎样才算平等是价值观念，取决于人们相信什么是道德正确或公平合理，以及套用此等规范准则的现实情况，而对于什么情况会构成歧视，也有不同的理解。一些原意是用来促进平等机会的政策，例如为弥补个别社群过去所遭受的歧视伤害，而提供优惠待遇，以提高其竞争力的平权措施（affirmative action）或反歧视法案，在制定后或许反而会引起歧视的指控。

　　平机会在 2000 年对香港教育署推行的中学学位分配办法（以下简称 SSPA）提出司法复核，指该办法违反了《性别歧视条例》。法院最后判决，以性别为基础的派位办法，对个别学生造成直接歧视，因此违反上述条例。这种以法律诉讼途径纠正问题的做法，不单显现出专家之间的意见分歧，亦引起不少教育界人士的抗拒，他们不同意法庭对公平原则的理解，问题因而值得深入探讨。下节先简单介绍 SSPA，以便说明过时的知识和制度安排，如何令本来良好的意愿，变成法律上的歧视。

中学派位制度

　　教育署于 1978 年开始推行 SSPA，设计原意是根据升中学生的成绩，公平分配学位。所有参与这个制度的小学，其学生均会获派政府资助的中学学位。[①] 1998 年，教育署首次公开学生的所属派位组别。不少市民关注并投诉该制度含性别歧视成分，平机会决定行使其法定权力展开正式调查。调查的结论是 SSPA 含有下列性别歧视成分。

　　一、在调整成绩的过程中，同一学校的男生和女生被分开处理，教育署使用"性别曲线"来计算用作决定派位的最后分数。

　　二、在编定派位组别的过程中，男生和女生被分为两个不同的排列队伍，引致两者的划分派位组别分数有差异。

　　三、规定男女校取录某一固定比例的男生和女生（平等机会委员会，1999）。

　　平机会曾建议教育署从平等机会的角度重审 SSPA，借以符合《性别

---

　　① SSPA 的基本组成部分包括：一、个别学校进行的"校内成绩评定"；二、教育署考核小六学生的"学业能力测验"；三、调整方法；四、按性别编入不同的派位组别；五、电脑随机编号；六、根据派位组别和电脑随机编号而决定的学校选择；七、按每所男女校的既定男女生学额分配学位给男女生。

歧视条例》的要求，让学生不会因性别而遭受差别待遇。然而，新的教育署署长和许多学校校长，并不同意 SSPA 存在歧视，他们坚持认为这个分配办法是考虑了男孩和女孩的发展差异，当中并无歧视。他们争辩，男孩在智力上的发展较女孩有所延迟，因此按性别分开的调整分数曲线、派位组别和学位配额，可以平衡男女校的性别比率，让孩子获得更好的发展。虽然平机会努力分享性别差异、认知能力，以及在学校选择上性别平等的最新科学研究成果，但教育署仍坚持按性别选拔和安排学位，因为他们相信这个制度有助于解决男孩和女孩与生俱来的发展差异。

平机会继续收到家长投诉，他们表示女儿受到 SSPA 较不利的对待。到了 2000 年，司法复核启动，对于 SSPA 是否违反《性别歧视条例》，双方都邀请了国际知名的心理学和教育界的专家做证。

最后，法院宣判此派位制度属性别歧视，教育署须做出修改，删除当中的性别偏见，但许多教育工作者并不信服这个法律裁决，他们埋怨平机会，认为其破坏了自然秩序，并创造不必要的问题，让名校的女生比例显著偏高。

文化价值的影响

出现上述情况，实源于文化价值的深远影响，而法律裁决并不能改变人们在性别差异上的既有观感。香港虽已建立健全的法律制度，但不是一个喜好诉讼的社会，中国人或许会寻求法庭执行公义，但往往避免循法律途径解决纠纷。有研究指出，与集体主义文化相比，个人主义文化更倾向于以对抗式裁决来解决纷争。而在强调互相依存与和谐的集体主义社会里，民众倾向避免人际冲突，并会顺应社会习俗，致力于维持群体内的详和与安宁；在判断公平和解决不公义上，亦较重视和谐。在强调和谐与协调的集体主义文化里，资源分配的平均原则比公平原则来得重要（Leung，1987）。因此，设立固定的性别配额，以确保男孩和女孩可以平均地获得中学学位，就被许多人视为公平的资源分配。

事实上，当平机会在 1998 年开始对 SSPA 进行正式调查时，笔者与当时的教育署署长是以较亲切的关系，探讨当中问题。平机会的调查结论，虽然认定 SSPA 违反《性别歧视条例》，但仍给予教育署充分时间改变制度，并建议联合教育委员会就当时正在进行的 21 世纪教育发展蓝图的主要学术评审，对学位分配制度做出更彻底的检讨。这种安排有助于教育署挽回面子，以协作方式解决纠纷。有研究指出，这种做法是尝试在道德理想和目标达成之间取得平衡，同时追求形式上的和谐（Leung et al.，2002）。

可惜，两个机构的领导层其后都发生更换，出现对抗性的局面，最后对簿公堂。通过法律诉讼追求平等和公义，和谐已不是要点。以对抗方式解决纷争，令双方变成具有敌意的对手，这种敌意更延续至裁决以后。纵使人权原则得到维护，但重新检讨小学教育、教学方法、评估形式等的机会错失了。教育领域例行公事般顺从法律规定，改革的目的也就无法达成，没有为男女学生带来较彻底的平等教育机会。

香港中学学位分配办法虽然是独一无二的个案，当中涉及的争论，却在每天的道德决定两难困境中出现，同时也反映了华人社会所强调的和谐文化环境，对推行平等机会的影响。

性别敏感政策的考虑

法律只能提供底线，要促进平等机会，更须制定适切的政策以消除妇女发展的障碍和营造有利的发展条件。过去的政策制定通常缺乏从性别敏感角度考虑问题，令女性的具体需求被忽略，从而衍生出性别不平等。如香港政府虽表示，从 2002 年起已在多个政策和工作范畴逐步推行性别主流化，但直至 2014 年，应用妇女事务委员会设计的"性别主流化检视清单"的政策和活动，不足 50 项（立法会政制事务委员会，2014：5）。

有研究显示，虽然在教育和就业等个人导向制度方面，女性地位已见提升，性别平等亦有所改善，但在家庭导向制度方面，性别不平等问题仍较严重，导致婚育模式出现明显变化（Tu & Lam，2009）。如 1986 年至 2013 年间，从未结婚的女性人数上升 62.9%，男性则只增加 15.5%；女性的初婚年龄和首次生育年龄中位数不断延后，生育率亦同步下降（政府统计处，2014：29，45），总和生育率长期远低于人口置换水平。女性投身职场不但导致晚婚、晚育、少育，甚至令不婚和不育等现象日益普遍，人口结构越趋失衡，但香港政府和企业仍未有适切的政策和措施出台，增强女性兼顾事业与生育的能力。

在家庭内的两性关系方面，女性就业不断增加，但教养子女、侍奉亲长、操持家务和照顾残障家属等传统主妇的职责，仍主要落在女性肩上，家务分工的性别不平等根深蒂固。如照顾幼儿虽是就业女性离开劳动力市场的主要原因（妇女事务委员会，2010），但适婚及育龄女性的劳动人口参与率仍高企于70%至80%的水平，显示她们大部分要同时肩负工作和育儿的责任和压力。

有学者解释，家庭领域之内的性别不平等，要归咎于以性别为基础的"公共和私人、赚钱养家和处理家务，以及在操持家务上男性和女性的分工"差异。随着全球化和香港回归中国，这些差异对家庭结构和关系构成新的挑战（Choi & Ting，2009）。

香港政府为营造有利于市场及经济自由的环境，一直奉行积极不干预主义，没有积极制定完善的劳动保障制度，因此，当很多政府已把推动工作与家庭平衡作为重要施政方针之际，香港仍没有立法来保障就业人士的工作与家庭平衡，如没有制定工时法例（包括标准工时、最高工时、超时工作限制或超时工作薪酬），法定有薪休假权利远低于国际标准（包括年假及产假偏短，没有婚姻假、侍产假、家长假、家事假、恩恤假、领养儿童假等家庭假期），甚至没有明确的家庭友善措施，以营造对家庭友善、推动男性分担家事的就业环境。这对双职工家庭，尤其负起从"主内"到"兼顾内外"甚至"兼主内外"双重负担的女性，极其不利（赵永佳、尹宝珊，2015）。

对既有政策的性别分析，亦突显了以性别为基础的不平等，并造成障碍、产生脆弱性，以及限制获得平等机会。在传统上，部分障碍曾被视为女性的问题，但将这些问题以性别角度拆解后就会发现，不论是男性还是女性，双方都扮演着系统的参与者及受害者角色。

结　语

2014年是《北京宣言》和《行动纲要》通过20周年，联合国坦言，全球在落实《行动纲要》所确立的策略目标方面，仍然相距甚远（联合国电台，2014）。因此，联合国要求所有国家全面审查已取得的进展和执行过程中遇到的挑战，并呼吁成员国在编写审查报告时，与政府内外的利益攸关方进行协商，讨论实现性别平等和妇女赋权的未来计划和举措（联合国妇女署，2014）。

人文社会科学学者是利益攸关方之一，而且具有独特能力，可以为增强妇女权能、实现性别平等，尽学术上的责任。学者可透过研究与出版，在探讨现状、制定政策、培训导师、教育公众、提高性别意识、消除性别偏见与角色成见等方面，提供客观科学的实证数据和深入分析，同时亦为学术研究提供理论基础和分析角度。

根据笔者个人的经验，若能令性别研究与政策倡导相辅相成，贡献将更大。研究是政策倡导的根基，政策倡导取得成功，可改善基础建设，更好地推动性别平等，这包括研究设施与资源、学校与公众教育，以及各个领域和层面的性别平等法规、政策和措施等，在这些方面做出改善，便能创造环境，让两性的才能尽量发挥。

参考文献

妇女事务委员会，2009，《公众对性别议题的观感调查调查结果》，http://gia.info.gov.hk/general/200903/05/P200903050244_0244_50207.doc。

妇女事务委员会，2010，《香港的女性及男性对妇女在家庭、职场及社会的地位的看法调查》，http://www.women.gov.hk/colour/tc/research_statistics/research_status_of_women.htm。

妇女事务委员会，2013，《香港女性统计数字 2013》，香港妇女事务委员会。

立法会政制事务委员会，2014，《中华人民共和国香港特别行政区就联合国〈消除对妇女一切形式歧视公约〉提交的第三次报告》（2014 年 7 月 21 日平等机会委员会提交的意见书），立法会 CB（2）2054/13 – 14（04）号文件，http://www.legco.gov.hk/yr13 – 14/chinese/panels/ca/papers/ca0721cb2 – 2054 – 4 – c.pdf。

联合国电台，2014，《妇女署主任：落实〈北京行动纲领〉任重道远　国际社会应加倍努力》，http://www.unmultimedia.org/radio/chinese/archives/207787/。

联合国妇女署，2014，《2015 年第四次妇女问题世界会议和〈北京宣言〉和〈行动纲要〉通过二十周年背景下〈北京宣言〉和〈行动纲要〉（1995 年）和大会第二十三届特别会议（2000 年）成果文件的执行情况：国家审查报告编写指导说明》，http://www.unwomen.org/~/media/headquarters/attachments/sections/csw/59/beijing-plus20-guidancenote-zh.pdf。

联合国开发计划署，2010，《2010 年人类发展报告：国家的真正财富——人类发展进程》，纽约联合国开发计划署。

联合国开发计划署，2014，《2014 年人类发展报告：促进人类持续进步——降低脆弱性，增强抗逆力》，纽约联合国开发计划署。

平等机会委员会，1997，《性别平等机会基线调查》，香港平等机会委员会。

平等机会委员会，1999，《中学学位分配办法正式调查报告》，香港平等机会委员会。

香港交易及结算所，2012，《咨询文件：董事会成员多元化》，香港交易及结算所。

香港社会服务联会，2013，《按性别划分的低收入户人数比率（2001 年至 2012 上半年)》，http：//www. poverty. org. hk/sites/default/files/121018_p_rate_sex_01 – 12_1H. pdf。

香港中文大学性别研究中心，2005，《港人对妇女议题的意见调查：调查结果摘要》，香港中文大学性别研究中心。

杨家亮，2014，《中国人文发展指数比较分析》，《调研世界》第 1 期。

张妙清、贺戴安，2009，《登上巅峰的女性》，香港：三联书店。

赵永佳、尹宝珊，2015，《失衡的工作与家庭关系》，载赵永佳、丁国辉、尹宝珊编《家在香港》，香港特别行政区中央政策组。

政府统计处，2014，《香港的女性及男性主要统计数字（2014 年版)》，政府统计处。

Canadian International Development Agency, 1997, *Guide to Gender-sensitive Indicators*, Ottawa：Canadian International Development Agency.

Cheung, F. M. （Eds.）, 1997, *Engendering Hong Kong Society：A Gender Perspective of Women's Status*, Hong Kong：Chinese University Press.

Cheung, F. M., & Halpern, D. F., 2010, "Women at the Top：Powerful Leaders Define Success as Work + Family in a Culture of Gender," *American Psychologist* 65 （3)：182 – 193.

Cheung, F. M., & Lee, E. W. Y., 2012, "Women in Power and Decision Making." In S. Y. P. Choi & F. M. Cheung （Eds.）, *Women and Girls in Hong Kong：Current Situations and Future Challenges*, pp. 191 – 221. Hong Kong：Hong Kong Institute of Asia Pacific Studies, Chinese University of Hong Kong.

Choi, S. Y. P., & Ting, K. F., 2009, "A Gender Perspective on Families in Hong Kong," In F. M. Cheung & E. Holroyd （Eds.）, *Mainstreaming Gender in Hong Kong Society*, pp. 159 – 179. Hong Kong：Chinese University Press.

Community Business, 2014, *Gender Diversity Benchmark for Asia 2014*. Hong Kong：Community Business.

Cook, L., & Rothwell, B., 2000, *The X & Y of Leadership：How Men and Women Make a Difference at Work*. London：Industrial Society.

Council of Europe, Directorate of Human Rights, Section on Equality between Women and Men. 1998. *Gender Mainstreaming：Conceptual Framework, Methodology and Presentation of Good Practices—Final Report of Activities of the Group of Specialists on Mainstreaming （EG-S-MS)*. http：//www. unhcr. org/3c160b06a. html.

Eagly, A. H., & Carli, L. L., 2007, *Through the Labyrinth：The Truth about How Women Become Leaders*. Boston, MA：Harvard Business School Press.

European Commission, 2010a, *More Women in Senior Positions：Key to Economic Stability and Growth*. Luxembourg：Publications Office of the European Union.

European Commission, 2010b, *Report on Equality Between Women and Men 2010*. Luxembourg：Publications Office of the European Union.

European Commission, 2013, *She Figures 2012*: *Gender in Research and Innovation*. Luxembourg: Publications Office of the European Union.

Esping-Andersen, G. , 2007, "Sociological Explanations of Changing Income Distributions. " *American Behavioral Scientist* 50 (5): 639 – 658.

Forestier, K. , 2013, "Manifesto for Change for Women in Higher Education. " *University World News*, 263. http://www. universityworldnews. com/article. php? story = 20130313 132344590.

Goldman Sachs, 2013, *Women's Work*: *Driving the Economy*. http://www. goldmansachs. com/our-thinking/focus-on/investing-in-women/research-articles/womens-work. pdf.

International Labour Office, 2010, *Women in Labour Markets*: *Measuring Progress and Identifying Challenges*. Geneva: International Labour Office.

Leung, K. , 1987, "Some Determinants of Reactions to Procedural Models for Conflict Resolution: A Cross-national study," *Journal of Personality and Social Psychology* 53 (5): 898 – 908.

Leung, K. , Koch, P. T. , & Lu, L. , 2002, "A Dualistic Model of Harmony and Its Implications for Conflict Management in Asia. " *Asia Pacific Journal of Management* 19, 201 – 220.

Mak, G. C. L. , 2009, "Girls' Education in Hong Kong: Incidental Gains and Postponed Inequality. " In F. M. Cheung & E. Holroyd (Eds.), *Mainstreaming Gender in Hong Kong Society*, pp. 25 – 48. Hong Kong: Chinese University Press.

Mak, G. C. L. , 2012, "Women and education. " In S. Y. P. Choi & F. M. Cheung (Eds.), *Women and girls in Hong Kong*: *Current Situations and Future Challenges*, pp. 21 – 41. Hong Kong: Hong Kong Institute of Asia Pacific Studies, Chinese University of Hong Kong.

March, C. , Smyth, I. A. & Mukhopadhyay, M. , 1999, *A Guide to Gender-analysis Frameworks*. Oxford: Oxfam.

Mason, M. A. & Goulden, M. , 2004, "Marriage and Baby Blues: Redefining Gender Equity in the Academy. " *Annals of the American Academy of Political and Social Science* 596 (1): 86 – 103.

McKinsey & Company, *2013*, *Women Matter* 2013: *Gender Diversity in Top Management—Moving Corporate Culture, Moving Boundaries*. http://www. mckinsey. com/features/women_matter.

Ngo, H. Y. , 2012, "Women and the Economy," In S. Y. P. Choi & F. M. Cheung (Eds.), *Women and Girls in Hong Kong*: *Current Situations and Future Challenges*, pp. 43 – 68. Hong Kong: Hong Kong Institute of Asia Pacific Studies, Chinese University of Hong Kong.

Ngo, H. Y. , & Pun, N. , 2009, "Gender, Work and Employment in the 'Global Condition'," In F. M. Cheung & E. Holroyd (Eds.), *Mainstreaming Gender in Hong Kong Society*, pp. 49 – 79. Hong Kong: Chinese University Press.

Office for Women's Policy, and Department for Community Development, 2005, *Gender Analysis*: *Making Policies, Programs and Services Gender-aware*. Perth: Office for Women's Policy.

The Royal Society, 2014, *Athena Forum*. http://www. athenaforum. org. uk/.

Tu, E. J. C. , & Lam, G. , 2009, "Fertility and Gender Equity in Hong Kong," In F. M. Cheung & E. Holroyd (Eds.), *Mainstreaming Gender in Hong Kong Society*, pp. 139 - 157. Hong Kong: Chinese University Press.

United Nations, Economic and Social Council, 1991, *Resolutions and Decisions of the Economic and Social Council: Organizational Session for 1990 (New York, 17 January and 6 - 9 February 1990: 1st Regular Session of 1990, New York, 1 - 25 May 1990).* http://daccess-dds-ny. un. org/doc/UNDOC/GEN/NR0/765/31/IMG/NR076531. pdf? OpenElement.

United Nations, Economic and Social Council, 1999, *Report of the Economic and Social Council for the Year 1997.* http://www. un. org/ga/search/view_doc. asp? symbol = A/52/3/ REV. 1 (SUPP).

United Nations, Secretary-General, 1997, *Coordination of the Policies and Activities of the Specialized Agencies and Other Bodies of the United Nations System: Mainstreaming the Gender Perspective into all Policies and Programmes in the United Nations System—Report of the Secretary-General.* http://www. un. org/documents/ecosoc/docs/1997/e1997 - 66. htm.

Westwood, R. , Mehrain, T. & Cheung, F. M. , 1995, *Gender and Society in Hong Kong: A Statistical Profile.* Hong Kong: Hong Kong Institute of Asia-Pacific Studies, Chinese University of Hong Kong.

Wong, H. & Fong, M. Y. , 2012, "Women and Poverty," In S. Y. P. Choi & F. M. Cheung (Eds.), *Women and Girls in Hong Kong: Current Situations and Future Challenges*, pp. 69 - 98. Hong Kong: Hong Kong Institute of Asia Pacific Studies, Chinese University of Hong Kong.

World Bank, 2011, *World Development Report 2012: Gender Equality and Development.* Washin-gton, DC: World Bank.

World Economic Forum, 2013, *The Global Gender Gap Report 2013.* Geneva: World Economic Forum.

World Health Organization, 2002, *Gender Analysis in Health: A Review of Selected Tools.* Geneva: World Health Organization.

经济转型引发的台湾社会"不公平"

朱敬一

（台湾大学会计系及经济系合聘教授、中研院经济
研究所特聘研究员）

康廷岳

（台湾经济研究院副研究员）

　　摘　要： 在知识经济与创新经济时代，产品世代更迭极为快速，经济转型往往不是轻、重工业类型的转变，而是经济创新不断取代他地或被他地取代的过程。包括台湾在内的许多经济体，过去十余年由于有"整厂输出"至邻近生产地的简单选项，企业怠忽了较为吃力的、成本较高的创新转型，逐渐形成"本地接单、海外生产"的便宜经济形态。这样的经济架构就容易产生本地薪资冻涨、所得分配恶化、土地房屋飙涨、阶级流动减缓、教育进阶不利等不同面向的、动态与静态的社会不公平。本文用台湾过去十几年的资料，解说上述五种社会不公平的形成以及它们之间的关系。其背后的政策意涵与经验，应该值得许多其他类似经济参考。

1. 前言

台湾社会近期所关注的不公平议题面向颇多，我们粗略从以下几个

角度切入：实质薪资停滞在十余年前的水平、年轻世代须面临毕业即失业的风险、所得分配问题日趋恶化、都会区不断飙涨的房价等。这些台湾社会不公不义所引发的挞伐声浪，过去数年正不断积聚。上述诸多问题，多与全球化下各国所面临的资源重新调配之静态问题相关。就动态阶级流动而言，不公平亦涵盖子女教育与未来进阶。由此，本文将台湾近期关注之不公平议题区分为"薪资冻涨""所得分配""居住正义""子女教育""阶级流动"等五个面向。这五个面向看似独立，但其实彼此相关。以下将针对上述五个面向进行论述，并提出相关数据以为佐证，最后做出小结。

2. 社会不公平的五个面向

2.1 薪资冻涨

观察台湾长期 GDP 年增率的变化情况（以美元计）（见图 1），可发现自 1976 年至 2013 年间的 GDP 年增率呈现缓步下滑走势，平均每年以约 0.5% 的速度下滑。此外，就图形走势可明显发现，台湾名目 GDP 自 1988 年后成长幅度明显萎缩，1998 年、2001 年与 2009 年甚至出现负成长，主要受到亚洲与全球金融风暴所引起的整体性经济衰退影响。且近年全球经贸情势复苏疲软，国际天灾人祸仍持续蔓延，台湾经济成长仍

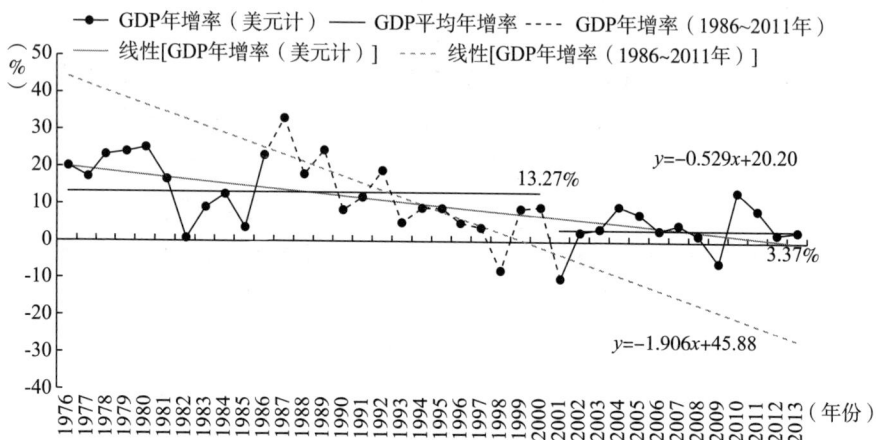

图 1　1976 年至 2013 年台湾 GDP 年增率变化

资料来源："行政院"主计总处，国民所得及经济成长。

然低迷，2013 年 GDP 年增率仅 3.37%（经济增长率为 2.09%），虽当时"行政院"主计处指出，预估 2014 年第 2 季的经济增长将逐步改善，但仍仅为 3.84%，显然过去高增长之经济表现已不复见。整体而言，大约 1997 年之后台湾 GDP 增长即进入低成长区，与先前的卅年截然不同，显示总体经济结构已产生变化。

虽然台湾经济增长趋缓，最近十数年毕竟还是有 3% 的 GDP 增长。以下，我们要检视这十几年的 GDP 成长有没有反映在个人薪资上。如果没有，为什么？

为了解台湾的薪资变化，我们观察台湾近 30 余年每人每月薪资统计（见图 2），并且区分工业部门与服务业部门。由图 2 可知，1980 年工业部门每人薪资仍未达新台币 1 万元，而经历 20 年后至 2000 年则增加至 39498 元新台币，以年复增长率 7% 的速度增长，然而在近 10 余年却并未有明显改善，至 2012 年仍仅有 44076 元新台币，12 年间每年薪资增长率不到 1%。若再以物价膨胀率加以平减为实质薪资水平，台湾近年的薪资水平的确不增反减。

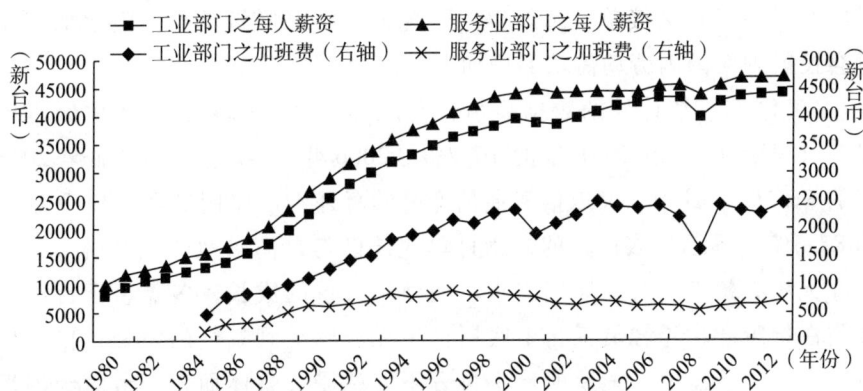

图 2　台湾每人每月薪资与加班费变化

资料来源："行政院"主计总处，薪资及生产力统计。

此外，图 2 亦将台湾工业部门与服务业部门的加班费一并列出，值得注意的是，工业部门的薪资总计与加班费的变化走势相近，且加班费比例可观，显示台湾劳动工作薪资的成长，在很大程度上可以反映出工人们通过增加工作时间以换取加班费，显然是通过更辛勤的工作（work harder），而非更有效率的工作（work smarter）或生产力的增加。我们在以下的分析中会指出，在全球化之下，台湾劳工的薪资之所以受到全球化的不利冲击，主要是因为许多产业没有升级，企业是以"将工厂移至国外"延续其旧的生产模式。

为何台湾近年无法有效地促进产业创新与转型升级？从台湾的企业结构与其经营模式可推敲一二。一方面，台湾主要以中小企业为主体，企业家数占整体的97.67%，但中小企业销售值占整体的30.23%（经济部中小企业处，2013）。受限于企业规模特性，中小企业创新比例小、难度高，自然不易转型。另一方面，台湾为数不多的大企业却多以"代工"等传统企业生产模式为主，且在上游品牌厂不断压缩代工利润的情况下，大企业只好纷纷寻求更低廉生产成本的投资地，形成"逐低成本而居"的外移现象，留在台湾本地的仅有总公司的少数管理阶层，甚至连研发人才需求都随着产品外移而日渐萎缩。纵使有少数龙头企业积极进行创新研发，然而受限于权重不够，带动台湾整体平均薪资成长的力道有限。

顺着前段思考，我们就能理解为何全球化的果实虽仍反映在台湾的经济增长中，但底层劳工分享不到。由于台湾仍有总公司持续经营，因而国际订单多仍以台湾当地作为承接，然而受到生产线逐渐外移影响，形成典型的"台湾接单、海外生产"现象，GDP随订单扩充而增加，却不会投射到对国内劳动需求的增加上。

"经济部"统计处的数据显示，台湾外销订单的海外生产比例逐年提高（见表1），由2001年的16.7%、2006年的42.3%，增加至2013年的51.5%。其中，又以信息通信产品的海外生产比例最高，2013年高达87.3%，显示许多产业的外销订单成长已与台湾本地的生产脱节，因而亦无法有效带动劳动雇用需求。而外销订单的成长，多嘉惠于台湾老板与白领阶层，年轻员工与中底层员工无法感受到景气的好处，仅有薪资冻涨、失业压力、发展前景不再等不安感受。整体而言，台湾经济环境导致世代信心落差，年轻族群当然会感慨其薪资前景远不如上一代。

表 1　台湾外销订单海外生产比例

单位：%

年份	总计	信息通信	电子产品	精密仪器	基本金属	塑橡胶制品	化学品	机械	电机产品
2001	16.7	25.9	13.3	34.9	7.3	12.8	1.8	16.4	25.0
2006	42.3	76.5	36.0	47.8	13.8	15.6	32.9	27.5	52.7

年份	总计	信息通信	电子产品	精密仪器	基本金属	塑橡胶制品	化学品	机械	电机产品
2007	46.1	84.3	43.6	47.1	14.0	13.8	26.0	23.7	52.3
2008	47.0	85.1	47.1	47.4	13.7	15.6	19.5	23.3	49.7
2009	47.9	81.9	44.5	54.1	10.2	15.1	11.1	24.8	53.4
2010	50.4	84.8	49.5	56.6	14.5	18.6	20.2	21.9	58.6
2011	50.5	83.6	52.3	59.9	16.8	18.8	20.5	20.2	62.4
2012	50.9	84.6	52.4	56.5	16.7	18.7	20.6	18.7	67.8
2013	51.5	87.3	50.7	52.9	15.5	15.0	19.6	16.5	69.0

资料来源："经济部"统计处，外销订单海外生产实况调查。

　　台湾薪资冻涨现象之因，岛内已有许多学者提出论点，其中又以要素价格均等化定理（Factor-Price Equalization Theorem）的论述最为常见。要素价格均等化定理为诺贝尔经济学奖得主 Paul A. Samuelson 于 1948 年提出，其认为经由国际商品贸易行为，可使不同国家/地区生产的相同商品所使用之生产要素价格趋于一致，包括工资在内。而台湾企业"台湾接单、海外生产"之生产基地外移，是以中国大陆、越南等地为主，而这些地方以工资、要素价格低廉为特性，是台湾厂商愿意去设厂之主因。依要素价格均等化定理，这是当下台湾劳工薪资"向中国大陆、越南看齐"的原因。

　　但要进一步说明的是，要素价格均等化定理的主要假设，包括各国生产技术相同、具有相同的消费者偏好、生产要素（如劳动力）亦为同质。然而"台湾接单、海外生产"模式压抑本地工资，却不需透过该定理中"商品贸易"的管道而达成，而是直接将整厂的劳动需求移往台湾之外，使得台湾劳动需求曲线往左下方移动；此中推理与传统的要素价格均等定理有所不同。

　　无论要素价格均等化定理在两岸实现与否，台湾冻薪问题的根本解决之道，就是应该要促进产业的创新与转型升级，提高产业竞争力与产品附加价值，使本地产品与中国大陆、越南等地有所区隔。

2.2　所得分配

　　世代信心落差不仅受到年轻人薪资冻涨、失业率高所引发，同时亦受到所得分配不均所影响。早年 Kuznets（1955）指出，随着一国的经济发展，所得分配不均程度会先恶化后改善，即为著名的倒 U 假设（inverted-U hypothesis），用以说明一国所得分配状况随经济发展过程而变化的曲线，称为 Kuznets 曲线。文献中许多跨国实证结果支持 Kuznets 此一论点。然而，此假设也有部分文献提出一些质疑，如 Saith（1983）与 Piketty（2014）。就台湾的情况来看，在 1980 年之前台湾似乎是个"特例"，随着经济快速发展，所得分配却日益平均，但在 1980 之后，台湾所得不均度快速上升，"特例"不再成立。

　　观察台湾近年所得分配的情况，透过主计总处所公布的基尼系数与户数五等分位组之所得分配比变化（见图 3），可知台湾近年所得分配有恶化之势。台湾 1976 年的基尼系数仅有 0.28，至最新资料的 2012 年则提升至 0.338，但仍低于同年美国的 0.48 与中国大陆的 0.47。若就户数五等分位组之所得分配比来看，亦呈现提高不均之现象：1976 年的差距倍数为 4.18，至 2012 年则提升至 6.13。不论基尼系数还是户数五等分位组之所得分配比，两者皆在 2001 年受到全球网络泡沫冲击经济而达到高峰，而后则停留在高水平，至今仍未见改善。

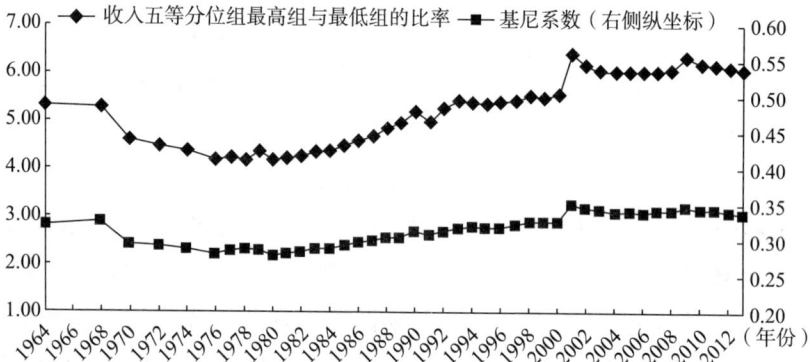

图 3　台湾的吉尼系数与户数五等分位组之所得分配比变化

资料来源："行政院"主计总处，户数五等分位组之所得分配比与所得差距。

　　然而基尼系数与五等分位组之所得分配比，并非仔细观察最高与最低所得者之所得变化，而是将"最高所得 20%"及"最低所得 20%"的家户混在一起。若将群组再细分，进一步观察台湾最高所得 5% 与最低所得 5% 的倍数比变化（见图 4），可明显发现贫富不均现象日趋明显，已由 1998 年的 32.74 倍，增加至 2011 年的 96.56 倍，已是近百倍的所得差异。这个上升趋势更能刻画低薪族心里不公平的感受。

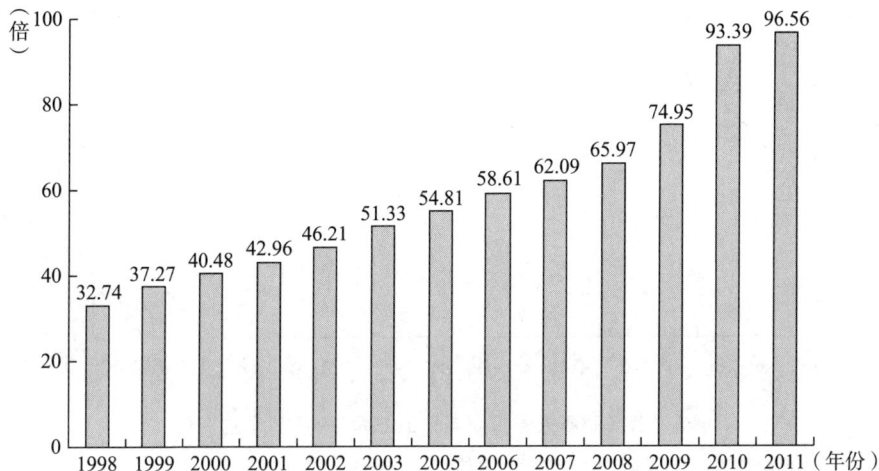

图 4　台湾最高所得 5% 与最低所得 5% 的倍数比变化

资料来源:"行政院"主计总处,家庭收资调查报告。

一般在所得不均议题上,除了关注静态的分配不公平外,也关心实质的收入流动性(income mobility)。此为社经阶级是否僵化,是否富者恒富、贫者恒贫之动态不公平指针。依据 Piketty(2014)的分析,阶级流动大体而言与资本家所收到的报酬比例有关。因而,本文进一步观察受雇员工/资本家如何分享经济发展的益处。

依据"行政院"主计总处的统计,台湾受雇人员报酬占 GDP 之比重在近年呈现下滑趋势(见图 5)。在 1981 年后经济快速发展时期,受雇人员报酬占 GDP 之比重虽低于 50%,但仍呈爬升走势,并在 1991 年达到 51.71% 的高峰,然而随后开始逐年持续下滑,至 2012 年已达到 46.17%,低于 30 年前的水平。然此现象并非中国台湾地区所独有,美国、日本、韩国亦同样面临受雇人员报酬长期下滑之势,但中国台湾地区下跌速度较美国与日本更快(2010 年,美国为 55.32%;日本为 50.6%;中国台湾地区为 44%),显示台湾所创造之经济发展果实并未分给社会多数之受雇阶层,因而造成社会底层的不公平感受更趋加深。

反观企业主与大股东所仰赖的营业盈余项目金额,其占 GDP 之比重却不降反增(见图 5),与受雇人员报酬的表现大相径庭,从 1991 年的 29.99%,增加至 2012 年的 32.98%。虽然部分营业盈余乃作为企业未来

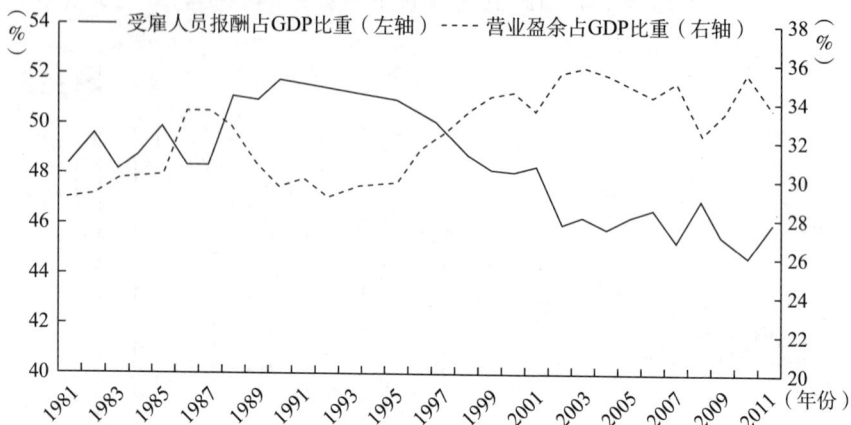

图 5 台湾受雇人员报酬与营业盈余占 GDP 比重变化

资料来源:"行政院"主计总处,总体统计数据库。

营运所需之用,但资本报酬比例之增加,正符合 Piketty(2014)书中所描述的"资本家日益膨胀"之趋势。

就政府的角色而言,其理应力抗所得分配不均造成的社会不安,然观察台湾近年的税改政策,却难以感受此一思维之实行。首先,台湾在近三届"总统"任内已更换 12 任"行政院院长"、数任"财政部部长","不断减税"似乎是过去十余年来一贯的政策,包含备受关注的证交税(1993 年调降)、两税合一(1998 年调降)、营所税(2011 年调降)、所得税(1990 年、1994 年、1998 年、2001 年、2013 年调降)等,亦包含其他细项降税,如娱乐税(1988 年、1990 年调降)、牌照税(1995 年、2001 年调降)、地价税(1989 年、1991 年、1994 年调降)、遗赠税(1995 年、2009 年调降)、房屋税(1992 年调降)、土增税(1989 年、1997 年、2002 年、2005 年调降)、契税(1999 年调降)、货物税(1990 年、1997 年调降)、营业税(1980 年、1994 年、1995 年、1999 年调降)等。名目繁多的减税政策,绝大多数所减皆富人之税,当然也是在恶化所得分配及有利于资本家。

再观察台湾近年税收之结构(见图 6),可知所得税占整体税收之比重有日趋攀升之势,由 2001 年的 35% 增加至 2013 年的 41%,而证券交易税及土地增值税等较与资本利得有关之税收比重,则由 2001 年的 14%,下滑至 2013 年的 10%。由此显示台湾近年形成了"冻薪的人缴税、有资产的人减税"的不公平现象。

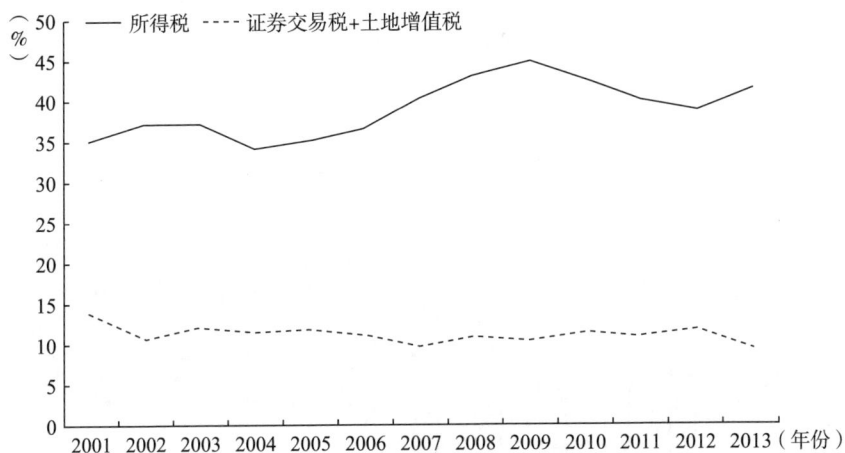

图6 台湾所得税与证券交易税及土地增值税占税收比重

资料来源:"行政院"主计总处,总体统计数据库。

2.3 居住正义

孟子所提"有恒产者有恒心,无恒产者无恒心",意思系指有一定财产的人,才会有稳定的行为,安居才能乐业。对于华人社会而言,此观念已根深蒂固,故对于购置房产仍有高度需求,因此居住正义亦成为近年台湾不公平现象的主要讨论议题之一。

根据美国顾问公司 Demographia 的《国际住房负担能力调查》(*International Housing Affordability Survey*),2013 年第 3 季房价/年所得比(house price to income ratios)排序较高的前两名城市分别是香港的 14.9 倍、温哥华的 10.3 倍(见图7)。若对照台湾"内政部"营建署所发布同期(2013 年第 3 季)的房价/年所得比,台北市高达 14.88 倍,仅次于香港;最新的 2013 年第 4 季数据显示,台北市房价/年所得比竟又攀高至 15.0 倍,而新北市亦有 12.7 倍,显示大台北地区俨然成为全球房价相对最贵的城市。对于年轻的受薪阶级而言,若不靠父母资助,多将永难购屋,造成年轻世代的不公平感受又加剧。

造成民众不安并非仅有房价一涨不回头之现象,而是随着台湾过去数 10 年房地产飞涨,人民并未看到政府有积极作为。观察台湾房地产的税制特色,考虑民众普遍有"有土斯有财"的观念,因而对于房屋或土

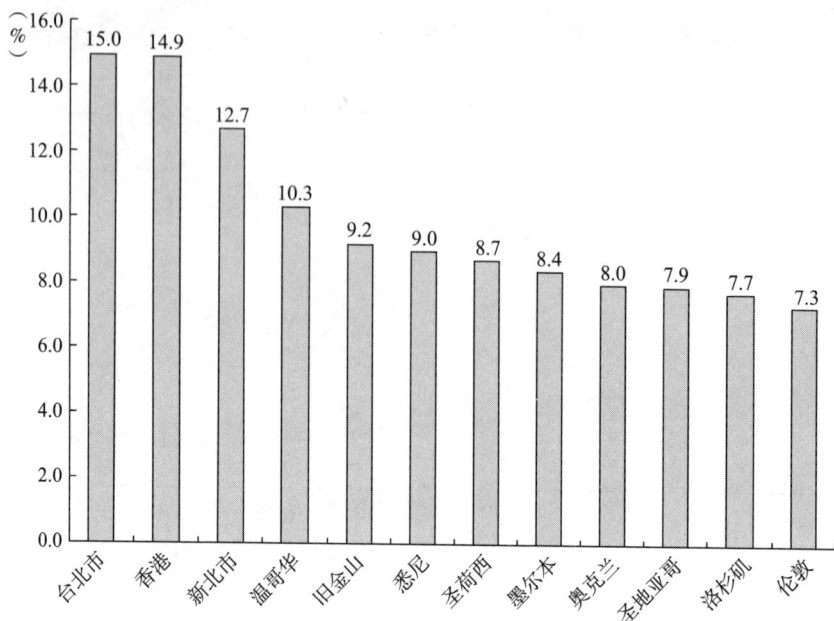

图7 国际城市之房价所得比

资料来源：Demographia（2013）；台湾"内政部"营建署。

地的持有税率订定较低，但在移转时，则课以较高比例的土地增值税，落实涨价归公的概念。基此，2001 年以前，土地增值税的累进税率为 40%、50% 与 60%，但 2002 年立法院先是通过土地增值税率享有 3 年减半的措施，并于 2005 年将累进税率永久调降到 20%、30% 与 40%。此外，台湾土增税与财产交易所得税皆因公告现值低估等因素而有税基偏低之情形，故实质所得税率远比 20%~40% 低。

依中研院"赋税改革政策建议书"，如果以民众持有两千万房屋与 1 百万的 2500mL 排量轿车来做比较，房屋 1 年缴纳房屋税与地价税约新台币 2 万元，但轿车所需缴纳的牌照税与燃料税之总和约新台币 2.4 万，显示持有高价房地产的成本极低。而前节所述许多产业"台湾接单、海外生产"模式，亦因为工厂皆不在国内，制造业实体投资机会减少。这些厂商白领阶级因接单增加而得到的收入，也多少因为实体投资机会不多，而转投入房地产，恶化了房产价格之飙涨。因此，台湾整体经济与税制环境造成拥房成本低、炒房有利，使其他实体投资报酬相形失色，企业亦缺乏诱因投入实体的生产投资或创新研发，进而造成台湾整体经济发展不利且房价不断飙升的情形。

2.4 子女教育

对台湾社会多数中下阶层的家长而言，多年来教育机会大致均等，"子女受教育"是可信赖的跨代阶级翻身机会；这其实也是两千多年来华人社会"科举"文化的另一个版本（C. Y. Cyrus Chu，1991）。然而台湾在 1996 年后"广设高中、大学"成为教改核心，大学院校数量开始快速扩张，大学与独立学院由 1996 年的 67 所增加至如今的 140 余所。观察 15 岁以上的民间人口的各教育程度比重变化（见图 8），可知近年台湾民众大专以上学历之比重已大幅提高，由 1978 年的 8%，至 2012 年则已达 4 成的水平，显示整体高教育程度的普及率快速提高。

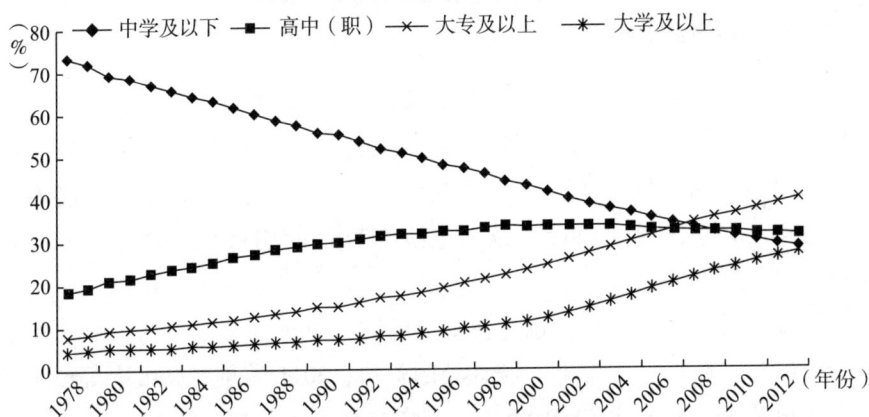

图 8 台湾 15 岁以上的民间人口的各教育程度比重

资料来源："行政院"主计总处，就业、失业统计。

教育普及与教育水平之提高，原是国家累积人力资本的重要管道之一，只是台湾整体产业未随经济发展而转型升级，随着大学院校之大量扩充，且多由技职专科转型而来，徒有知识训练却未有工作经验之大学生反而成为失业高危险群。依据主计总处统计，台湾不仅整体失业率不断攀升，近年大学以上学历之失业率更是居各教育程度之冠，2012 年已超过 5%（见图 9），相较 1979 年仅不足 2% 的水平，已不可同日而语。

此外，教育问题中更令人担忧的是，台湾呈现高学历、高失业率且低薪资的现象。最新的 2013 年人力运用调查报告指出，台湾受雇就业者中具有大专以上学历者占整体的 52.26%（448.5 万人），若以每月主要工作收入不足 3 万新台币为界限，有近 1/3（29.77%）之大专以上学历

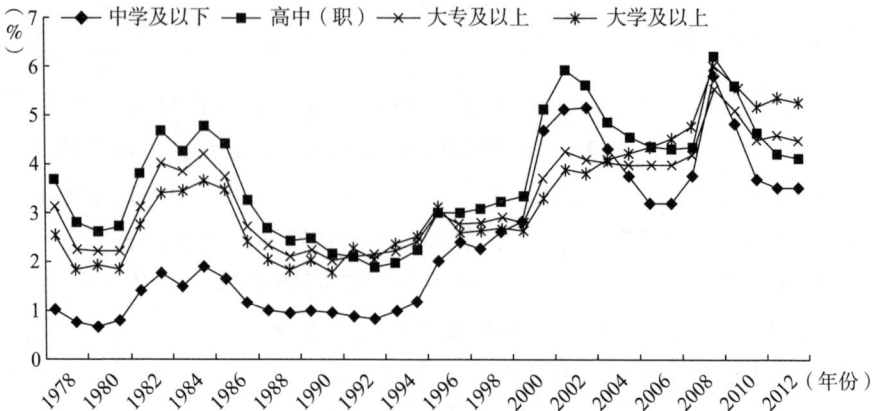

图 9 台湾按教育程度划分之失业率

资料来源："行政院"主计总处，就业、失业统计。

者未达此一薪资水平，其中又以大学及以上学历的 35.74% 之比例最高。
这显示台湾高教育水平与高薪资水平相关性渐趋不明显。如果薪资能反
映劳工之生产力，则上述数据显示教育对于生产力高低的传讯机能亦降
低。这样的发展颠覆了以往"读书进阶翻身"的期待，当然更加深年轻
人对于未来的愁景。

　　除此之外，进大学本身也存在阶级问题，更可能拉大贫富差距、不利
于阶级流动。依据"教育部"统计处的资料，2011 学年度高级中等以上学
校学生申请就学贷款达 39.59 万人，其中公立大专院校有 7.14 万人，私立
大专院校则高达 27.71 万人，比例差异悬殊。此外，根据"立委"运用减
免学杂费资料所做的统计，低收入户在各校占学生比例（2013 年度），公
立大学较私立大学为低、公立技职较私立技职为低。另外，比例最低的 5
间学校，分别为阳明大学、台湾大学、交通大学、台湾"中央大学"与台
湾清华大学等公立大学；比例较高的 5 间学校，分别为慈惠医专、高凤数
位内容学院、和春技术学院、育英医专、台东专校。上述数据皆显示学费
较便宜、办学较好的台湾公立大学里贫穷学生的比例较低。

　　此外，台湾二十年来教改不断，主要目的在于使考试简单化、畅通
教育进阶之管道，取而代之的是学生须辅之以其他才艺等成绩，以利升
学至顶尖学校。这些才艺补习支出，当然较不利于家庭较贫困之子女。

　　综观台湾的教育体制与政府资源的配置，较多的资源被投注于学费较
低的公立学校，但其就学学生则多来自社经地位较高的家庭，且加以前文

所述之私校学生的就学贷款负担较大，毕业后又面临高学历高失业、低薪资之困境，诸多现象反映出教育进阶的管道也开始逐渐不利于中下阶层。

2.5　阶级流动

谈及阶级流动停滞问题，就必须探讨遗产税政策修改对台湾阶级流动之影响。先不论遗产税免税额之部分，仅就遗产税税率而言，台湾遗产税原本最高边际税率为50%，至2009年大幅降至10%。相较于国际各国遗产税税率，美国的遗产税制属总遗产税制，税率在18%至50%之间；日本采取分遗产税制，税率在10%至70%之间；德国采取分遗产税制，税率在7%至50%之间。以上皆显示台湾过去遗产税订定50%的最高边际税率并不算太高。此外，Piketty和Saez（2013）推导出最适遗产税，乃介于50%~60%，因而台湾2009年调降遗产税税率，确实令人难以理解。

美国政府近年开始实行追讨富人全球税的相关措施，称为《涉外账户税收遵从法案》（Foreign Account Tax Compliance Act），主要针对过去未诚实申报海外资产的美国人进行讨税。如此作为除了能增加国家税收，亦能稍微减缓贫富差距日趋扩大。台湾当局固然不易执行跨国追税，但是为吸引富人资金回来而大降遗产税，也是明显地向富人倾斜。

就阶级流动的观点，遗产税乃最该课税之项目。依照台湾遗赠税法之规定，每一年度父母可分别以个人名义赠予子女的免税总额各为220万新台币，即夫妻每年共可享440万新台币的免税额。若卅年长期规划，父母可以留给子女的免税遗产，其实超过亿元。由此看来，上述遗产税之修改，仅明显嘉惠于财产极丰厚的大富豪，极不利于动态阶级流动。纵使2009年的赋税改革委员会的非官员委员多持反对意见，但"吸引资金回台"成为当政高位者之主要思考逻辑。吸引资金回台其实忽略了前述资金回流未必流向实质投资，反而炒高房价，更加剧社会不公平之感。

再者，台湾租税负担多低于世界各国，实难再透过降低租税以刺激经济。依据"财政部"2014年2月7日向"行政院"所报告的"财政健全方案"，2013年赋税收入占GDP比重的租税负担率，中国台湾仅有12.6%，低于新加坡的14.1%、日本的16.8%与韩国20.2%，显示台湾租税负担率明显低于邻近主要竞争国及地区。在此情况下再降遗赠税，更易予穷人阶级剥夺感。税收降低后，各种政府之教育、健康、社福支出均降低，依Piketty（2014）之论述，更不利于动态阶级流动。

3. 结语

上述说明的社会不公平之五大面向，包含"薪资冻涨""所得分配""居住正义""子女教育""阶级流动"等，虽各自成因变异不同，但实际息息相关、环环相扣，反映过去十余年台湾经济转型未成功的后遗症。

依国际贸易的传统观点检视台湾经济成长历程与产业结构变迁，多以雁行理论（flying-geese model）来说明（Akamatsu，1956，1962；Chow，1990；陈宏易与黄登兴，2009）。雁行理论以往广泛应用于解释日本-亚洲四小龙-中国大陆与东南亚新兴国家的经济发展形态，但近年来日本优势不再，中国大陆、韩国、印度皆奋力崛起，一改以往"单雁领头"之态势，而形成多个产业雁群各有领先者。"雁行理论"动态发展的主要概念在于，身为雁首与雁身的经济体必须不断产业升级，以承接新的全球产业主流。在中国大陆、韩、印等加入形成"多雁竞逐"的情形后，台湾的竞争环境更为严峻。

我们认为，台湾当前五个面向的社会不公平，有多项皆是亚洲新兴"多雁竞逐"环境下，台湾创新不足、调整不够的后遗症。台湾经济该转型未转型，许多企业只是以工厂外移因应，久而久之使岛内既缺投资，亦缺实质劳动需求，使得经济成长的果实多落入资本家与管理阶层。再加上税制不公、遗赠降税、实质投资机会不足，管理阶层之所得与由外流入之资金投入房市，高房价更恶化了所得与财富分配。

在台湾社会，不当的教改也使不少高学历年轻人毕业前景堪虑；他们的起薪十余年冻涨、贫富差距扩大、房价不断飙升、阶级不易改变，皆让社会对立加深，也使台湾优秀人才不断外移。前述五个面向的社会不公平，其根本环节，皆在于台湾经济转型之失利、税制之崩坏、教育之扭曲。这些政策必须要改弦更张，社会不公平的问题才可能从根上解决。

参考文献

"中研院"，2014，《赋税改革政策建议书》，"中央研究院"报告NO.1。

"行政院"主计总处，《102年人力运用调查报告》，网址：http://www.dgbas.gov.tw/

ct. asp? xItem = 35192&ctNode = 4987&mp = 1。

陈宏易、黄登兴, 2009,《亚洲地区产业竞争优势的更迭: 雁行理论的再验证》,《经济论文丛刊》37 (2)。

"经济部"中小企业处, 2013, 《2013 年中小企业白皮书》, 网址: http://www. moe-asmea. gov. tw/ct. asp? xItem = 11482&CtNode = 1143&mp = 1。

Akamatsu, K., 1956, "Flying-geese Pattern of Industrial Development in Japan-on Machinery Industry," *Hitotsubashi University Studies* 36 (5): 514 – 526.

Akamatsu, K., 1962, "A Historical Pattern of Economic Growth in Developing Countries," *The Developing Economies* 1 (1): 3 – 25.

Chow, P., 1990, "The Revealed Comparative Advantage of the East Asian NICs," *The International Trade Journal* 5 (2): 235 – 262.

C. Y. Cyrus Chu, 1991, "Primogeniture," *Journal of Political Economy* 99 (1): 78 – 99.

Demographia, 2013, International Housing Affordability Survey (2013: 3rd Quarter). http://www. demographia. com/dhi. pdf.

Kuznets, S., 1955, "Economic Growth and Income Inequality," *American Economic Review* 45: 1 – 28.

Piketty, T. and Saez, E., 2013, "A Theory of Optimal Inheritance Taxation," *Econometrica* 81 (5): 1851 – 1886.

Piketty, T., 2014, *Capital in the Twenty-First Century*. Cambridge. MA: Harvard University Press.

Samuelson, Paul A., 1948, "International Trade and the Equalization of Factor Prices," *The Economic Journal* 58: 163 – 184.

Saith, A., 1983, "Development and Distribution: A Critique of the Cross-country U-hypothesis," *Journal of Development Economics* 13 (3): 367 – 382.

第一单元

公平与发展的内涵与关联

底线公平：公平与发展相均衡的
福利基点

景天魁

（中国社会科学院学部委员、社会学研究所研究员）

公平和发展，正如鱼和熊掌一样，人人希望兼而得之。其实，二者虽有相统一的一面，但又常常是相矛盾的。公平本身是有矛盾的。在起点公平、过程公平和结果公平之间，如果坚持了起点公平，但因为每个人、每个地区的条件不同，结果未必公平；如果坚持了过程公平，但因为起始条件不同，结果也未必公平；如果坚持结果公平，起点或过程就未必公平。可见，三者之间，可能顶多有两者可以保持一致性，三者难有同时实现一致性的可能。同样，发展本身也是有矛盾的。首先，任何发展都是有条件的，如果不顾条件超限发展，只能适得其反；其次，任何发展都要付出成本和代价，那就有让谁来承担的问题；最后，发展的成果也有归谁来享受的问题。

既然公平本身有矛盾，发展本身也有矛盾，那么，当公平与发展遇到一起的时候，矛盾就更是错综复杂了。面对此种复杂情况，所谓一般公平、抽象公平、绝对公平，都是说着好听，无法实现的，而且如果真要照着去做，只能导致不公平。而一味地追求发展，难免会损害公平。无条件（抽象）发展、无节制（绝对）发展是不可持续的，而且会酿成危机。

在中国内地的实践中，在经济发展方面，人们长期对公平和效率的关系争论不休，莫衷一是。改革开放之初，曾经提出"效率优先，兼顾公平"，实际上很难兼顾；后来又提出"一次分配讲效率，二次分配讲公平"，前者是做到了，后者很难做到；再后来又提出一次二次分配都要既讲效率又讲公平，要真正做到更不容易。一个明显的表现，就是在以往的 30 多年里，GDP 和基尼系数双双飙升，GDP 增长很快，连续一二十年超过两位数，基尼系数上升也快，每年增加不少于 0.01，二者"比翼双飞"，恰恰说明公平和发展相悖而行。

公平与发展不协调，更为突出地表现在社会方面。因为要优先发展经济，坚持以经济建设为中心是基本路线的重要原则，所以，长期以来，形成了"经济这条腿长，社会这条腿短"的失衡问题。这个问题集中地反映到社会保障和社会福利建设上。可以说，社会保障和社会福利建设是灵敏地反映公平与发展关系状况的"晴雨表"。

本文的讨论仅限于中国内地，仅限于社会保障和社会福利领域，并且仅限于改革开放至今的这个时段。在这里，我们明显地看到实现公平与发展的种种限制条件。第一，这一时期的人均 GDP 正处于从几百美元到几千美元的爬坡过程中，个人缴费能力很弱，国家财力也有限；第二，国家整体战略是优先发展经济，对社会保障等民生事业长期投入不足；第三，居民收入差距、城乡差距、地区差距长期处于持续拉大的态势，社会保障和社会福利制度对于缩小三大差距只是杯水车薪，难以发挥促进公平的作用；第四，主要的社会保障制度长期局限在城市职工并且主要是国有企业职工的范围内，覆盖面小，扩面速度慢，保障层次低，广覆盖的任务十分艰巨；第五，在多年努力扩大社会保障覆盖面的过程中，由于采取"碎片化"的推进方式，城乡之间、地区之间分头实施，标准不同，造成了新的不公平。

那么，在上述限制条件下，在社会保障和社会福利建设中，能否以及如何实现公平与发展的均衡？我们既要保持经济较快增长，又要促进社会公平，希望鱼和熊掌都能兼得。一方面，要保持经济快速发展，就不能过快过高地提高福利，必须从实际出发找到适合国情的社会福利模式；另一方面，要促进社会公平，就不能片面追求 GDP。人们主观上希望加快发展，但现实表明发展不是越快越好；同样，公平也不是越绝对越好。那么，适当的"度"在哪里？公平与发展的均衡点在哪里？底线公平理论就是在这种背景下，为了回答这一问题而提出来的。

一　确定公平与发展相均衡的福利基点：经验基础与基本理念

在中国内地的社会保障和社会福利建设过程中，对于如何处理公平与发展的关系有着丰富的实践经验。计划经济时期，长期实行平均主义，但这主要是在一次分配领域，主要表现为全国基本统一的工资制度和农村人民公社的工分制度。而在二次分配领域，长期将社会保障局限在城市职工的狭小范围内，其时占总人口80%以上的农民被排斥在社会保障制度之外，二次分配是很不公平的。改革开放以后，大约自20世纪80年代中期到21世纪初的一二十年间，由于原有的农村合作医疗制度很快解体，几亿农民一度陷入缺医少药的困境；另外，农村地区基础教育经费短缺，地方财政无力承担义务教育经费，致使"看病难、看病贵""上学难、上学贵"成为呼声甚高的社会问题。

总结以往的经验教训，可以发现解决上述问题的关键，并不在经济发展本身，甚至也主要不在社会保障和社会福利本身，而在于明确政府责任和市场机制之间的界限，以及它们的结合点。也就是要明确在社会保障和社会福利制度建设中，哪些民生需要的满足和项目的实现是政府必保的，哪些是可以由市场去调节的，当然也可以由政府、市场、家庭、个人、社会组织采取某种责任分担的方式。社会保障和社会福利包含的制度很多，项目更多，而且变化很大，必须在不稳定的因素中找出比较稳定的因素，在不确定的关系中找出比较确定的关系，在相互交错的关系中找出标志性的关系，在难以把握的总体中找出代表性的局部。

研究发现，在诸多制度中，有三项是满足每个人的基本生活需要和发展需要的，它们是最低生活保障、基础教育、基本医疗保障，这三项关乎人的生存，当然也是发展的基础。因而是政府必须承担的责任底线。政府的责任当然不限于此，这是底线，不是全部。但是，更高的生活需要和发展需要以及享受型需要的满足，则可以通过市场机制，并且由政府、市场、家庭、个人、社会组织采取某种责任分工的方式合理分担。这样，底线部分福利体现的是社会成员在基本保障权利上的一致性，非底线部分福利体现的是差异性。我们明确界定和扩展"公平"的含义：权利一致性是公平，权利差异性只要是合理的，例如多劳多得、多缴多得、长缴多得，也是公平。由此，我们就把社会公平区分为保障权利一致性的公平和保障权利差异性的公平（多劳多得、多缴多得、长缴多得），二者合起来共同组成了底线公平。在这里，"底线"不是从保障水平高低的意义上确定的，而是指政府责任和市场作用的边界，政府、市场、家庭、个人、社会组织必须承担的、不容推卸的责任底线。从机制来说，底线部分是刚性的，必须做到的；底线以上部分是柔性的，可以有差别的。

底线公平明确了在社会保障和社会福利中的各个主体的责任界限，就可以在此基础上对各种利益关系、责任关系进行刚性的和柔性的调节，为建立一个具有适度性、适应性与适当性的普遍整合福利模式奠定基础。在这个意义上，可以说底线公平是实现公平与发展相均衡的福利基点。

依据"底线公平"概念，对公平与发展相互关系的调节应该遵循如下原则：①全民共享原则，主要处理"大福利"与"小福利"亦即普遍福利与特殊福利的关系；②弱者优先原则，主要处理富人与穷人、强势群体与弱势群体的关系；③政府首责原则，主要处理政府与市场、政府与社会之间的关系；④社会补偿原则，主要处理个人与社会之间的关系；⑤持久效应原则，主要处理经济与社会、近期利益与长远利益之间的关系。

二 底线公平：公平与发展相均衡的制度机制

按照"底线公平"的概念和原则，社会保障和社会福利制度不再是罗列式的几大块——社会保险制度、社会救助制度、社会福利制度（"小福利"）等，而是形成一个有内在逻辑结构的底线公平制度体系。它包括三种基本类型：一是体现社会福利权利一致性和满足社会成员底线福利需求的底线福利制度，它具有基础性、平等性、政府首责等特性，包括最低生活保障制度、公共卫生和基本医疗制度、义务教育制度和公共福利制度等；二是体现社会福利需求差异性和满足社会成员非底线福利需求的非底线福利制度，它具有差异性与选择性特征，主要包括各种个人账户制度、补充保险制度、商业保险制度和完全积累性制度等，非底线福利制度对于实现"有差别的社会公平"具有重要的现实意义；三是同时兼顾社会成员底线福利需求和非底线福利需求的跨底线福利制度，它在同一社会福利制度中体现社会权利的一致性和差异性的统一，主要包括各种"统账结合"制度、社会服务制度以及社会互助制度等。

由于将社会保障和社会福利区分为基础部分与非基础部分，这就容易明确政府责任与市场作用的边界，便于形成多元主体的责任结构，可以实现对社会保障和社会福利运行过程的有效调节。

底线公平的运行和调节机制是：①刚性调节机制。"刚性机制"强调政府在满足社会成员的底线福利需求时负有不可推卸和不能回避的"底线责任"和"首要责任"，这种责任既是一种政治责任，也是一种经济责任，还是一种道德责任；②柔性调节机制。"柔性机制"强调非底线福利责任主体的多元化，充分发挥市场机制、慈善机制、互助机制、自助机制在非底线福利供给中的作用；③基于反馈调节的刚柔相济机制。利用对社会福利效应的测量，依据底线公平理论，我们可以确定底线部分社会福利向量，通过对它的控制来调节社会福利状态和社会福利效应之间的关系，建构社会福利的输出反馈控制系统。以此为基础，探索"刚性机制"与"柔性机制"相互结合的条件、方法和途径，形成刚柔相济的调节机制。

社会福利项目的供给与需求是一对矛盾，从供给出发与从需求出发会得出完全不同的结论。而供求机制就是用来协调社会福利供给与需求之间的关系，寻求福利供需平衡，防止福利供求失衡进而引发其他经济社会问题。以上三种机制，就是要在协调供给主导及需求主导的基础上建立供求平衡机制，使社会福利达到供需平衡状态。

体现上述概念和原则，包括上述制度架构和调节机制的底线公平福利制度模式，具有以下特点。

1. 普遍性。着眼于绝大多数人民群众的基本需要，优先满足中低收入群体的迫切需求。只有这样，才能真正满足富裕群体的利益（一种社会变化的合理性，取决于让获益最小的群体的状况得到最明显的改善）。

2. 实效性。底线公平比"一般公平"更有利于实现社会公平。有重点的公平比所谓"全面公平"更有利于真正实现普遍公平。需要的重点与政策供给（福利供给）的重点，如能恰好吻合，则其效果是最佳的。

对发展中国家来说这是福利制度成败的关键。

3. 均衡性。底线公平是实现增进普遍福利与保持经济健康和持续发展相结合的可行路径——既能够从特殊福利转变为普遍福利，也能够让实现普遍福利的过程形成促进经济增长的内生动力。福利水平要与经济发展水平和状况相适合，经济上能够支撑和持续，福利增长没有超出经济的支持能力，不会成为经济上难以承受的负担，反而能够为经济增长拓展新领域、增加新源泉。在这个意义上，底线公平能够作为社会福利与经济发展的均衡点。

4. 适应性。底线公平福利制度模式着眼于适应基本国情、社情和人情，适应经济和社会的转型，适应市场化所带来的社会结构和职业的变化，适应城市化所带来的大规模人口流动和身份转变。总之，它不是脱离实际去空谈水平高低和规模大小，而是切近人民群众的实际需要，符合经济社会的发展阶段，讲求实效。

5. 适当性。这一制度模式能够促进福利权利与福利责任的统一，促进并实现补缺型与普惠型、刚性与柔性、强制与自愿、政府与市场、差别与一致、整体协调与多方共担相结合，它是一种综合、包容、多元、协调的福利制度模式。

底线公平理论与现在正在实行的社会保障制度全覆盖、基本公共服务均等化、城乡一体化等政策和实践的基本精神，都是相一致、相吻合的。

三　底线公平：公平与发展相均衡的内生动力

所谓"福利模式"，不仅包含制度意义上的"模式"，还包含体系意义上的"模式"。或者说，应该将制度模式扩展为体系模式。特别是应该把那些其本身不完全是社会保障和社会福利制度，却对于社会保障和社会福利制度的运行和维系具有重要意义的社会要素纳入福利模式之中，这对于增强社会保障和社会福利的内生动力尤其是必要的。

迄今为止，中国乃至世界的福利实践都面临一个难解的问题——要么福利特殊化，局限在一个有限范围里，无法普遍化，因而无法解决公平性问题；要么普遍化了，却又失去了效率，减弱了社会活力，因而无法解决可持续问题。要解决这一难题，必须寻求实现公平与发展相均衡的内生动力。也就是不把创造福利的因素放在福利体系之外，而是把它们内化到福利体系之中。这里最重要的创造福利的因素，就是教育福利、劳动就业、社会服务和健康实现方式。它们本身既具有重要的福利意义，也是实现普遍福利最重要的内在因素。因为，所谓从"特殊福利"走向"普遍福利"，就要强调福利对象的全民性。既然所有的社会成员都将被纳入社会福利体系中，那么，创造福利的因素也就必须被纳入社会福利体系之中。否则，如果还沿袭特殊福利时期的旧观念，福利享受者只获取、不付出，福利是单向的惠予，责任和义务不挂钩、不对称，那么，福利从哪里来？这样，所谓的"普遍福利"岂不是成了"天上掉馅饼"？普遍福利涉及养老、医疗、就业、收入、教育、住房、生活和社会服务等民生内容，其中，既有普惠性的方面，也有创造福利的方面。除非没有劳动能力者，可以另当别论；凡是有劳动能力的人，必须首先创造福利，尽到应尽的责任，然后才有享受福利的权利。

对于发展迅速的转型中大国而言，要达到福利基本关系的均衡很难，而要在剧烈变动中保持均衡更难。这就要求福利系统不仅要能够与外部条件和环境保持平衡，系统内部也要有自我维持、自我调节、自我平衡的能力。而底线公平，有助于解决公平与效率、福利与发展的关系，将发展性要素内置于福利模式之中，实现福利系统的内外平衡。

（一）教育福利

尽管教育不一定完全是福利，但从发展性福利的观点看，教育福利具有重要意义。国内外的经验教训告诉我们，不要仅仅关注社会保障和社会福利水平，更重要的是社会福利结构；不能仅仅重视提高社会福利在财政支出中的比重，更要重视财政支出的结构。我国要实现现代化，要想在世界科技和经济发展中居于领先地位，就要真正提高国民素质，为此必须首先把教育支出比重提到很高水平。我国初中文化程度及以下的劳动力所占的比重仍然很大。根据2000年第五次人口普查数据测算，全国初中文化程度及以下的劳动力所占的比重高达47%，这一比例在农村地区则高达近60%。我们不能满足于所谓九年义务教育，要鼓励有条件的地方率先扩大义务教育年限，全国也要逐步争取将人均受教育年限提高到发达国家的水平。大量研究证明，教育福利投入具有很高的经济回报率，让教育福利在福利结构中居于突出地位，教育投入就可以转化为增进福利的可靠源泉。

（二）劳动就业

福利是普遍性的权利，但这种权利本身不产生福利。福利要想持续，就必须激发劳动和就业的积极性。福利不是消极地应付失业，而是积极地促进就业；不是被动地缓解贫困，而是主动地消除贫困；不是纯粹的消费，而是发展性投资。

中国要实现现代化，实现民族复兴，真正可以依赖的就是无与伦比的人力资源，我们必须对人力、人才变化情况保持高度的敏感。因此，福利与劳动的关系就显得特别重要。福利和劳动本质上是相辅相成的。但是如果福利制度设计欠妥，二者也可能相互抵消。实践表明，并不是只有福利水平很高了，才可能产生福利依赖，高低总是相对的，即使是现在的低保，如果与最低工资标准不保持恰当的比例，那么就有可能带来一些不良后果。在一些大城市，已经有一定数量的低保人员就业意愿明显下降，有劳动能力而不就业的人数显著上升。而一旦滋生"福利病"，我国人力资源丰富这一最大优势就可能转化为最大的劣势。一个好的福利模式应该能够激励劳动、促进就业，凡有劳动能力者，人人有工作，社会才好管理；人人靠劳动立世，才有基础正义和底线公平。

（三）社会服务

老龄化问题，已经构成对福利制度可持续能力的最大挑战。中国"未富先老"，陡增了应对的难度。而导致危机的因素可能正好成为化解危机的力量。实现转化的关键是在资金保障之外，大力发展服务保障，建设服务型社会。一般而言，面向大众基本需要的服务保障是成本低廉的——人人都可以搀扶老人，人人都会给老人捶捶背，这些都不需要什么成本，但效果极佳。中国人多，提供服务的能力就强，并正可以倚重中国社会结构和文化优势。中国人代际联系紧密，家庭伦理深厚，亲属邻里守望相助，如能在政策上大力倡导社会服务，支持服务型组织，发展服务型产业，即可推进服务型社会建设。我们要将生活型服务业置于与生产型服务业同等重要的地位，从对就业的贡献率来说，生活服务业提供的就业岗位将大大多于生产服务业；从对生活品质的贡献率来说，生活服务业的贡献远大于生产服务业；即使就对 GDP 的贡献而言，生活服务业也可与生产服务业相比肩。由此可期望服务型社会成为中国福利模式的最大优势。

（四）健康实现方式

西方高福利制度解不开的难题是医疗"无底洞"，医疗支出凭借单一治疗的生物医学模式和高技术崇拜这两只翅膀而成了脱缰的野马，将医疗保险拖入无法摆脱的困境。我们的医疗卫生要重在预防、"上医治未病"，重在养成良好生活方式，在此正可以发挥中国的养生修身、中医中药、中西医结合的独有优势。目前的疾病60%是因不良生活方式造成的，现在的医疗支出却90%用于疾病临床治疗。我们要将单一治疗模式转换为全面健康模式，让医疗支出不再是"无底洞"，让健康生活方式转换成支持发展的不竭源泉。由此走出一条发挥中国特有优势的医疗保健道路，让健康中国人成为福利发展的主要象征。

综上所述，尽管我们不可能在短时间内把人均收入提高到世界先进水平，但可以通过总结国内外经验教训，发挥中国的制度和文化优势，创造适合中国的福利模式，让中国人过上有尊严的幸福生活。而教育为基、劳动为本、服务为重、健康为要，应该是中国福利模式的主要优势。

四　底线公平：走向公平与发展 相均衡的实践探索

2003 年以来的十多年间，中国内地社会保障和社会福利建设获得突破性推进，别开生面。长期局限在城市职工范围内的社会保障局面被冲破——城乡低收入群众的基本生活得到保障；由财政承担全部义务教育经费使教育公平有了可靠基础；7 亿农民结束了缺医少药、看不起病的历史，他们非常感激"政府掏钱给农民看病"；政府给老人发放津贴、资助他们享受养老保险。在短短十年时间内，中国内地 13 亿人实现了社会保障制度全覆盖，这是一个了不起的历史成就。这个普遍化的过程与底线公平理论是契合的，或者说，底线公平理论可以对最近十多年中国内地社会保障和社会福利的突破性推进做出解释，反过来说，这个理论也就由此得到了验证。

（一）守住底线，政府首责，有序推进

从 1999 年开始，城市最低生活保障制度由中央财政承担，自此开始，保障水平连年提高，保障对象基本做到"应保尽保"。经过多年实践，保障制度已经基本完善，每年有 2100 多万城市低收入居民基本生活得到保障。

2003 年新型农村合作（简称"新农合"）医疗制度经过试点后开始普遍推广，资金大头由财政承担，筹资水平由最初的人均 30 元（中央财政出 10 元、地方财政出 10 元、农民个人出 10 元），连年提高，2014 年达到 400 元左右，加上政府提供的大病救助，基本可以满足农民的看病需求。到 2008 年，短短 5 年时间，参加"新农合"的人数已经超过应参加农民的 90%，2013 年达到 98%，实现了全覆盖。全国新农合筹资和支出情况见表 1。

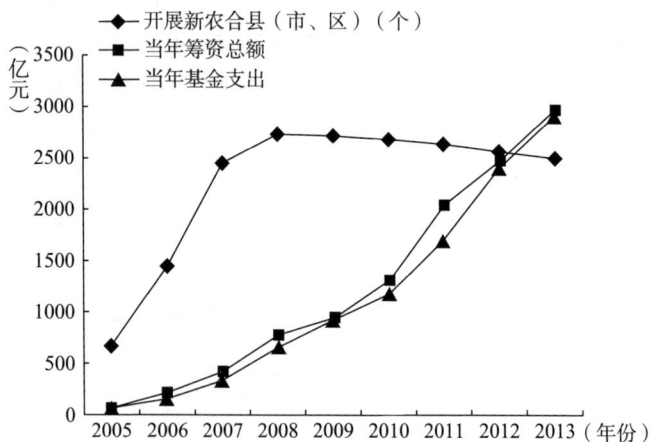

表 1　全国新农合筹资和支出情况

资料来源：各年度《中国卫生统计年鉴》，中国协和医科大学出版社。

自 2006 年开始农村义务教育经费保障机制改革以来，中央财政加大了对中西部地区资助力度（中央财政和地方财政各承担 50%），向全国农村义务教育阶段学生免费提供了教科书，提高了中西部地区义务教育阶段生均公用经费基本标准等。[1]

---

[1] 《财政部、教育部关于调整完善农村义务教育经费保障机制改革有关政策的通知》，中央政府门户网站，2007 年 11 月 29 日。

2007 年，我国开始在全国普遍推行农村最低生活保障制度，截至 2013 年全国农村享受低保人数达 5388 万人。① 此项制度的意义，不仅在于为消减农村贫困做出了重大贡献，而且在于它冲破了横亘在城乡之间的制度壁垒，率先实现了最低生活保障制度的城乡整合。

以上优先推行的制度，都是底线公平理论所指的"守住底线"的标志性制度，政府首先承担起责任，财政承担了全部或大部分资金保障。实践证明，底线守住了，整个社会保障和社会福利制度建设的局面就打开了。由此，底线公平理论所确定的制度建设优先顺序（福利基点），得到了确证。

（二）责任分担，形成合力，普遍覆盖

面对着 13 亿人的庞大福利需求，在人均收入仅在几百美元到几千美元的阶段，单靠财政力量确实难负之重，必须广泛地动员各方资源，需要政府、企业、家庭、个人以及社会组织合理分担，形成合力。

按照这一思路，国家从 2009 年起在农村建立几经周折才出台的新型农村社会养老保险制度（以下简称"新农保"），2011 年起开始推行城镇居民（非职工）社会养老保险制度（以下简称"城居保"）。由于思路对头，政策设计合理，工作进展神速，截至 2011 年 12 月底，全国新农保、城居保总参保人数达到 3.64 亿人，其中领取养老金人数达到 1.03 亿人。2011 年试点工作预期目标基本实现，2012 年即在全国范围内实现了两项制度全覆盖，本来预计到 2020 年才能实现的全覆盖任务，结果比预期快了 8 年。截至 2013 年底，全国新农保、城居保参保人数已达 4.98 亿人，其中领取待遇人数达 1.38 亿人，加上职工养老保险，合计覆盖了 8.2 亿人。②

这一实践过程，证明了将社会公平区分为权利一致性的公平与需求差异性的公平，相应地，将社会保障和社会福利制度区分为体现权利一致性的底线福利制度、体现需求差异性的非底线福利制度以及兼顾权利一致性和需求差异性的跨底线福利制度，有助于清晰地明确各个主体的

---

① 潘跃：《截至 2013 年底全国共有低保对象 7452.2 万人》，《人民日报》2014 年 6 月 18 日，第 15 版。

② 乔雪峰、郝帅：《人社部：全国新农保、城居保参保人数已达 4.98 亿》，人民网，2014 年 2 月 26 日。

责任，确定他们相互的责任结构，这就可以突破原有制度理念的局限。不然的话，农民缴不起费，也就被拒于制度之外，城市非职工居民没有工资收入，也无法参加各项社会保障，制度理念的局限造成了制约扩大制度覆盖面的"死结"。在这些制度出台之前，由于无法跨越城乡壁垒，也无法跨越正式职工与非职工的职业界限，每年所谓的"社会保障扩大覆盖面"，充其量只能年均扩大不到 1000 万人，主管部门尽管很努力，也只能年年叫喊"扩面难"；而在这些制度出台之后，由于理念突破了，责任分清了，制度门槛降低了，社会保障和社会福利制度建设普遍化的新局面就打开了，年均扩面速度大约提高了十倍。

（三）参保自愿、水平分档、自主选择、多缴多得

社会保障和社会福利制度普遍化的进程之所以顺利而且迅速，在制度设计中的一条重要经验是冲破了原有的社会保险刚性原则，掺入了柔性机制。既不是强制规定，也不是"一刀切"，而是让农民、让城市居民（非职工）志愿选择，参加与否自主决定。"新农合"每年缴费，当年兑现，资金基本不留结余，让农民当年见到实效。如不愿意，可以退出。

在筹资标准上，一般分为若干档次。例如，城乡居民养老保险的缴费标准目前设为每年 100 元、200 元、300 元、400 元、500 元、600 元、700 元、800 元、900 元、1000 元、1500 元、2000 元 12 个档次，省（区、市）人民政府可以根据实际情况增设缴费档次，最高缴费档次标准原则上不超过当地灵活就业人员参加职工基本养老保险的年缴费额。参保人可以自主选择档次缴费，多缴多得。

养老保险采取社会统筹与个人账户相结合的方式，社会统筹部分体现无差别的公平，个人账户部分体现有差别的公平。今后需进一步完善基础养老金和个人账户养老金相结合的待遇支付政策，强化长缴多得、多缴多得等制度的激励机制。

（四）制度整合，普遍福利，增强公平性

2012 年开始，针对社会保障制度"碎片化"问题，我们探索实现制度整合和统一，优先整合的是"新农保"和"城居保"。国务院于 2014 年 2 月正式颁布《国务院关于建立统一的城乡居民基本养老保险制度的

意见》，要求到"'十二五'末，在全国基本实现"新农保"和"城居保"制度合并实施，并与职工基本养老保险制度相衔接。2020年前，全面建成公平、统一、规范的城乡居民养老保险制度"。① 职工基本养老保险制度也要逐步实现全国统筹，职工基本医疗保险制度努力实现省级统筹，这样可以大大增强社会保障的公平性。

2009～2012年，我们也依据底线公平理论，设计了"普遍整合的社会福利模式"（景天魁，2014）。这一模式，是针对社会保障和社会福利制度"碎片化"现象严峻的现实，为了增强制度的公平性、适应流动性、保证可持续性而设计的。"普遍整合的社会福利模式"包括理论基础、基本特征、制度构成和运行机制等部分，比较全面地设计了实施路线图。

实现普遍整合必然是一个不断探索创新、稳中求进的发展过程。也就是说，既要发展福利的普遍性，也要取消福利的特权性；既要尊重中国人传统的福利习惯，也要发展新的福利支持措施；既要注意福利体制改革可能带来的社会冲击，也要考虑福利发展不足可能带来的社会风险。所以，在实践上推动普遍整合的福利体系建设，必须立足于对特定历史阶段中国国情的考量，既要努力做到适合当下国情，也要预测到国情的走势。例如必须明确我国福利体制发展的老龄化背景，着眼于化解老龄化危机，既要重视生产型服务业，也要重视发展生活型服务业。

最近十几年的社会保障和社会福利建设实践，打破了以往几十年的僵局，覆盖面迅速扩大，有的在一二年之内，顶多在三五年之内就实现了制度全覆盖。中国的社会保障和社会福利已经或正在实现从补缺型向制度型、从特殊福利向普遍福利的飞跃。在这一涉及13亿人最切身利益的生动实践中，底线公平理论已被证明是与中国内地宏大规模、复杂艰巨的实现广覆盖、多层次、水平适度的社会保障和社会福利制度建设实践相符合的，在这一实践中它发挥了作用，得到了检验，也得到了充实。2012年广东省委在全省第十一次党代会的工作报告中，率先将底线公平原则作为导向性原则之一，强调："建设幸福广东，必须强化制度保障。要以规则公平、机会公平、底线公平为导向，加强社会领域基础性制度

---

① 中华人民共和国国务院：《国务院关于建立统一的城乡居民基本养老保险制度的意见》，2014年2月26日。

建设。"① 这是在一个省委的重要文件中首次明确以"底线公平为导向"。"基础性制度建设"这个提法，区分了"基础性制度"与"非基础性制度"，不是笼而统之地讲制度建设。同样，在同一项制度中，也可以有基础性部分和非基础性部分之分。这就有了重点，也就是明确了"导向"——就制度的对象而言，"导向"就是面向大多数人民群众，他们是占人口大多数的中低收入阶层；就制度的内容来说，就是优先满足人民群众的基本需要（生存、健康、发展）；就制度体系来说，优先加强基础性制度建设——这些正是底线公平理论在社会建设中鲜明强调的重点。同时，其他一些省部文件，全国社会保障的"十二五"规划，也体现了底线公平原则或者强调"守住底线"。这些都表明，底线公平理论是立足于中国内地的民生建设实践的，既是关于民生问题基础理论的一项探讨，也是一项政策研究，或者说是一种"民生社会学"。而它关注并努力回答的核心问题就是公平与发展如何实现均衡。

当然，底线公平理论的适用性在时间和空间上都是有限的。内地和港澳、大陆和台湾，社会保障和社会福利的制度实践不同，相应地，任何相关理论都会表现出有限性。尽管理论的本性总是企图扩展自己的适用范围，不过，对笔者来说，倒是更加希望底线公平理论能够凸显有限性，甚至能够尽快被超越、被否定，因为那应该表明社会保障和社会福利事业又有重大发展了，人民的福祉又有明显增进了，而这正是这一理论的使命和初衷。尽管如此，底线公平理论比一般公平（抽象公平）更有助于实现公平与发展的均衡这一结论，仍有可能不仅仅适用于中国大陆（内地），不仅仅适合于以往几十年的实践，这一适用性问题有待于更广泛、更长期的实践加以检验。

参考文献

考斯塔·艾斯平 – 安德森，2003，《福利资本主义的三个世界》，郑秉文译，法律出版社。
《财政部、教育部关于调整完善农村义务教育经费保障机制改革有关政策的通知》，中央

---

① 《汪洋同志在广东省第十一次党代会开幕式作的工作报告》，南方网，2012 年 5 月 9 日。

政府门户网站，2007 年 11 月 29 日。

胡锦涛，2012，《中国共产党第十八次全国代表大会工作报告》，人民出版社。

安东尼·吉登斯，2000，《第三条道路——社会民主主义的复兴》，北京大学出版社/三联书店。

景天魁，2003，《中国社会保障的理念基础》，《吉林大学社会科学学报》第 3 期。

景天魁，2009，《底线公平：和谐社会的基础》，北京师范大学出版社。

景天魁，2013，《底线公平福利模式》，中国社会科学出版社。

景天魁等，2010，《福利社会学》，北京师范大学出版社。

景天魁、毕天云、高和荣等，2011，《当代中国社会福利思想与制度——从小福利迈向大福利》，中国社会出版社。

景天魁、高和荣、毕天云等，2014，《普遍整合的福利体系》，中国社会科学出版社。

温家宝，2007，2013，《政府工作报告》，人民出版社。

詹火生、古允文编著，2001，《社会福利政策的新思维》，财团法人厚生基金会。

郑功成，2008，《中国社会保障改革与发展战略——理念、目标与行动方案》，人民出版社。

W. H. 贝弗里奇，2004，《贝弗里奇报告——社会保险和相关服务》，中国劳动社会保障出版社。

公平与发展的哲学关联

苑举正

（台湾大学哲学系教授）

一　前言

"公平与发展"，互为因果，是所有人类群体追求幸福的两大要素。它们所扮演的角色，不但充分显现在日常生活中，也在20世纪政治哲学发展的历史里，凸显哲学讨论的趋势。这个趋势出现的始末，与哈佛大学息息相关，尤其是该校哲学系从事政治哲学研究的几位学者①。在这些学者之中，伴随着岁月的发展，形成具有师承关系的传统。这些教授的讨论，不但让伦理学与法政哲学的论述重新获得重视，也显现所有在20世纪与

---

① 从1967年起，内格尔（Thomas Negal）与诺锡克（R. Nozick）就组织了一个"伦理学与法哲学会社"（SELP., Society for Ethics and Legal Philosophy），其中包含美国东北角名校诸多从事伦理学、政治哲学、法律哲学等研究的教授。学社每月举办一次活动，地点在纽约与波士顿之间，由一人发表论文，其余批判，讨论各种与伦理学、政治哲学和法律哲学相关之议题。同为哈佛大学哲学系教授，诺锡克的名著《无政府、国家与乌托邦》（Anarchy, State, and Utopia）就是对同事罗尔斯《正义论》的批判。这些人中，属于哈佛大学的学者除了罗尔斯与诺锡克之外，还有 T. M. Scanlon, Charles Fried, Frank Michelman。请参考 Thomas Negal, "Foreword" in R. Nozick, Anarchy, State, and Utopia, New York：Basic Books, 1974。著名的 Michael Sandel 则是后起之秀，主要是从社群主义的观点批判罗尔斯的理论。Amartya Sen 也是学生辈，但他从经济发展面向批评罗尔斯的正义理论。

人类文明进步最相关的规范性议题。在这些议题之中，"公平"与"发展"是最重要的概念，而这两个概念其最相关的两位学者，首推重启 20世纪政治发展的罗尔斯（J. Rawls）以及 1998 年诺贝尔经济学奖得主森（A. Sen）。

罗尔斯的著作当中，最引人注意的首推他于 1958 年在《哲学评论》所发表的文章《正义即公平》（John Rawls, 1958：164 - 194）。这篇文章是后来成为罗尔斯代表作的《正义论》的骨干，而该书也是 20 世纪政治哲学中引发最多讨论的名著（John Rawls, 1971）。在这些讨论中，《正义论》因为理论立场面对日渐增多的批判。经过这些批判后，罗尔斯以同样的题目，于 1985 年在《哲学与公共事务》发表了另一篇同名的文章《正义即公平：政治的，而非形而上学的》（John Rawls, 1985：223 - 251）。这篇文章让罗尔斯修正其立场，并在几年后出版以强调"政治性"为主的《政治自由主义》（John Rawls, 1993）[①]。十多年后，森在获得诺贝尔经济奖之后的一年，出版了《发展即自由》这一本书（Amartya Sen, 1999）。在这本书中，他直指罗尔斯《正义论》的错误，并且更在 2009 年出版的《正义的理念》一书中，直接挑战罗尔斯的《正义论》（Amartya Sen, 2009）。

在这一段有趣的学术发展中，我们看到"公平"与"发展"这两个与社会息息相关的理念，被放在正义与自由两个更大的脉络中检视。当罗尔斯的理论，受到森批判的时候，后者已经在可预见的情况下，指出一条人类发展的哲学趋势。在这个趋势当中，最有意义的地方是它超越了学术范围，进入了每一个人的生活。有鉴于此，在本文中，我们将以呈现哲学关联与历史趋势的方式，先探讨罗尔斯"正义即公平"理念的转变，然后再进一步介绍森"发展即自由"的核心概念。接着，我们再分别从这两组理念（"正义即公平"与"发展即自由"）之间的关系，说明在营造这个趋势的过程里，它们处于互动的关系。然后，本文将从这个关系，阐述公平与发展在哲学意涵中所显现的人道主义启示。最后，本文结论，在哲学关联的建构下，公平与发展的实践呈现出一个引导人

---

① 罗尔斯不但将其《正义论》立场转向"政治"，并于此后在哈佛大学哲学系的授课内容均以增润当年"正义即公平"为主。他的上课资料以《正义即公平：一个重申》为题，于2001 年出版，请参见 John Rawls, *Justice as Fairness: A Restatement*, Edited by Erin Kelry, Cambridge: Harvard University Press, 2001。

类追求进步的方向。

二 "正义即公平"的哲学趋势

1958 年当罗尔斯提出正义即公平这个观点时，他引用了一个类似维特根斯坦的"家族相似性"（family resemblance）的观念（165 页）。了解维特根斯坦哲学的人，见到"家族相似性"这个概念用在正义的原则上，马上就会了解这个应用的深度含意①。定义"正义"的方式有很多种，就像一个家族中的多个成员，他们彼此虽然长相相似，但又不完全相同。罗尔斯引用这个概念的目的，就是要在这众多定义原则的方式中，呈现如下事实：虽然这些有关"正义"的定义彼此之间不尽相同，但是它们必然都包含了一个使得它们都"大同小异"的核心。罗尔斯没有提到维特根斯坦，但是他非常细致地定义了"正义原则"的核心概念。这个原则包含如下两项（165 页）②。

第一项是比第二项具有优先地位的正义原则，其内容如下：在参与社会实践中的每一个人，无论他受到社会实践的任何影响，他都拥有如同公平权利一般，和其他人共享的最大自由。

第二项：除非我们可以合理地期待，否则所有的不平等都是强加的；这些不平等对社会所有人是有利的，而且获得利益的人，他们所依附的地位或事务对所有人都是开放的。

这两项正义原则的内容可以简称为"最大原则"与"最小原则"。第一项原则指的是公平权利，追求的是"最大化"的可能，意思也就是所有的人，应当享有最大化的公平权利。第二项原则指的是不平等的现实，但要求最小化不平等的可能性。这两项正义的原则都是形式上的规范，要求的就是"正义即公平"。这两个原则之间比较重要的差别是，第二项原则指出政治上的现实，意思是某种程度的不平等是必然的，也是必须的。从比较正义与公平之间的关系而言，第二项原则所说的"必

---

① 笔者必须强调，虽然罗尔斯的确用了这两个字，但这是一个引用下的概念分析，因为罗尔斯并未提到维特根斯坦，也没有提到他在其《哲学调查》（L. Wittgenstein, *Philosophical Investigations*, trans and ed. by E. Anscombe, Oxford: Blackwell, 1953）所提出的"家族相似性"概念。

② 文中内容是笔者参考原文所作的翻译。

然性"与"必须性",要求的反而比较像是"公平即正义"。

这两个原则都涉及"正义即公平"这个理念。其中,"即"(as)这个字很有意义。它并不表示等同,但有"几乎如同"的意思。差别不大,但在理解上,倒是留下诠释的空间。譬如说,第一项原则对于"正义即公平"所做的说明,主要指出正义的形式原则,就是在任何情况中,维持每一个人应该拥有的自由与平等。第二项原则对于"正义即公平"所做的说明,指的是在比较现实的环境中,每一个人的能力、处境、地位、出身必然不同,因此在这些无可避免的差距之中,想要拥有正义的环境,需要的是获得公平发展的机会。这两项原则的内容不尽相同,但指的方向一致,都与正义以及公平相关。

罗尔斯特别强调这两项原则的精神。第一项原则中,"正义"这个理念主要是针对个人而言,即使"这个人"也有可能关联民族、省份、公司、教会、团队等情况。罗尔斯说:"正义的原则,应用在所有这些情况中,但其中有一个很确定的逻辑优先性是先针对个人而言的。"(166页)针对第二项原则,也就是在什么情况下,不平等是可以被允许的原则,罗尔斯说:"当我们谈论到不平等的时候,我们并不是指所有介于事务与地位之间的不平等,而是依附在它们所导致的利益与负担的差异上。其中包含了荣耀与财富,或者是税务与义务的负担能力。"(167页)简单来说,不平等只有在为人人谋福利的情况下,才是可以被准许的。

在提出这两项正义原则的同时,罗尔斯认为这两项原则是实际认知的对象,而不是定义的结果。在认知正义原则的过程中,我们理解它们的来源以及所代表的意义,就像是拥有道德直觉一般,让所有追求利益的人都在道德的规范中,理性地从事各式各样的行为。因为这个原则,所以罗尔斯毫不讳言地承认,他倾向于接受康德的道德观念,并且强调一个行为,如果能应用在某人身上,这个行为必须能够公正无私地应用到其他人身上,而且同时在追求私利的过程中,这个公正无私的要求,也足以形成道德行为的约制性(192~193页)。罗尔斯说:"拥有道德,就如同在行为发生前,拥有深刻的允诺;因为一个人必须承认道德原则,即使承认它们对这个人而言是不利的。"(174页)

罗尔斯承认在他联结正义原则与道德规范的同时,以这个类似于康德"定言令式"(categorical imperative;也可称为"无上命令")的道德论述，作为正义原则的基础，包含了好处与坏处。好处是，清晰明确地为我们提供了两个客观的形式原则。这两个原则不但让我们知道"正义"的定义，也知道达到公平的要求，就像是透过理性，做出一件善事一般重要。坏处是，在现实社会中，这是谁的定义？在原则的要求下，我们又达到了什么样的理性要求呢？如果以所谓公正无私的方式定义"公平"的观念时，连罗尔斯自己都不能否认民族、省份、公司、教会、团体存在的事实下，人要如何面对同胞、同乡、同人、教友、伙伴所产生的情感呢？又要如何把它们通通当成独立的个人，将较于我的存在而存在呢？更不要说我们要如何面对父母、姊妹、兄弟、亲戚、朋友呢？难道，心甘情愿所接纳的不平等现象，就是不符合理性的原则吗？这些问题，很明显地挑战了罗尔斯早期"正义即公平"的原则，让这一位享誉全球的正义哲学家，感觉到必须修正他原有的观点。《正义即公平：政治的，而非形而上学的》就是罗尔斯对这些问题的响应，也是他生涯中最重要的修正。

在文章的简介中他说，"正义即公平"这个具有原则性的基础性概念，企图针对现代民主社会做正义的政治建构。它尝试仅从依附在宪政民主制度的体制中提出直觉式的理念，并且针对这些理念在长期诠释下所累积的公共传统（225 页）。在提出这个观念的同时，罗尔斯已经希望引用"交迭性共识"（overlapping consensus）这个观念，凸显"正义即公平"这个属于西方民主社会的理念。罗尔斯说，在交迭性共识达成下的结果，是一个"在自由与公平之间，所形成的公民团体里达到充分告知以及心甘情愿获得同意的基础概念"（230 页）。在说出这段解释的同时，罗尔斯也坦承，哲学在提供一个真实的正义原则上，无能力为我们给出一个规范性的原则，成为在所有社会中共享的基础（230 页）。

因此，我们可以很清楚地看得出来，"交迭性共识"能够达成的结果，必然代表符合西方民主宪政社会的结构。这个必然性的确认，可以从罗尔斯对于哈贝马斯（J. Habermas）所做的回应谈起（John Rawls, 1995：132 - 180）。罗尔斯认为，在类似于哈贝马斯理论下的理性沟通中，交迭性共识的营造、发展以及形成所出现的政治中，"正义即公平"是以最实际的方式，得到落实的可能。但是，对罗尔斯而言，这个可能性不是一个形而上学的抽象说明，也不是一个知识论的语言定义，而是真实的正义概念的落实。对于"交迭性共识"，罗尔斯在他的响应中提出两点评论，说明在这个概念下的社会团结所具有的优势。第一，在交迭性共识下所达成的社会团结是最理性的，因为它是经由社会中最具有符合理性的原则性概念所支持与认可下的结果。第二，在交迭性共识下所达成的社会团结是最深刻的，不但因为它是社会中所有人公平参与下的结果，而且也因为这些人所代表之宗教、哲学与道德立场上最深刻的信念。在这个结果中，交迭性共识达到社会稳定的要求不但符合理性，也同时避免成为一个完全由公民的在地信念所形成的政治认知，一个只存于"暂定协议"（*modus vivendi*）的结果（147 页）。

三　"发展即自由"的哲学趋势

在两篇相同题目的文章里，罗尔斯对读者透露出一个信息：他承认，在历经近 30 年的反省之后，有关正义理念的讨论，不能只是给一个形式主义的定义，必须纳入现实生活中的情况。不能掌握现实生活，全靠推理所提出的正义原则，虽然深具规范意义，但若一旦强制应用这个原则，则无可避免地会导致自由的施展受到规范的压制。重点是，如何在具有"普世价值"的要求下，在推展这种规范性原则的同时，不会忽略在地文化的实质内容？同时，在地文化在接受正义原则的实践中，如何能够经由全体公民的认知，以"正义即公平"落实符合正义的社会？

这些问题的发生，是因为罗尔斯那深具形式主义的正义原则被当作社会规范的结果。社会规范需要原则性思维并不稀奇，唯一比较特殊的是，如果这些原则本身包含特定理性模式的话，那么这个规范性思维的落实，就等同于实现某种特定的理性。对于罗尔斯而言，这或许不是问题，因为他根深蒂固地认为，正义原则就是理性的产物。换言之，理性是普世的，没有地域区别的。问题是，这个社会规范在被所谓的理性定义时，这个"理性"究竟是具体的理性还是抽象的理性。

如果是抽象的理性，那么它就会是一个"中立无私的原则"，但是一个抽象的原则对于哪一种具体的生活情境有启示的意义呢？如果是具体的原则，那么这些原则对谁而言是具体的呢？在具体的现实生活中，必然无法得到中立无私的原则。因为在地的风俗与习性，势必会受到历史与社会环境等外在因素的影响，并因为它们而塑造出生活与思维模式。因此，若是将具体的原则，推广至异文化的生活中，必然与在地文化发生冲突，导致压制的结果，甚至违反了自由的原则，这一个与正义理念同样重要的原则。这个文化冲突的问题，正好就是森质疑罗尔斯的地方。对于森而言，正义原则本身并不仅是人类幸福的推力而已，而同时是推力与结果。

正义是人人都企图实现的理想，但若是没有正义的环境，也不可能产生出正义的结果。反过来说，如果没有正义作为前导，人的幸福也就无从受到保障，甚至有可能在传统的约束之中，不能面对新环境的挑战。因为这个缘故，所以森认为，真正理解正义的关键，不是空洞的正义与公平的形式关系，而是如何在自由的条件中获得发展，以及在发展中获得自由。

森认为，政治哲学中最主要的议题，应当以最根本的幸福作为追求的目标。在追求这个目标的期待中，我们所处理的重点，不是给定一个"正义即公平"的定义，而是强调"发展即自由"的观念。这个观念包含了三方面的重点：第一，自由与发展之间，互为表里，相互影响，处于一个辩证的关系；第二，理解自由与发展的途径，一定要扬弃普遍主义，采用特殊主义；第三，"自由"不是一个指称一切的专有名词，而是在不同情况中会出现各种不同的自由。这些不同的自由（例如政治自由、社会自由以及经济自由），它们相互支持，共创发展的条件。没有哪一种自由，可以整全地被称为普遍意义下的自由。我们接下来针对这三点做进一步的说明。

第一，介于自由与发展之间的辩证关系，指的是追求自由的过程就是发展，而发展包含太多因素的提升，例如教育、文化、社会、安全，等等。提升这些因素需要有自由追求这些因素的可能性。森称这些可能性为自由人的"能动性"，也就是从事这些追求的诱因。这些因素共同汇集成为一股追求自由的力量，让发展的期待成为可能，也成为生活中具体改善条件的推力。但是，在汇集这些因素的过程中，没有人可以预期哪些因素相较于其他因素而言是最关键的因素。原因是这是实际发展的过程，所以我们能做的只是从发展的观点中，掌握获得自由的可能。但是因为发展包含了太多诸如政治、经济、健康、福利、安全等因素，使得我们企图达到的自由，必然成为各种因素逐步发展的结果。

森将这个介于自由与发展之间的关系，在他的区别下，分为两种实际的理由：评价的理由与效果的理由。评价的理由，其内容如下："基本上，进步的评价必须依附于人民是否能够启动他们所拥有的自由。"效果的理由："就深层的意义而言，发展的成就依附在人民的能动性之上。"（4 页）这两点之中，包含了评价的基本性与效果的深刻性。人如果不能自由行事，则无从评价自由的效果；而若不能深刻地依附在能动性之上，那么消极地运用自由之结果，是不会收到实效的。因为这个缘故，使得自由与发展之间形成一种互为表里的辩证关系。自由开启了发展的可能性，而发展的结果又造成其他性质的自由。各种不同自由的运用，不但造就个人发展，也最有可能达到集体发展的目标。

第二，就自由与发展的特殊主义而言，反对"正义即公平"的普遍主义。如果正义的目的确实就是为发展提供公平的基础，但这绝不会是一体适用的基础，而是鼓励每一个人施展所能，让他们觉得追求发展的想法与方向受到鼓舞。自由之所以可贵，就是因为它从内心鼓舞人将欲望付诸行动，这就是自由的价值。这些价值不但包含经济机会、政治参与、社会力量等一般耳熟能详的因素，也包含基本教育、身体健康、社会福利、自由沟通等制度因素，甚至还包含了每一个人行动上的自由，工作环境的选择，以及避免危难的权利，等等。总而言之，特殊主义的观点，强调体制的规划，必然受到每一个人实际运用自由权利的结果，尤其是参与社会选择以及公共政策的自由。

第三，有关多元的自由发展条件中，最需要注意的，就是如何克服有关发展论述中的刻板印象。许多人认为，发展就是经济发展，而工业化程度与所得的提升，就是经济发展的主要指标。但是在自由原则的理解下，这一种以经济发展为主，整体地取代发展的理念，并且以特殊因素作为发展指标的观念是错误的。主要的原因是，虽然发展是展现自由的一种方式，但如果将自由完全透过一组工业化与所得提升加以取代的话，那就完全误解了"发展即自由"的含义。森提醒我们必须注意，"发展即自由"不是"发展是自由"。一字之差，可以知道森的意思是，发展足以作为自由中至为关键的一部分，但不是全部。任何单一的发展概念（例如工业化的普及与薪资所得的提升）都不能作为发展的唯一代表。即使这些概念依然是发展中获得自由的重要因素，甚至是市场机制的有效应用，并决定了发展的主要动力，我们也不能说，市场机制的有效运作足以取代一般人对于自由的追求。

在集结我们上面所谈到的辩证关系、特殊主义与多元发展之后，我们可以看到森在对罗尔斯的正义理论进行批判时所呈现的系统化差异。在这三点的综合思考下，森几乎完全以一个系统的方式，不但将"正义即公平"的含义扩大至"发展即自由"的内容里，而且从更重实际与实用的角度来定义"发展"与"自由"之间的关系。在实际方面，森强调文化现实面的观点为经由发展取得自由的策略提供了基本要素。在实用的方面，森强调自由的效果，必须在鼓舞个人能动性的条件下，才能够发挥实质的效果。最后在把自由当成一个原则的情况下，森不从正面的角度定义"自由"为何，而是从负面排除刻板印象的方式，告诉我们在自由的原则中，没有以单一概念定义"发展"的可能性。

在政治哲学发展的趋势之中，森与罗尔斯的系统性差异重新点燃了政治哲学历史上最古老的辩论，也就是介于理想规范性与现实描述性之间的取舍。从它们两者之间的差别中，我们不但看到森对罗尔斯批判的重点，也看到罗尔斯针对自己哲学忽略现实面向的修正。这个修正为我们明显地指出一条道路，看得出来政治哲学发展的趋势。在这个趋势中，森于 2009 年出版的《正义理念》，是他对罗尔斯的理论提出的直接的批判。除了批判之外，森也透露出他跟罗尔斯所共同面对的选择。

四 "公平与发展" vs "正义与自由"

从《正义理念》这本书的书名中，就已经发现森的目的：对比于罗尔斯的"一个正义的理论"，森提出的是"正义的这个理念"。有趣的是，前者虽然自谦为"一个正义的理论"，却是一个深具规范意义的正义理论，而后者提出的"正义的这个理念"却因为强调文化多元性的缘故，出现了对于正义采取极其宽容的可能性。规范与描述固然天南地北，南辕北辙，但从对"正义"这个基本理念的诠释而言，我们都必须承认一些具有常识性的共识。

森写这本书最主要的目的是以实践性的正义理论，取代罗尔斯关于从体制进行正义基础构筑的分析。因此，森的核心批判在于指出罗尔斯书中所忽略的部分：人在现实生活中各种形形色色的地位与机会。在现实中，日常生活里包含了许多程度不等的不平等与不自由。《正义的理念》就是企图在现实生活中，理解、分析以及尝试解决这些不平等与不自由的问题。森的哲学偶像是 18 世纪的亚当斯密。对于他而言，亚当斯密的观点是另外一种启蒙的代表，标示着在经济理论发展中，长期存在着如何能够掌握公平与发展之间的平衡。这是人类社会普遍会面对的问题，也牵涉正义与自由之间的折冲。有的人认为，正义的落实，主要在于维持社会公平。也有的人认为，理想社会之中，最重要的观念是提供所有人自由发展的平台。从 18 世纪以来，就有两种理念，分别宣称理想社会的轴心并因此而成为启蒙时代以来最重要的思潮。

换而言之，启蒙有两种：一种是大家耳熟能详的康德式启蒙；另外一种是较不为人所知的斯密式启蒙。它们两者代表的是两套理念，两个传统，两种力量。我们可以简易地把这两套理念区分为强调理性与强调感性的差别；或者是，理想与现实的区别。从思维方式而言，康德式的启蒙强调一种深具规范式的命令思维，但以斯密为主的思维方式，则比较是以描述现实面作为方法。在规范的理论中，我们需要从理性出发，坚持理性作为推理的基础，并延续着理性推理的途径，得到稳固的结论。在这样的思维过程中，基本原则是中立无私的理性。在斯密的思维中，其所强调的是中立无私的旁观者。这一个旁观者不但看他人，也看自己，因为他的重点其实不是看，而是比较。比较生活方式的关键不在于标准的应用，而是允许自己有自由思考的空间，让自己能够在好坏被判定之前，给自己一个中立的环境，实际比较好处与坏处，优点与缺点。

森的重点是，正义的理念如何实现了正义的结果，而不是透过定义的方式，论证"正义"是什么。这个重点的提出，是因为实际上有许多不符合正义原则的事情发生在完全有理由的环境中。例如，某人被贫穷所困，必须接受剥削程度极高的工作。然而贫穷的原因，往往来自信息不对等以及资源分配不公平的情况。因此，许多不符合社会正义的情境，却完全可以被理解，这反而助长了更为严重的不正义的发生。在这种情况之下，许多人认为我们所面对的问题是，我们尽能力避免所有的社会不正义。面对多数人的此类见解，森却很确定地认为，那种像给一个原则性定义的一次性答案，在面对实际情况时是无能为力的。因此，他提出了五种解决问题的方式。

在对这五种方式进行分析之前，森很具体地描述他所强调的"发展即自由"是他在长期实际生活中的感受。这些感受是他对祖国印度情况的描述，并从极为实际的讨论，一直延续到正义的理念。第一，他强调正义理念的重要性，不在于提出一个先验型的定义，或是一个形式的原则，而在于比较实际的情况。第二，他强调，我们必须接受自由竞争下的结果，而这个结果一定会是多元分歧以及有差异的事实。第三，在面对社会不正义的时候，我们需要从了解在地情境的状况中，发展出部分解决问题的可能性，而不强制要求全面地解决所有问题。第四，在维护正义理念的情况中，社会选择的可能性不但本身反映了社会的多元面貌，选择可能性的增加，也来自外在多元的输入。第五，森认为，社会选择必须是实质性的，因为唯独有实质性的选择，才能让我们除了永远有机会改善现状，追求进步之外，还会觉得正义的理念是存在于生活中的实质导引。

在提出这集结政治哲学历史发展的五点实际做法之后，森的政治理念也必然面对一个历久弥新的哲学问题：如何在描述实际环境的过程中，指出追求进步的规范方向。换而言之，如何针对在地的环境，指出可以进步的方向。若是没有指出方向，那么对于一个环境的描述，就如同凭借个人感觉针对一个风景所做的描述一样，都会处于一种相对思维下的困境，无从比较好坏。如果要指出好坏，那么就必须知道自己所欠缺的部份、应当追求的价值，以及进步的方向。在森所提出的这五点当中，无论是谈到比较、竞争、选择、解答还是进步，他都强调信息以及沟通的重要性。对于处在某一个环境中的人，他要有足够的信息，能够针对不同的环境做比较。同时，他也要在能够将自己的理念与他人沟通的情况下告诉其他人，他所追求的是什么，以及他要如何达到他所追求的目标，并且称这些目标的达成为发展的成果。

在谈到信息开放与理性沟通的过程中，森似乎忽略了罗尔斯《正义论》之中最重要的概念："交迭性共识"。"交迭性共识"是罗尔斯正义理论中，最早提出的理念，也是用来弥补缺乏实际面向的重要措施。毕竟在一个讲求规范的环境之中，能够比较与竞争的动因，来自信息的掌握，以及透过沟通，达到共识。想要排除不正义以及不自由的环境，需要有沟通的机会，让自己的想法能够与他人的想法经由冲突、歧异、妥协，而最终达成可接受的共识。交迭性共识，作为正义论中不可或缺的角色，其地位正如同森在正义理念中强调的人际之间沟通角色一般重要。对于这一部分理念的描述不足，除凸显了森不能全面批判罗尔斯的观点之外，也为我们透露了一个政治哲学发展中真正的方向与启示。

五　哲学趋势的方向与启示

从罗尔斯与森的系统性差异当中，我们可以看到政治哲学的发展包含了重复过去与展望未来两部分。一个原则性概念的理解，其结果究竟是用来作为约制所有人的规范呢？还是作为描述所有人生活的参考呢？这两个问题见仁见智，在论证的过程中，出现了系统性的差别。我们甚至可以说，从古希腊哲学开始，一直到今天，有关理想与现实之间的差异，经历各个时期，都一直不断地重复过去。在罗尔斯与森的理念比较当中，我们看到了这个重复过去的趋势，也因此很明确地注意到，现今对于在地化与多元理论的重视，其实就是现实生活的描述取代了原则的规范与定义的哲学转换。

我们必须问，在重复过去的论证思维当中，政治哲学的发展，要如何展望未来呢？在这个问题上，罗尔斯与森在理论上的共同点，为我们做了如下重要的启示：沟通的重要性。原有政治介于描述与规范之间的讨论，有一个共同的特征，就是沟通的问题。强调规范性的原则性定义，在狭隘的强制落实中，企图应用在所有人的身上，出现不需要沟通的情形。同样地，透过描述在地文化的特性，若窄化描述方式，就会一直强调自我与他者之间的对立，容易陷入相对主义的窠臼，也不需要沟通。因此，鼓励沟通并不是一个什么新的概念，但是极少在自由与正义的讨论中受到应有的正视。森与罗尔斯这一场有关政治哲学本质概念的辩论，不论他们的观点有多大的差异，也不考虑他们所牵涉的内容涉及人伦社会的理想方向，但他们都反映出勾勒未来生活中的一个重要因素，就是沟通在提升公平与发展中所扮演的角色。

在提升公平与发展中，沟通可以按照外显与自主扮演两种角色。沟通就其外显而言，必然是人际之间的沟通，而且也是理念的沟通，更是比较、竞争、发展、解决问题、达成共识等的重要步骤。没有人可以保障沟通一定会达成共识，但是只要沟通是一个持续性的过程，它不但是唯一符合正义与自由的关键要素，也因此而成为确保公平与发展的基础价值。尤其重要的是，沟通并不是一个固定的理念，而是一个动态的实践，所有参与沟通的人，都会因为这一项实践，而被他人理解，也理解他人。理解的结果，不会是共识的达成，但一定会是妥协的准备。这种准备，有助于我们创造发展的契机，并且接受当下的环境为适当公平的环境。

沟通也可以从内部而言，是一个自我训练的思想过程，在达成任何形式的沟通之前，语言的应用、理念的厘清、期待的落实，以及对未来所抱持的憧憬，都是一个自我训练的过程。虽然我们不能够说每一个人的自主性都是一蹴而就下的结果，但正如同森所强调的，每一个问题都不得不要求与部分情况相关的答案。公平与发展的原则，就是要让人人有选择的自由，让人人能够在生活中获得学习沟通的机会。沟通必然成为未来政治哲学中最主要的思维模式，也是符合"正义即公平"与"发展即自由"的创新的理念。最后，我们这里必须再次强调，我们所谓的创新不是前所未见的新，而是在森与罗尔斯的论证当中，赋予沟通新的意义，使其成为公平与发展的主要载体。

六　结论

公平与发展，分别从不同的角度，反映了正义与自由这两个人类社会最核心的理想。在实现这两个理想的过程中，没有人能够忽略公平与发展在不同的时空条件下，所扮演的差别角色。我们甚至可以说，人类历史的发展与演化，基本就是一个不断从生活实践中，重新定义、协调、理解以及接受公平与发展的过程。有鉴于此，理想的落实不能没有原则性的概念。而现实的考虑，又不能不注意人的内心世界与外在环境互动下的结果。也因为这个缘故，我们才能看到代表民主宪政的美国政治哲学家罗尔斯所提出的"正义即公平"的理念。当这个理念在现实面中受到在地文化批判时，罗尔斯的修正固然体现了公平与发展的实际要素，却仍然在成长于印度的哲学家森之眼里，代表了缺乏差异、静态思维以及全面定义的谬误。从这些对比上，我们看到的不单是两种理论的优劣，而是如下三点反省。

第一，虽然人类历史发展中出现了各种不同的文化、国家、组织、系统以及生活方式，但理想与现实之间的折冲让我们必须兼顾原则性的正义理念以及个别性的自由区别。历史告诉我们，公平与发展的问题，不是追求标准答案的问题，而是不断环顾周遭，引发思考的问题。第二，在一个全球化的世界当中，已经没有哪一种文化，足以作为所有人共同仿效的标准。虽说如此，我们仍然必须肯定，原则性的标准依然存在，但它们不会是建构生活的尺度，更不会是强制他人遵循的规范。像"正义即公平"这种原则性的标准，存在于我们的理想当中，如同灯塔一般，照亮的是灯塔以下的所有人，而不是特定的人。第三，"发展即自由"是顾及生活实质面向理念的最佳诠释。然而，即使如此，发展仍然需要目标与方向。因此我们看到罗尔斯与森的思想虽有差别，但他们都会坚持一个透过理性沟通，达成建构方向的共识。这一个共识让我们非常清楚地知道，真正能够促进人类生活进步的因素，就是在不同的阶段，掌握不同的信息，达到不同的目标，将不同的理想展现在他人面前。

在这三点反省当中，我们看到了公平与发展的价值与意义。它们的价值是所有人的期待，也是持续发展的目标。换而言之，公平与发展没有固定的模式，而是我们持续定义、理解与反省的结果。想要了解这些结果的意义，最重要的观念就是要从哲学的层面掌握它们能够为人类的幸福提出建议的方式。所以，公平与发展的哲学关联，就是它们从辩证过程的思维中，不断为我们定义安和乐利与丰衣足食。

参考文献

Amartya Sen, 1999, *Development as Freedom*. New York: Anchor Books.

Amartya Sen, 2009, *The Idea of Justice*, Cambridge, Massachusetts: Harvard University Press.

John Rawls, 1958, "Justice as Fairness," *Philosophical Review*, Vol. 67, No. 2, pp. 164 – 194.

John Rawls, 1971, *A Theory of Justice*. Cambridge: Harvard University Press.

John Rawls, 1985, "Justice as Fairness: Political not Metaphysical." *Philosophy & Public Affairs*, Vol. 14, No. 3, pp. 223 – 251.

John Rawls, 1993, *Political Liberalism*. New York: Columbia University Press.

John Rawls, 1995, "Reply to Habermas." *Journal of Philosophy* 92: 132 – 180.

John Rawls, 2001, *Justice as Fairness: A Restatement*, Edited by Erin Kelry, Cambridge: Harvard University Press.

L. Wittgenstein, 1953, *Philosophical Investigations*, trans and ed. by E. Anscombe, Oxford: Blackwell.

Thomas Negal, 1974, "*Foreword*" in R. Nozick, *Anarchy, State, and Utopia*, New York: Basic Books.

收入分配与公平发展的实现

范从来

（南京大学校长助理，商学院教授）

张中锦

（南京财经大学金融学院讲师）

摘　要：《2006 年世界发展报告：公平与发展》中的公平发展观对国民收入倍增计划实施背景下我国优化收入结构，降低收入不平等以及实现公平发展都具有重要意义。从我国各地区看，工资性收入不平等系数较大且呈较小幅度的递减趋势，转移性收入不平等系数最大并有起伏波动的特征且在整体上有微弱的递减趋势，财产性收入不平等程度本身还比较小但具有微弱的加剧态势，经营性收入不平等系数具有最为明显的递增趋势并实现了从缩小收入不平等到扩大收入不平等的根本性转变。所以，应运用分项收入不平等的性质，采取推进国民收入倍增、抑制分项收入不平等、推进地区经济协调发展以及在收入分配领域偏向公平等多种措施来实现公平发展。

关键词：收入分配结构　分项收入不平等　公平发展

一　引言

　　"公平"的基本含义是"权利平等""机会均等""得其所得"（博登海默，1987；转引自胡联合、胡鞍钢，2013）。机会不公平，除了让我们的恻隐之心油然而生之外，更进一步是这种差别还可能导致人类潜力被浪费，以致错失发展机会。两者之间是相辅相成的。公平与发展之所以是相辅相成的关系，原因可以分为两大类。第一类原因是，发展中国家有许多市场失效的领域，特别是信贷、保险、土地和人力资本的市场。如果资本市场完美运行，只要有可以获利的投资机会，任何人都能够借钱来筹集资金，或通过出售企业的股权来筹集资金。但是几乎在每个国家，资本市场都远非完美：信贷按配额分配给潜在的客户，不同借款人的利率有很大的差别，并且在贷款人和借款人之间，信贷行为也无法与违约风险或影响贷款人预期回报的其他经济因素挂钩。当市场不完美时，权力和财富的不平等转化为机会的不平等，这些都会降低个人的发展潜力和为经济做出贡献的能力，导致生产潜力遭到浪费，资源分配丧失效率。公平与发展之所以可以是相辅相成的关系，其第二类原因是，如果经济和政治的不平等程度高，在经济制度和社会安排上，会系统性地偏向于影响力较大者的利益。也就是说，权力的不平等会形成将权力、地位和财富的不平等永久化的制度。这种情况通常也不利于长期增长所依赖的投资、创新和冒险。良好的经济制度在根本上是公平的：社会要繁荣，就必须创造促使绝大多数人口进行投资和创新的激励机制。国家间数据对比得出的基本规律以及历史记述都表明，那些走上促进持续繁荣的制度化道路的国家，是政治影响力和权力平衡的公平度增加的结果。如果不平等制度化，从整体看一定导致效率低下，并错失创新和投资的机会，从而影响经济的长期持续增长。因此，正如世界银行发布的《2006年世界发展报告：公平与发展》①所说，以公平作为发展的中心，是对过去10~20年围绕市场、人类发展、治理和赋权的发展思想要点的提升和整合。通过追求更为公平的竞争环境，确保所有人的个人权利、

---

　　①　与此紧密相关又一脉相承的另两个报告是《2000~2001年世界发展报告：与贫困作斗争》和《2004年世界发展报告：让服务惠及穷人》。这三份报告被认为是世界银行以解决贫困问题为己任而发布的。

政治权利和财产权利得到制度上的保障，国家将能够吸引数量远远超过以往的投资者和创新者，并且大大提高为全体公民提供服务方面的有效性。因此从长期看，增加公平是提高经济增长速度的根本。公平发展是中国经济"新常态"的重要内涵。

由于经济、政治和社会不平等往往存在长期的代际自我复制，因此机会和政治权力不平等对发展带来的负面影响的伤害性更大。世界银行的研究者把这种现象称为"不平等陷阱"。而且，不平等陷阱可能相当稳定，往往代代相传，长期存在。因此，从平等的角度看，机会的分配要比结果的分配更为重要。但是机会本身是可能性，而不是现实，机会不平等很难直接量化。进一步而言，收入方面的差别，必然也会影响人们所享有的机会。而且，实证研究表明，收入差距增加，减贫的增长弹性会下降。平均而言，对于收入差距小的国家，按每天 1 美元的贫困线计算，平均收入每增长 1 个百分点，贫困率可降低 4 个百分点。在收入差距大的国家，平均收入增加，贫困率几乎没有下降。这说明如果初始的收入差距较小，同样幅度的增长对减少贫困的影响要大得多。因此，我们从收入分配角度讨论经济发展中的公平问题，主要体现在降低城乡居民收入不平等并促进收入结构优化以实现公平的发展。随着经济发展，我国收入分配领域出现了显著的结构特征如城乡居民分项收入结构，分项收入结构优化主要体现在工资性、经营性、财产性和转移性收入的不平等性质及其动态调整方向，在国民收入倍增中优化收入结构、抑制分项收入不平等有助于公平发展的实现。其主要内容体现在本文后续的结构安排中，第二部分是概述收入分配结构及其优化，第三部分是分析我国城乡居民分项收入的不平等状况，第四部分是论述以公平为中心的收入结构优化。

二　收入分配结构及其优化

2012 年底召开的中共十八大提出"到 2020 年实现城乡居民人均收入比 2010 年翻一番"的国民收入倍增计划。我国在过去较低水平下的收入快速增长相对容易，在当前较高收入水平下要保持同样的增速，面临更大的困难，这需要重视收入优先增长中的结构优化问题，在推进国民收入倍增中进一步促进公平发展的实现。

　　收入分配是人类历史发展的关键环节，也是经济学研究的重中之重。不同时期收入分配理论研究的重点不完全相同，主要涉及功能性与规模性收入分配。功能性收入分配主要考察国民收入中各要素得到的收入份额大小（周明海、姚先国、肖文，2012），规模性收入分配主要是从收入所得者的规模与其所得收入规模之间关系的角度（周云波、覃晏，2008）考察不同个体间收入差距的大小，二者均蕴含着收入结构的思想内涵。在现实中，我国国民收入分配出现了显著的结构特征，如行业收入结构、城乡收入结构以及我国收入分配改革期望全社会形成的"橄榄型"收入结构等。

　　收入结构是反映和影响国民经济运行态势与发展状况的重要经济结构之一。在整体上，国民收入经过初次分配和再次分配后就形成了功能性收入结构与规模性收入结构。就收入结构而言，即使在《收入分配经济学手册》（阿特金森、布吉尼翁，2009）第1卷上也没有明确的阐述，但与经济发展相伴随的收入结构现象确实客观存在，也引起了学者们的积极关注和研讨，相关表述已出现在一些文献中，具有代表性的论述主要有以下几种：一是国民收入分配格局①，白重恩等（2009）认为，国民收入分配格局是指企业、政府、居民等部门的可支配收入在国民收入分配中的比例关系；二是分项收入结构，范从来等（2009）指出次贷主要是建立在财产性收入基础上而不是建立在工资性收入和经营性收入的基础上，可以认为，收入结构的变化影响着一个国家经济的稳定性；由此可以把工资性收入、经营性收入、财产性收入和转移性收入的数量比例引申为分项收入结构；三是所谓两类收入结构，李迅雷等（2010）认为，一类是企业盈利和劳动者收入之间的比重，另一类是指居民不同阶层之间的收入占比。

　　从上述代表性观点看，对收入结构的研究，既有要素参与分配的功能性视角，也有基于人际收入的规模性视角，还有把功能性与规模性相

---

① 代表性论述有二：一是初次分配格局，梁东黎（2011）认为初次分配是指一国生产的增加值在住户收入、企业收入和政府收入之间的分配；各种收入在增加值中的比重，如劳动报酬份额、资本报酬份额、生产税净额份额，这就构成了初次分配格局。李稻葵等（2009）认为国民收入经过初次分配形成三大块，即劳动者报酬、资本所得和政府对生产环节直接征取的税赋；初次分配格局即三大利益主体的分享比例及相互关系。二是人际收入分配格局，E. Daudey and C. Garcia-Penalosa（2007）指出"要素间收入差距提高会显著恶化人际收入分配格局"。

结合的视角。事实上，在我国经济发展过程中"国民收入分配"已经在不同层次、不同领域形成了不同含义、不同类型的收入结构，如阶层收入结构、行业收入结构以及城乡收入结构等。如果从不同角度来考察收入的内部构成及其数量关系，将形成不同内涵的"收入结构"概念。最为典型的是，不同生产要素在初次分配中所形成的功能性收入结构和不同收入构成在再次分配后所形成的规模性收入结构。关于功能性收入结构及其优化问题，我们已经做了专项研究①。为更好地突出针对性，本文主要讨论规模性收入结构——国民收入再次规模性分配后的居民收入总量及其构成成分的数量比例关系。即城乡居民收入总量及其分项收入（工资性收入、经营性收入、财产性收入和转移性收入）构成的数量关系。我国国民经济和社会发展"十二五"规划纲要提出了"努力实现居民收入增长和经济发展同步、劳动报酬增长和劳动生产率提高同步"的经济发展战略，体现了新形势下经济发展方式转变过程中收入分配改革的创新思维。这一创新思维不仅重视功能性收入分配中的劳动报酬增长问题，而且更加强调规模性收入分配中的居民（个体）收入增长问题，这需要在收入优先增长中重视结构优化问题，尤其是城乡居民分项收入的结构优化。

　　从理论演进看，规模性收入分配主要集中在以个人收入为视角来研究个人的收入不平等（差距）问题。20世纪50年代始，基尼系数被广泛地应用于测度一个国家或地区的国民收入不平等状况；与此同时，库兹涅茨的"倒U型"曲线成为收入分配领域研究的重点。美国经济学家库兹涅茨1955年在首次研究经济增长中收入分配的长期变动趋势时指出：当人均收入增长时，基尼系数衡量的不平等在最初会加剧；在中等收入水平时，不平等最为严重；当收入水平达到工业化国家水平时，不平等将开始下降。所以，在长期经济增长中，个人收入分配不平等的变动具有先恶化后改进的"倒U型"规律。

---

① 参见范从来、张中锦《提升总体劳动收入份额过程中的结构优化问题研究——基于产业与部门的视角》，《中国工业经济》2012年第1期。我们认为，功能性收入结构体现在总体劳动收入份额及其产业（第一、二、三产业）与部门（政府、居民、企业）劳动份额构成的数量关系中。在总体劳动份额提升中的结构优化环节，不仅要发挥产业内部效应还要释放产业结构效应并重视二者的协同作用，既要重视调整三次产业的劳动份额也要关注三次产业的增加值比重，还应特别重视提高第一产业劳动份额和大力增加第三产业增加值比重。

就早期人均收入不平等扩大而言，库兹涅茨认为有两个原因：一是相对低收入阶层而言，高收入阶层有较高的储蓄倾向；二是随着工业化与城市化的发展，城市内部收入不平等比农村更为严重，这必然导致经济社会中不平等的部分增加。但随着收入不平等加剧，库兹涅茨还认为，在经济增长中会出现诸如法律与行政干预、人口变动和产业结构调整等诸多形成抑制收入分配差距扩大的因素，收入不平等的变动方向由上升态势转而下降并逐步缓和，最终呈现倒 U 轨迹。"倒 U 型"曲线毕竟只是一种经验定理，虽引起了激烈的讨论并产生了持久的影响，但这仍需要进行严格的理论解释，其合理性和实用性仍有待继续探讨。

美国经济学家刘易斯于 1954 年提出了二元经济模型①，以劳动和资本两类生产要素的供求关系来解释经济发展中的要素收入分配关系。在经济发展的初级阶段，农村劳动力相对过剩，劳动价格相对较低，而资本收益不断增加，这种农业部门和工业部门之间较大的收入差距推动农村剩余劳动力迅速向工业部门转移，从而促进了经济增长。随着经济的发展，劳动力随需求增加将成为稀缺要素，其收益也将上升；资本成为相对丰裕的要素，其收益转而下降，导致部门间的收入差距逐渐缩小，最终二元经济融合为一元经济，收入分配趋于平等。

刘易斯的二元经济模型有效地解释了库兹涅茨"倒 U 型"曲线形成的全过程。收入不平等现象在经济发展的初级阶段（存在大量剩余劳动）逐步上升，经过短暂的稳定，在发展到较高级阶段（剩余劳动消失）时转而下降。就早期收入不平等加剧而言，刘易斯提出了两个方面的解释：一是资本所有者的收入比重会随着现代化（资本主义）部门生产规模的扩大而逐步提高；二是当不断增长但总数仍然不多的劳动者，从最低的维持生存的工资水平转移到资本主义部门工资水平时，劳动力收入分配内部的收入不平等在早期阶段也会加剧。可见，在经济发展初期收入不平等扩大的原因上，刘易斯二元经济模型与库兹涅茨"倒 U 型"假说的阐述具有一致性。

进一步梳理收入分配理论可以看出，学者们越来越重视对如何摆脱贫困、降低收入不平等和实现公平发展等问题展开研究。新剑桥学派的

---

① 严格地说，刘易斯二元经济模型在收入分配上的研究重点和分析思路属于功能收入分配的范畴；由于其同属于发展经济学的经典模型，又由于其在研究结论和原因解释等方面与库兹涅茨"倒 U 型"假说基本一致，基于这种内在联系将其在此进行介绍。

政策主张是要求政府采取有力措施来调整国民收入中的利润比重和工资份额，改变收入分配结构，以使社会储蓄率满足经济稳定增长的条件。随着生产力发展和财富积累，在追求经济增长过程中由于国民收入分配不均所形成的贫困和差距①得到经济学家们的高度重视，并强调如何改善社会弱势群体的收入分配状况，这主要体现在发展经济学关于收入分配的研究中。由于市场机制的自发作用会导致收入分配不平等的发生和加剧，理论研究重视收入分配改革也是自然而然。

20 世纪 70 年代以来，在国际上逐渐形成的一个共同性认识是在经济增长过程中通过政府的再分配能够有效地减少贫困和降低收入不平等。与此同时，各种测度收入不平等的指标得到了广泛的开发和应用，其主要目的在于针对性地研究减少不平等的有效措施和政策安排。基于亚洲开发银行的倡议，Rauniyar 和 Kanbur（2010）的研究表明包容性增长就是不平等减少的增长，那么规模性收入方面的人际（个体）收入不平等的减少就显得尤其重要。所以，抑制规模性收入不平等特别是降低分项收入的不平等不仅可以优化收入分配结构，还能进一步促进减少贫困、共同富裕和公平发展目标的实现。

三　城乡居民分项收入的不平等状况

中国改革 30 多年，在取得经济增长奇迹和巨大发展成就的同时，也产生了多维的不平等和不公平，突出表现为城乡之间、地区之间在收入分配、财产分布、基础教育、公共卫生等基本公共服务方面的巨大差异，这些显著的差异使城乡居民之间形成了在收入分配、财富分配和享有基本公共服务等方面迥异的国民待遇（胡鞍钢，2006），这些显著的差异显然有悖于公平发展。

在以效率优先为导向的改革启动后，我国经济体制模式逐步转型，收入分配失衡日益严重。1978 年到 2013 年，我国人均国内生产总值和

---

① 收入分配、贫困和经济增长的关系已经成为很多经济学家和社会学家关注的一个重要的研究领域。研究表明，经济增长是减轻贫困的有力武器，但经济增长的性质和模式（即不同群体从经济增长中的受益程度）以及初始不平等程度也是影响经济增长的减贫效果的重要因素（Ferreira 和 Barros，1998；Kakwani 和 Pernia，2000；Ravallion，2001），而且高度不平等倾向于损害整体经济增长和减贫效果（Deininger 和 Squire，1998；Ravallion，2000）。

城乡人均总收入的绝对差额从 1978 年的 207.49 元上升到 2013 年的 23205.61 元[①]，年均增长率达 14.43%，共增长了 110.84 倍。这可能对国民经济的增长不利（Wan et al., 2006），也是消费不振、内需不足的重要因素（Kujis, 2006；汪同三等，2006），还可能动摇政局，是中国目前应该注意的一大问题。中国的农村居民收入差距、城镇居民收入差距和总体收入差距都在扩大（陈钊等，2010）；国家发改委 2009 年重点课题指出，我国的城乡收入差距最大。既然城乡收入不平等已经是最大并且还在扩大，那么城乡居民分项收入不平等的状况又如何呢？在全国各地区有什么具体的表现呢？

（一）城乡分项收入不平等的测度方法

毋庸置疑，我们可以从不同的角度或层面研究收入不平等（万广华，2009）。在现有文献中，对城乡收入不平等的度量有多种方法，这些方法各有优缺点，学者们根据研究需要选取合适的测度方法。一些学者常用城镇居民人均可支配收入与农村居民人均纯收入之比来度量城乡收入差距，这种方法简单直接，是一个总量概念。基尼系数通过将总人口划分为不同的收入阶层来测量不平等，其度量的是总收入不平等而不是对城乡收入不平等的度量，而且，这种方法也不能将城乡收入不平等从总收入不平等中分离出来。虽然泰尔指数能够直接度量城乡收入不平等，但难以从收入来源的角度体现分项收入的收入不平等。我国的城乡收入不平等不仅是一个总量问题，而且更为重要的是需要深入探讨分项收入的收入不平等。基于此，本文为衡量分项收入不平等的大小，将借鉴城乡居民分项收入相对不平等系数来进行测算，其计算公式是：

$$g_i = (I_{ui} - I_{ri}) / \sqrt{I_{ui} \times I_{ri}} \tag{1}$$

其中，u 和 r 表示城镇和农村，i 代表第 i 项收入且 $i = 1, 2, \cdots, k, I_{ui}$

[①] 2013 年数据来自统计局发布的《中华人民共和国 2013 年国民经济和社会发展统计公报》，数据中有城镇居民人均可支配收入和农村居民人均纯收入，没有城镇和农村的人均总收入，没有城镇和农村的物价指数数据。为保持一致性和可比性，1978 年的数据也以此为准。所以，城乡人均总收入是将城镇居民人均可支配收入和农村居民人均纯收入按人口比重加权计算而得，数据都没有剔除物价的影响。文章的其他数据如无特别说明均来自相关年份的《中国统计年鉴》。

和 I_{ri} 表示城镇居民和农村居民第 i 项收入的人均值，$\sum_{i=1}^{k} I_{ui} = I_u$ 和 $\sum_{i=1}^{k} I_{ri} = I_r$ 表示城镇居民和农村居民人均总收入。那么，$I_{ui}/I_u = u_i$ 和 $I_{ri}/I_r = r_i$ 表示城镇居民和农村居民第 i 项人均收入占其总收入的比重，体现了城镇居民和农村居民的收入结构；显然，$\sum_{i=1}^{k} u_i = 1$ 和 $\sum_{i=1}^{k} r_i = 1$。

（二）分项收入不平等的测算结果与特征分析

1. 数据来源及说明

国家统计部门对我国 31 个省区城镇居民和农村居民按四个分项收入来源进行统计分别始于 2002 年和 1996 年，根据研究需要和样本数据的可得性，本文样本区间为 2002～2012 年的年度数据。其中所包括的城镇居民和农村居民分项收入数据的实际值是以 2002 年城镇和农村居民消费价格指数（由环比数据调整为以 2002 年为基期的定基数据，四个直辖市没有统计农村 CPI，即城乡 CPI 相同）为基础进行调整而得。本文的原始数据来自相关年份《中国统计年鉴》等。我们对个别数据进行了特殊处理，如 2003 年西藏城镇居民经营性收入数据是空缺的，我们采用的是平均数进行补充。

2. 计算结果及其典型特征

虽然我国各省区自然禀赋和经济基础等方面存在一定差距，经济发展水平和经济增长速度也不均衡，但是与经济快速增长相伴随的收入增长在各省区均形成了显著的城乡收入不平等，而且形成了较为明显的具有共同性的典型特征。根据城乡居民分项收入相对不平等系数的测算方法，用 wiun、tiun、piun 和 miun 分别表示城乡居民的工资性收入不平等系数、转移性收入不平等系数、财产性收入不平等系数和经营性收入不平等系数，将代表性省区城乡分项收入相对不平等系数的计算结果列在表 1。限于篇幅，在表 1 中我们分地域选择东、中、西部具有代表性省份的城乡居民分项收入不平等数据进行报告。

具体分析如下，见表 1。

第一，工资性收入不平等系数较大且呈现较小幅度的递减趋势，即工资性收入不平等程度正在逐年渐进地缩小。从省份内部看，工资性收入不平等系数较大，其不平等程度较高，仅次于转移性收入不平等。从

表1　2002～2012年我国东、中、西部代表性省份城乡分项收入相对不平等系数

年份		2002	2003	2004	2005	2006	2007	2008	2009	2010	2011	2012	均值
山东	wiun	2.1391	2.2119	2.2898	2.1136	2.0744	2.0565	1.9922	1.9276	1.8844	1.7193	1.6585	2.006
	tiun	2.9528	3.0330	3.2471	3.5775	3.2289	3.3710	3.2351	3.1517	3.0816	2.8059	2.5607	3.113
	piun	0.5590	0.5432	0.6013	0.3975	0.5367	0.7663	0.7820	0.7486	0.7464	0.9479	1.0514	0.698
	miun	-3.0176	-2.5258	-2.2944	-1.6691	-1.6186	-1.4015	-0.9249	-0.8556	-0.713	-0.546	-0.484	-1.459
湖南	wiun	2.0181	2.0943	2.1357	1.9027	1.7922	1.8088	1.6906	1.6022	1.5199	1.3581	1.3157	1.749
	tiun	4.3327	4.3197	4.0385	3.8042	3.7635	3.7775	3.4352	3.1539	3.0346	2.9165	2.8235	3.582
	piun	1.4420	1.2297	0.8369	1.6687	2.1879	2.8135	1.9564	1.8091	1.8761	2.2394	2.4135	1.861
	miun	-2.0074	-1.4677	-1.2343	-0.7077	-0.6584	-0.7050	-0.3153	-0.2757	-0.270	-0.019	0.0356	-0.693
陕西	wiun	2.6106	2.5591	2.4994	2.5225	2.4858	2.4600	2.4836	2.4117	2.2744	2.0091	1.9685	2.390
	tiun	4.3530	4.3218	4.2408	4.0473	3.9440	3.5620	2.9029	3.0635	2.9994	3.0454	3.0045	3.590
	piun	0.4542	1.0833	1.0265	0.8726	1.2597	0.4966	0.5954	0.5221	0.6804	0.2599	0.2994	0.686
	miun	-2.0875	-2.1684	-1.8460	-2.1231	-1.5056	-1.7497	-1.0157	-1.0882	-1.249	-0.998	-0.993	-1.529

省际看，西部地区的工资性收入不平等大于东部地区，中部最小；以系数的平均值为例，陕西的工资性收入不平等系数均值是 2.390、山东是 2.006、湖南是 1.749。

　　第二，转移性收入不平等系数最大并具有起伏波动的特征且在整体上有微弱的递减趋势，即转移性收入不平等程度最高也具有一定波动性。从省份内部看，转移性收入不平等系数最大，其不平等程度最高，同时增减幅度相对较小，其不平等程度相对稳定。从省际看，转移性收入不平等程度整体上中西部省份（湖南和陕西）显著大于东部省份（山东）。就省份转移性收入不平等系数均值而言，陕西是 3.590、湖南是 3.582、山东是 3.113。转移性收入不平等在东部省份（山东）先有微弱的递增趋势后转入下降状态，在中、西部省份（湖南和陕西）则有相对较为明显的递减态势，所以，近年来转移性收入不平等在省际有逐步趋向较为一致的发展态势。陕西、湖南和山东的转移性收入不平等系数，在 2009 年分别是 3.0635、3.1539 和 3.1517，在 2012 年分别是 3.0045、2.8235 和 2.5607。

　　第三，财产性收入不平等系数本身较小但具有较为明显的小幅度的递增趋势，即财产性收入不平等程度本身还比较小但具有微弱的加剧态势。从省份内部看，财产性收入不平等系数较小，在整体趋增的情况下起伏不定，即财产性收入不平等具有较为剧烈的波动性，如湖南 2008 年的财产性收入不平等系数比 2007 年下降了 0.8571。从省际看，财产性收入不平等系数在东部省区相对平稳，中、西部省区起伏较大。财产性收入不平等程度中部最高、西部其次、东部最低。就财产性收入不平等系数均值而言，中部大于东、西部，湖南是 1.861、陕西是 0.686、山东是 0.698。

　　第四，经营性收入不平等系数小于 0，而且一直是负数（湖南在 2012 年由负转正），也是唯一的不平等系数小于 0 的分项收入；但经营性收入不平等系数具有最为明显的递增趋势，也是增长幅度最大的分项收入，即小于 0 的经营性收入不平等系数正在以非常快的速度增长，其不平等正在显著扩大。从省份内部看，经营性收入是唯一不平等系数为负数的分项收入，也是不平等系数增速和增幅都最大的分项收入，部分省份的经营性收入不平等系数即将接近于 0，个别省份的经营性收入不平等系数已经大于 0。从省际看，在考察期经营性收入不平等系数在东部省份上升幅度最大（山东是 2.5336），其次是中部（湖南是 2.043），最后是西部（陕西是 1.0945）；经营性收入不平等状况最好的是西部、东部次之、中部较差，其均值分别是 -1.529、-1.459 和 -0.693。从发展趋势预期，经营性收入不平等的性质已经发生根本性的转变（从负数转变成正数）。

特别需要提及的是，上述整体分析在 2010 年前后略有变化。

（三）分项收入不平等的稳定性

Atkinson（1998）在研究美、英、法、原西德、日本、加拿大和意大利七国在 1975～1995 年基尼系数的变化情况时发现，这些国家的收入不平等状况并不稳定，国家之间表现出很大的差异性。那么，我国 31 个省（区、市）分项收入不平等状况是否具有西方国家曾经体现的差异性呢？接下来以 2012 年我国城乡分项收入不平等状况来分析，以判断我国各省（区、市）分项收入不平等特征是否具有相对稳定性，从而对上述代表性省（区、市）分项收入不平等所具有的典型特征进行补充说明。2012 年我国 31 个省（区、市）城乡居民分项收入相对不平等状况如图 1 所示。

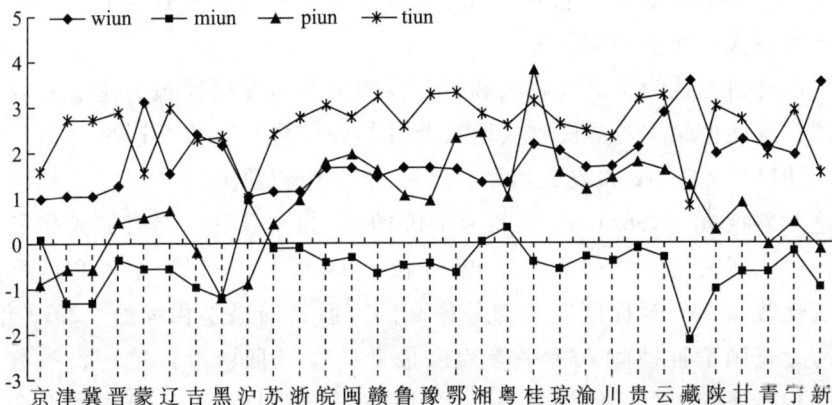

图 1　2012 年我国 31 个省（区、市）分项收入不平等系数分布

第一，工资性收入不平等系数较大，主要在 1.5 到 3.5 的区间内波动。工资性收入不平等系数最小的是北京（0.983），其次是上海（1.034）；最高的是西藏（3.574），其次是新疆（3.520）。

第二，转移性收入不平等系数最大，大体在 1.5 到 3.5 的区间波动，虽和工资性收入不平等波动幅度相近但多数省（区、市）的转移性收入不平等系数要大于工资性收入不平等系数。转移性收入不平等系数最小的是西藏（0.808），其次是上海（1.023）；较高的是云南（3.230）和贵州（3.155）。

第三，财产性收入不平等系数相对较小，有正有负，主要在 - 1 到 3 的区间内波动，波动较为剧烈。财产性收入不平等系数最小的是黑龙江（- 1.200），其次是上海（- 0.904）；最高的是广西（3.803），其次是湖南（2.413）。

第四，经营性收入不平等系数最小，几乎所有省（区、市）的经营性收入不平等系数均小于 0 但已接近 0 或超过 0，大多处于 - 1.5 到 0 的区间，起伏较为平稳。经营性收入不平等程度最高的是上海（0.954），其次是广东（0.341），二者大于 0，最低的是西藏（接近 - 2.145），其次是天津、河北（- 1.315）。

从图 1 可以看出，总体上我国 31 个省（区、市）城乡分项收入不平等具有较强的稳定性，并且和前文的典型特征基本一致。比较而言，差异性较大的个别省（区、市）主要是上海和西藏，这可能和经济发展水平有关，因为上海和西藏是我国经济最发达和最落后的典型省（区、市）①。更为重要的是，特殊省（区、市）的这种差异性还与收入分配状况和城乡人口比重密切相关。

已有研究认为工资性收入和经营性收入是城乡居民最为重要的收入来源，其比例结构对居民收入增长及其结构优化具有重要影响（范从来等，2011）。如表 2 和表 3 所示，2012 年上海和西藏城乡居民工资性收入绝对差很大（19631.59 元和 16470.19），相差悬殊，同时城镇居民工资性收入所占比重又很高（0.695% 和 0.874%）。所以，上海和西藏的工资性收入不平等程度应该都是很高的，但其结果是相反的。2012 年，上海是全国工资性收入不平等程度最低的省（区、市）之一，系数为1.0230（还是上海历年最大的）；而西藏工资性收入不平等程度在全国是最高的，系数是 3.5280（还是西藏历年最小的）。

---

① 罗长远和张军（2009）在一项研究中指出上海和西藏的劳动收入占比在全国各省（区、市）中分别是最低和最高的，这从另一个层面印证了上海和西藏在收入结构上的特殊性。这与本文的研究结论具有某种一致性和内在联系。

表 2　2012 年上海和西藏城镇居民和农村居民相应分项收入之差

单位：元/人

	工资性收入之差	经资性收入之差	财产性收入之差	转移性收入差
上海	19631. 59	1364. 54	- 806. 01	6760. 7
西藏	16470. 19	- 3107. 78	290. 15	852. 23

表 3　2012 年上海和西藏城乡居民分项收入占总收入比重

单位：%

	城镇居民分项收入占总收入比重				农村居民分项收入占总收入比重			
	工资性收入占比	经营性收入占比	财产性收入占比	转移性收入占比	工资性收入占比	经营性收入占比	财产性收入占比	转移性收入占比
上海	0. 695	0. 051	0. 013	0. 241	0. 644	0. 051	0. 078	0. 227
西藏	0. 874	0. 028	0. 021	0. 077	0. 210	0. 643	0. 022	0. 124

根据公式（1），出现这种较大反差结果最为重要的原因是城乡居民收入分配结构失衡。上海经济发达，城镇居民工资性收入占总收入比重是70%，而农村居民工资性收入占总收入比重高达64%，二者较为接近。西藏经济落后，农村居民工资性收入占总收入比重仅为21%，不仅远远落后于自身城镇居民工资性收入占总收入的比重87%，也远远落后于上海农村居民工资性收入占总收入64%的比重。此外，另一个因素是城乡人口比重失调。上海城镇人口比重基本维持在99%，农村人口很少，在全国属于城市化率最高省（区、市）；而同期西藏城镇人口比重从38%逐年下降到22%，农村人口比重相对很高，城市化比较落后。所以，即使在城乡居民工资性收入绝对差很大和城镇居民工资性收入占比很高的情况下，农村居民工资性收入的占比相对较低以及城乡人口比重失调，最终导致了工资性收入不平等的巨大差距。

2012 年，上海经营性收入不平等程度在全国最高，系数为 0. 954；而西藏经营性收入不平等程度在全国最低，系数为 - 2. 145。与上述分析相近，这种反差主要是城乡居民收入结构失衡所致。此外，上海和西藏在财产性收入不平等和转移性收入不平等上不具有明显的差异性。一是财产性收入不平等程度都相对较低，在全国处于中等的水平：上海是 - 0. 904，西藏是 1. 256。二是转移性收入不平等都很小，在各省（区、市）中属于最低水平：西藏转移性收入不平等系数最小，是 0. 808，上海次之，是

1.023。这种稳定性同样可用表 2 和表 3 的数据从城乡居民收入结构的视角给予合理的解释，于此不再赘述。从整体上看，我国各省（区、市）在收入分配中所形成的城乡分项收入不平等的差异性较小，更为突出的是形成了较为显著的相似性和稳定性。

综上所述，从全国各地区看，工资性收入不平等系数较大且呈现较小幅度的递减趋势，转移性收入不平等系数最大并具有起伏波动的特征且在整体上有微弱的递减趋势，财产性收入不平等程度本身还比较小但具有微弱的加剧态势，经营性收入不平等系数具有最为明显的递增趋势并实现了从负数到正数的根本性转变。从特殊省（区、市）上海和西藏扩展至全国的分析表明，这一特征具有相似性和稳定性。这些特征可以应用到推进我国收入分配领域的公平发展问题上。

四　以公平为中心的收入结构优化

为了促进发展中国家的公平发展，世行报告中特别呼吁采取政策纠正长期存在的机会不平等现象，通过创造公平的经济和政治竞争环境达到此目的。许多此类政策[①]会提高经济效率，纠正市场失灵，推动公平发展。世行的呼吁及其政策思维对我国纠正收入分配领域的某些失衡，在实施国民收入倍增计划背景下促进收入结构优化，努力降低城乡分项收入不平等以实现公平发展等都具有重要的借鉴和指导意义。

随着经济发展，我国收入分配领域出现了显著的结构特征如城乡居民分项收入结构，实施国民收入倍增计划需要优化收入分配结构，促进公平发展。从我国城乡之间、地区之间的收入分配实际看，已经出现了较为严重的收入不平等现象，要促进城乡、地区的公平发展，需要关注工资性、经营性、财产性和转移性收入不平等的性质及其发展趋势，在国民收入倍增中优化收入结构、抑制分项收入不平等，从而进一步促进公平发展的实现。

---

① 此类政策包括：通过扩大享受高质量医疗和教育服务的机会，为弱势群体提供安全网；扩大享受司法、土地以及道路、水电、环境卫生、通信等经济基础设施的机会；促进提高金融、劳动力和产品市场的公平性，从而使贫困人口比较容易得到信贷和就业机会，并在任何市场上不会受到歧视。

（一）坚持富民优先，推进国民收入倍增计划

（1）政治稳定是实现国民收入倍增的前提条件。纵观战后的日本历史，国民收入倍增计划的完成、经济的崛起都实现于自民党一党独大而政治相对稳定的时期。相反，日本在 20 世纪最后 10 年和 2006～2011 年这两个政治动荡阶段[①]的年均经济增长率分别是 1.2% 和 0.4%。可见，政治稳定是收入倍增的基本前提。当前，我国深入推进的反腐倡廉和十八届三中全会提出的"推进国家治理体系和治理能力现代化"等有利于政治稳定的措施，都有助于国民收入倍增计划的实现。

（2）和平发展是实现国民收入倍增的基本保障。从战后日本看，美国强加于日本的"和平宪法"[②]是日本走上和平发展道路的根本保证。事实上，日本提出国民收入倍增计划以来的 50 多年，日本人民过上了和平富裕的生活，人民的生活状态与过去军国主义时代完全不同。十八大报告明确指出，"历史昭示我们，弱肉强食不是人类共存之道，穷兵黩武无法带来美好世界"，"和平发展是中国特色社会主义的必然选择"。所以，和谐友好的国际经济政治环境对我国实现国民收入倍增是极其重要的。当前我国倡导建设中印缅孟经济走廊、与中亚国家共建"丝绸之路经济带"、与东盟携手共建命运共同体等经济外交策略意义重大。

（3）持续快速稳定的经济增长是实现国民收入倍增的基础，也是提升收入分配公平性的基础。从日本经验看，建立在长期经济增长基础上的劳动生产率提升，是规避工资快速提升导致恶性通胀或打击企业盈利能力的重要前提。当前，我国经济处于"新常态"背景下，实现 7.5% 的经济增长率面临着挑战。网易财经认为，中国经济在 2009年至 2010 年出现的高速增长，得益于为促进国内生产总值（GDP）增长而进行的房地产和基础设施项目投资融资。现如今中国企业似乎不愿扩大借款规模，其借贷意愿达 10 年以来最低值。在此严峻形势下，

---

①　日本在 20 世纪最后 10 年有 7 人 9 次担任首相，2006～2011 年出现"7 年 7 相"的现象，这两个阶段都被称为"日本失去的十年"。

②　即 1947 年 5 月 3 日起生效的《日本国宪法》。其中，第九条规定："日本国民衷心谋求基于正义与秩序的国际和平，永远放弃以国权发动的战争、武力威胁或武力行使作为解决国际争端的手段。为达到前项目的，不保持陆海空军及其他战争力量，不承认国家的交战权。"《日本国宪法》因这一条款而被称为"和平宪法"，有日本学者指出："'和平宪法'是日本总结战争教训之后向世界做出的'公约'。"

我国可借鉴日本的经验，通过引导、扶持、促使中小企业转型升级、提高劳动生产率来顺理成章地缩小行业间、企业间的收入差距，正如十八大报告中指出的，"努力实现居民收入增长和经济发展同步、劳动报酬增长和劳动生产率提高同步"。与此同时，我们还要发挥自己的优势，如发展潜力巨大的城镇化和产业转型升级下劳动生产率的进一步提高。我国最终应依靠科技进步和创新驱动实现经济的稳定增长，为收入倍增奠定坚实基础。

（4）藏富于民、富民优先是实现国民收入倍增的客观要求。从 20世纪 50 年代初开始，日本政府就鼓励企业利用加速折旧的方式减少纳税，把折旧费转化为企业积累的主要源泉。据统计，战后日本制造业历年的折旧额，平均占其投资额的 50% 以上，有时甚至超过 60%。直到20 世纪 70 年代，税收占国民收入的比例，日本也是主要资本主义国家中最低的。十八大不仅提出了国民收入倍增计划，而且提出了"要提高居民收入在国民收入分配中的比重""提高大中型企业核心竞争力，支持小微企业特别是科技型小微企业发展""增强企业国际化经营能力，培育一批世界水平的跨国公司"等，如果削减企业收入不可行，那么唯一的出路就是减税。从相关统计数据[①]看，我国在政府部门收缩财政和削减开支的条件下，政府减税确实还有较大的空间，这为藏富于民、富民优先提供了条件。

（二）抑制收入不平等，提高收入分配公平性

在经济运行中，不同分项收入具有各自的经济属性和运行方式，在增加居民收入中发挥着非常重要但又各不相同的作用。要充分发挥和有效运用不同分项收入合理的增减变动对增加城乡居民收入的效果，在抑制城乡收入不平等的同时促进公平发展。

一个普遍性认识是增加工资性收入能有效提高收入水平，这与弱化工资性收入不平等似乎矛盾。其实不然，关键是要区分提高工资性收入的社会群体。就抑制工资性收入不平等和提高收入水平来说，我

---

① 中国社会科学院发布的《中国财政政策报告 2009/2010》显示，2009 年中国全口径政府收入达 10.8 万亿元，占 GDP 的 32.2%，如果把国有企业的盈利也加进来，政府收入将占到GDP 的一半左右。有学者研究认为，政府全部收入占 GDP 的比重不宜超过 30%，发展中国家一般在 18%~25% 较为合适。

国应该努力提高乡镇企业职工和广大农民工的工资水平和工资收入。同样，转移性收入不平等也较为严重，应密切关注转移性收入在我国初次分配和再分配之间的协同，特别是再分配过程中在转移支付比重上如何过渡到向农村倾斜，向低收入群体倾斜，从而实现真正意义上的城乡统筹。由于财产性收入的波动性会引起收入波动并加剧城乡居民的收入不平等，而且作为财产性收入重要来源的股市和房产市场最终仍需要坚实的实体经济来支撑，所以我国居民收入增长不能过分依赖于增加财产性收入。

特别重要的是，要采取措施以有效增加经营性收入并提升经营性收入比重。经营性收入不平等系数表明，近两年个别省份的经营性不平等系数已经从负数转变成正数，从缩小城乡收入不平等转变成扩大收入不平等，这是经营性收入性质的根本改变。因此，要切实发展实体经济以增加居民的经营性收入，这不仅是提高我国居民收入水平最为有效的方法也是抑制城乡不平等最根本的办法。目前，经营性收入占总收入比重较低的事实表明我国存在着农村居民经营收入下降和城镇居民主动就业缺失的情况，这需要政府采取税费调整等措施来改善人们的经营环境以增加经营收入。经营性收入的增长不会直接构成经济增长的成本，它是与经济增长相互促进的；在增加就业、提高收入的同时达到主动性富民的效果。所以，要特别重视经营性收入的增长尤其是广大农村居民经营性收入的增长。

（三）有力促进中西部地区经济增长，在缩小收入差距中促进公平发展

坚持"共同发展、共同分享、共同富裕"应是公平发展的重要内容，缩小收入差距并实现共同富裕是公平发展在收入分配领域的生动体现。共同发展要求发达地区和欠发达地区要相互支持和相互带动，发达地区应当促进和带动周围的欠发达地区发展。共同分享指的是要让全体人民共同分享经济增长的成果，使收入分配更加公平。共同富裕原则是社会主义的一个基本原则。从上海和西藏两个最为典型的发达地区和欠发达地区的实际来看，我国经济发展和收入分配具有显著的不平衡性特点，缩小差距并降低这种不平衡是一个需要较长时间并做出巨大努力才能实现的目标。

当前，最为重要的是通过政策安排促进中西部落后地区的经济增长。

一是调整中央的投资结构，增加对中西部地区的建设投资，优先安排中西部资源开发和基础设施项目。二要适度促进中西部经济的区域集中，形成中西部若干增长极和发展带及城镇网络体系，支撑中西部经济的发展。三要实施东西联姻、对口支援、互惠互利、共同繁荣。四要建立科学、规范的转移支付制度，确保财政转移支付能促进中西部地区的经济和社会事业的发展。五要加快中西部地区改革开放的步伐，引导外资更多地投向中西部地区，大胆探索新的经济发展之路。只有欠发达地区的经济大发展，才能为收入分配的公平性提供物质基础。如果欠发达地区实现了比发达地区更快的经济发展，那么也就为缩小地区差距和公平发展提供了可能。

（四）正确处理公平和效率的关系，现阶段在收入分配领域需要偏向公平

公平与效率的关系问题贯穿于经济发展的始终，亦是收入分配需要坚持的重要原则。改革开放实践表明，在不同时期政府与市场在公平与效率关系的着力点上会有所不同。要使改革红利更好地惠及全体人民，当然需要市场作用的发挥，但可能更需要依赖政府发挥作用。就业、教育、社会保障、收入分配等确保全体人民共享改革红利的举措，如果没有政府的设计、推动和评价，是不可能发挥出应有功效的。在某种意义上，政府是公平的最强大推动者和维护者。当前，我国加快推进的国家治理体系和治理能力现代化当然包含着丰富的内涵，在收入分配领域正确处理公平与效率的关系应是其中最为重要的内容之一。这需要彻底改变过去唯增长论、唯 GDP 论的观念，更加重视收入优先增长，在收入分配中偏向公平。所以，十八届三中全会提出了"纠正单纯以经济增长速度评定政绩的偏向……更加重视劳动就业、居民收入、社会保障、人民健康状况"。通过在经济增长和收入增长中偏向收入优先增长、在收入分配领域的公平与效率中偏向公平，是使改革红利和发展成果更多、更公平惠及全体人民的重要举措。

总之，将世界银行的公平发展观应用于我国的收入分配实践，需要在实施收入倍增计划的过程中重视收入分配结构、抑制城乡收入不平等、以公平为中心实现收入结构的优化，实现收入分配与公平发展的良性互动。

参考文献

阿特金森、布吉尼翁，2009，《收入分配经济学手册》，经济科学出版社。

博登海默，1987，《法理学－法哲学及其方法》，邓正来等译，华夏出版社。转引自胡联
　　合、胡鞍钢，2013，《中国梦：中国每一个人的公平发展梦》，《探索》第 3 期。

白重恩、钱震杰，2009，《国民收入的要素分配：统计数据背后的故事》，《经济研究》
　　第 3 期。

陈钊、万广华、陆铭，2010，《行业间不平等：日益重要的城镇收入差距成因——基于
　　回归方程的分解》，《中国社会科学》第 3 期。

范从来、董书辉，2009，《金融危机、收入结构与经济波动》，《经济学家》第 12 期。

范从来、张中锦，2011，《分项收入不平等效应与收入结构的优化》，《金融研究》第
　　1 期。

胡鞍钢，2006，《追求公平的长期繁荣——〈世界银行 2006 年发展报告〉（中文版）序
　　言》，《国际经济评论》第 3 期。

梁东黎，2011，《资金流量表的二重结构与我国初次分配格局的产业结构分析》，《南开
　　经济研究》第 1 期。

李稻葵、刘霖林、王红领，2009，《GDP 中劳动份额演变的 U 型规律》，《经济研究》第
　　1 期。

李迅雷、吕春杰，2010，《收入结构变化逻辑下的价格走势》，《资本市场》第 10 期。

罗长远、张军，2009，《经济发展中的劳动收入占比：基于中国产业数据的实证研究》，
　　《中国社会科学》第 4 期。

汪同三、蔡跃洲，2006，《改革开放以来收入分配对资本积累及投资结构的影响》，《中
　　国社会科学》第 1 期。

万广华，2009，《不平等的度量与分解》，《经济学季刊》第 1 期。

张准、罗峰，2013，《论十八大国民收入倍增计划的难度与实现路径——以日本的国民
　　收入倍增计划为鉴》，《北华大学学报》（社会科学版）第 3 期。

周明海、姚先国、肖文，2012，《功能性与规模性收入分配：研究进展和未来方向》，
　　《世界经济文汇》第 3 期。

周云波、覃晏，2008，《中国居民收入分配差距实证分析》，南开大学出版社。

Atkinson, A., 1998, "The Distribution of Income in Industrialized Countries," *In Income Inequali-ty Issues and Policy Options Symposium Proceedings*, Federal Reserve Bank of Kansas City.

Deininger, K. and Squire, L., 1998, "New Ways of Looking at Old Issues: Inequality and Growth." *Journal of Development Economics* 57: 259 – 287.

E. Daudey and C. Garcia-Penalosa, 2007, "The Personal and the Factor Distributions of Income in a Cross-Section of Countries." *Journal of Development Studies* 43 (5): 812 – 829.

Rauniyar and Kanbur, 2010, Inclusive Development: Two Papers on Conceptualization, Application, and the ADB Perspective. Independent Evaluation Department, ADB.

Wan, G., M. Lu, and Z. Chen, 2006, "The Inequality-Growth Nexus in the Short Run and Long Run: Empirical Evidence from China." *Journal of Comparative Economics* 34 (4): 654 – 667.

人类与动物平等关系初探

——以辛格之动物解放伦理学为例

李凯恩

（台湾"中央大学"文学院副院长）

人类已经在地球上存活了数百万年，并且不断的"进步"。特别自近代以来，由于科技的突飞猛进、一日千里，人类信心大增，"人定胜天"成为很多人（包括科学家与哲学家）的基本信念。一方面，由于科技的跃进，我们得以有能力对（我们所赖以维生的）自然环境产生巨大的影响；另一方面，盲目地追求所谓的"进步"，致使我们滥用科技，对自然环境造成极大的破坏，比如臭氧层破洞以及物种的快速灭绝等。然而，大自然对人类的大肆破坏将会予以反扑，甚至终将造成人类的灭绝。事实上，人类和人类所处的自然环境之间的和谐关系，实与人类之发展有着重大的关联；换言之，如果人类和自然环境之间失去了平衡，则人类将无法真正的发展，甚至会遭遇灭绝。因而，人类的进步必须建立在人类和自然环境的和谐关系下才有可能持续。动物是人类最亲近的朋友，也是自然环境中极为重要的一环，故本文选定动物为探究的主题，透过当代最具代表性的动物解放运动理论建构者彼得·辛格（Peter Singer）之相关理论，探讨人类与动物的不平等关系以及我们对动物的不当对待，并阐明此一不平等关系与不当对待背后的思想源头与理论根据，再辅以对 Singer 之相关理论的批判反省，以期建构出人类与动物应有之平等关系及人类应有的动物对待之道。① 期望以此作为维系人类和自然环境和谐关系的起点，以确保人类的永续发展。

一

在正式讨论前，让我们先来看看以下两段文字。Singer 在他的著作中曾对畜养动物有如下的描述：

> 为了提供一般人皆可支应的廉价肉食，我们的社会容许以下的肉食生产方式：将动物的一生都限制在拥挤不堪的情况下。动物被视如"将饲料转换成肉"的机器，故任何能引致较高"转换比例"的构想，都极有可能会被采用……因此，四到五只母鸡便被硬生生地置入拥挤的笼子内——其地板……大约只有一张《纽约时报》的大小。笼子的地板是由金属网所构成，因为这样可以减少清洁费用……地板是倾斜的，因为这样较容易收集鸡蛋……在这种情况下，母鸡的所有自然本能都被阻绝：无法完全展翅、无法自由行走……由于不能满足以上所述之自然本能，母鸡常常会……互啄对方至死，为了防止鸡只互啄对方，鸡农常常将小鸡的嘴喙予以切除。（Peter Singer，2001）。

另一段文字如下：

> 在绵羊皱折的皮肤内，经常可以见到毛蝇（wool strike fly）的蛆在里面爬动，尤其是当臀部的羊毛被尿或因腹泻沾湿。为了解决问题，农民在不麻醉的条件下，对每一只羊进行"切臀皮"

---

① 事实上，与 Peter Singer 齐名的 Tom Regan 亦提出动物权理论，以捍卫动物的基本"权利"，对于动物保护议题贡献良多，若能一并讨论，将更为圆满。不过，碍于篇幅，我们只选定 Singer 之相关理论以作为批判反省的对象。Regan 的动物保护理论立场比 Singer 更为极端，本文于相关议题基本上采取某种的弱义人类中心主义（weak anthropocentrism）（如下文所将展示的），若能以此立场驳斥 Singer 之动物解放伦理学，当更可驳斥 Regan 的动物权理论。

（mulesing）。这是将羊肛门下侧的皮肤切除，留下一个血淋淋的伤口，在自然痊愈后伤口没有羊毛，故可以避免蝇蛆的问题。然而，这一切都是因为人为的育种，使绵羊皮肤增加皱褶所致。绵羊身上厚重的羊毛占羊体重的一半，变成大量生产羊毛的怪物，在夏季常造成绵羊热衰竭死亡，在剪羊毛后又有很多被冻死。在澳洲，每年约有一千万只的小羊在出生后数天内死亡，极不人道。（费昌勇、杨书玮，2011）

当我们看了这两段文字之后，我们的最直接反应通常是："人类的良知似乎生病了！""人类为何会如此残忍地对待动物？"的确，"如何提出理据以驳斥残忍对待动物"乃是不同阵营之动物保护理论建构者（包括 Singer 与 Regan）之共同课题（Nuyen A. T.，1981）。①

以上两段文字所描述的内容以及 Singer 于《动物解放》（*Animal Liberation*）一书中所描述的"人类如何残忍地对待畜养的及实验的动物"，都是我们的日常举措（practices），它们就发生在我们的现实生活之中。然而这些举措绝不会无故发生，其乃源于我们对待动物的态度。依 Singer 的说法，这些对待动物的态度主要根源于两大传统：一是犹太教；二是古希腊文化。而这两个根源在基督教里合而为一（Peter Singer，2002）。② 专就"对待动物之态度"而言，东方文化（包括儒、释、道三家的思想）或许较西方传统文明。

沉浸在上述传统下，西方主流哲学家对动物似乎也不大友善。兹举 René Decartes 与 Immanuel Kant 为例加以说明。

Decartes 主张，动物并不具有任何的意识（consciousness）。他阐明此点如下：动物只是一部机器，故而无法察觉任何的声音、气味、冷热，也无法经验任何的疼痛、快意、饥饿、口渴。虽然动物在刀割时会哀叫、在躲避烙铁时会激烈扭动，但这并不表示，动物在这些境况下已经验到疼痛。动物其实就像一部时钟，虽然可以比我们更精准地报时，但没有

---

① A. T. Nuyen 主张："Most…participants in the debate ［about human beings' treatment of animals］ will agree ［that］…It is wrong to treat animals cruelly…" Nuyen A. T.，"An Anthropocentric Ethics Towards Animals and Nature," *Journal of Value Inquiry* 15 (1981)，p. 215。

② 欲进一步探讨动物对待的历史发展者，参见 Passmore John，"The Treatment of Animals," *Journal of the History of Ideas* 36 (1975)，195 – 218。

任何的意识 (Peter Singer, 2002: 200)。

Leonora Rosenfield 生动地阐明以上观点如下：

> 那些奉行笛卡儿主义的科学家们毫不在意地殴打小狗，并且嘲笑对这些小狗心存怜悯的人……他们说道，这些动物其实只是时钟；它们被殴打时所发出的哀嚎声，其实只是一条小弹簧在被触动后所发出的声响；事实上，它们全身皆无任何感觉。他们把动物的四足钉在板子上，然后［在没有麻醉的情况下］对它们施以活体解剖，以观察其血液流动，并展开兴高采烈的讨论。(Leonora Rosenfield, 1940: 54)

若依 Decartes 之上述说法，甚至连我们一般所理解的"虐待动物"亦非道德上的不当行为。有别于 Decartes，Kant 反对"残忍地对待动物"，不过，他的理由竟然是，对待动物残忍者将会慢慢地形成一种习惯，以致他们也会倾向于残忍地对待人类；故而，折磨动物的人较易于折磨别人。Kant 在此并非直接关心"动物所受到的残忍对待"，他所真正在乎的是"养成不利于人类的习惯"(Peter Singer, 2001)。因此，就 Kant 而言，即使我们将某一只动物折磨至死，我们也没有对这一只动物做出任何不道德的行为。的确，Kant 曾明白指出：

> 我们对动物没有直接的义务。动物没有自我意识，其存在只是为了达到某一目的的手段。这个目的便是人。(Immanuel Kant, 1963: 239–240)

Decartes 之上述说法显然无法被当代动物保护理论建构者（或动物伦理学者）所接受；然 Kant 的上述说法亦不被当代动物保护理论建构者所接受。Kant 的主要理论缺失在于：在面对"残忍对待动物"议题时，只考虑（与这些动物相关之）人类的伤害（或利益），却完全没有考虑动物本身之伤害（或利益）(Tom Regan, 2001: 41–42)。在此，我们很自然会问道："我们对动物具有直接义务的理由何在？""我们不可残忍对待动物的真正理由（有别于 Kant 的理由）何在？"(李凯恩, 2012: 210~212)

以下介绍 Singer 之动物解放伦理学，看看 Singer 如何回答这些问题。

二

近几年，仅仅在美国就有多个被压迫团体接二连三地采取强力抗争来争取"平等"，其中最典型与显著者为"黑人解放运动"与"女性解放运动"。经由这几番的社会变革之后，当代人类似乎已经学习及体会到，人与人之间之平等的重要性；换言之，我们的道德关怀范围已经涵盖了所有的人类，的确，我们已经不再容许对其他人类有较少程度的关怀了。在此一氛围下，Singer 进一步主张：动物亦应被纳入道德考虑的范围，亦应享有与人类相同的平等权利（Peter Singer, 2001：26 – 27）。为了达到此一主张，Singer 采取了功利主义（utilitarianism）的进路。

一般而言，一个新的解放运动需要扩大或重新诠释"基本平等原则"（the basic principle of equality），因此，Singer 认为：我们应该把适用于人类物种之所有成员的基本平等原则，也应用在动物身上（Peter Singer, 2001：27）。在考虑"基本平等原则"时，Singer 采取了 Jeremy Bentham 颇负盛名的说法："每个（人）都被算作一个，没有（人）可被算作多于一个（Each to count for one and none for more than one）"（Peter Singer, 2002：5）。Singer 将此一说法的应用范围进一步扩展到动物，并提出"利益平等原则"（the equality of interests principle）①，此一原则可简要表述如下。

（1）动物具有利益（interest），其利益必须被考虑。

（2）当不同个体的利益对这些个体而言皆具有同样重要性时，这些利益皆具有相同的重要性或价值，而不管这些个体是谁：王子或乞丐，天才或白痴，白人或黑人，男人或女人，人类或动物。

（3）"动物的利益对其自身而言"经常与"人类的类似利益对其自身而言"一样重要。

---

① 这个词借自 Tom Regan。参见 Tom Regan, "Animal Rights, Human Wrongs," in Michael E. Zimmerman, J. Baird Callicott, George Sessions, Karen J. Warren, and John Clark (eds.), *Environmental Philosophy: From Animal Rights to Radical Ecology*, 3rd ed., New Jersey: Prentice-Hall, 2001, p. 45。

（4）因此，"动物的利益"必须与"人类的类似利益"一样，给予相同的考虑。（Tom Regan，2001：45）

依照利益平等原则的说法，我们必须给予每一个人类之利益或每一个动物之利益相同的考虑。问题是，具有利益者不仅止于动物（植物也具有利益），为什么我们必须给予每一个动物之利益相同的考虑？究竟赋予某生物"平等考虑其利益"之权利的根由何在？对这个问题，Singer 的回答是："感受痛苦的能力（the capacity for suffering）"。较具体而言，Singer 是以"感受痛苦的能力"作为判定"某一生物具有利益，故而需给予它们平等考虑"的充分必要条件（necessary and sufficient condition）。显然地，动物与人类皆具有感受痛苦的能力（因而具有利益），故此，我们必须给予"动物的利益"相同的考虑（而不可残忍地对待它们）；换言之，在道德上我们没有任何理由认定：动物所感受到的疼痛之重要性，不及人类所感受到的等量疼痛（Peter Singer，2001：26 – 39）。关于此点，Singer 于其名著 *Animal Liberation* 中有以下的阐明：

　　如果我在一匹马的屁股上重拍一巴掌，它应当会吃一惊，但大概不会感到疼痛……可是，如果我用同样的方式打一个婴儿，他将会嚎啕大哭，并感到疼痛……因此，同样是一巴掌，打婴儿要比打马严重得多。但是，一定有某种击打方式……其对马所造成的疼痛，就跟用巴掌打婴儿所造成的疼痛一样严重。我所谓的"等量的疼痛"（the same amount of pain）就是这个意思。只要我们认为，在没有好理由的情况下给婴儿造成该程度的痛苦是错的，那么，我们就必须承认……在没有好理由的情况下给一匹马造成该程度的痛苦也是错的。（Peter Singer，2002：15）

总之，Singer 主张：痛就是痛，不管该痛是婴儿的痛还是马的痛。

在此，我们需要为 Singer 之上述说法做一澄清。无疑地，人类与动物之间确实存在着极大的差异。首先，人类与动物不论在外形还是生理条件上，都极为不同，例如，蛇没有脚却能前行，而人则靠双腿而行；鸟儿空中飞，鱼儿水中游，而人则大半时间在陆上生活。此外，一般学者相信，人类具有理性、审美能力、道德实践能力，而动物没有。

　　事实上，Singer 并不反对人类与动物之间存在着事实上的差异（正如男性与女性之间亦存在着事实上的差异一样）；他指出，正是由于认识到这些事实上的差异，我们才往往赋予两者相异的"权利"（或给予不同的对待）。

> 　　许多女性主义者（鼓吹男女平等），主张女人有权自行决定要不要堕胎……（然而）由于男人不可能堕胎，因而谈论他们的堕胎权是无意义的。同理，由于狗不可能投票，因而谈论它们的投票权也是无意义的。（Peter Singer, 2002: 2）

　　在此，虽然有这些事实上的差异（或权利上的不相等），但男与女（或人类与动物）可以是平等的。因为，把平等的基本原则从人类扩展到动物，并不蕴含我们需要用完全相同的方式来对待它们（或是赋予两者完全相同的"权利"）。平等的基本原则所要求的，并非相同的对待，而是平等的考虑（equal consideration）。何谓"平等的考虑"？Singer 以人类为例，阐明如下。

> 　　不管喜不喜欢，我们都必须面对以下的事实：人类的外形跟大小都不相同；此外，人类的道德能力、知性能力……经验快乐与痛苦的能力也都不同。……［然而］，平等是一种道德观念，而不是关乎事实的论断。没有任何逻辑上不得不然的理由要求我们接受：两人之间的能力差异便足以证成，我们对他们的需要与利益之考虑得以有程度上的差异。人类平等原则（The principle of the equality of human beings），并不是对人与人之间的事实性平等的描述，而是我们应该如何待人的一项规范。（Peter Singer, 2002: 4 – 5）

　　总之，Singer 于此强调："平等考虑"（equal consideration）有别于"平等对待"（equal treatment），他谈的平等原则所要求的是前者而非后者（李凯恩，2011: 10 ~ 28）。

　　下一节我们将批判与反思 Singer 之动物解放伦理学。

三

如前所述，Singer 采取了效益主义的理论思路去建构其动物解放伦理学，故而 Singer 的理论需要对行为结果给予某种经验上的描述，但预测这些结果往往非常困难。最简单的例子是，Singer 与 R. G. Frey 虽同为效益主义者，但两者对废除工厂化农场（abolishing factory farming）之结果有南辕北辙的看法（Gary L. Francione，1997）。而且，Singer 之理论需要对不同物种间所承受的痛苦做一比较，换言之，为了主张"我们必须给予人类与动物之等量利益（或痛苦）相同的考虑"，Singer 之理论至少得提供衡量物种间（inter-species）"等量疼痛"（the same amount of pain）之法则。但这似乎更为困难（或甚至不可能）。

即便我们能得出衡量物种间的"等量疼痛"之法则，而得以计算出"施以马多大力道的击打将引起和重拍婴儿一巴掌等量的痛"，然而，在此仍存有一个问题：当冲突情况发生时，孰之免除痛苦的利益优先？马或婴儿？我们的道德直觉告诉我们，婴儿之免除痛苦的利益优先，但 Singer 宣称："痛就是痛"（pain is pain）（Peter Singer，2002：20），不管是马儿的痛、婴儿的痛还是正常成年人的痛。Gary L. Francione 不同意 Singer 的这个看法，他认为，除了感知痛苦的能力（the capacity of feel pain）外，也可能存在着超越此一能力的其他能力（如理性能力或道德实践能力等），这些能力实关乎着"谁的等量利益在冲突时，必须被优先保护"（Gary L. Franc-ione，1997：90 - 91）。诚如 Peter S. Wenz（2007：132）所言，效益主义者确实提醒我们，快乐与痛苦（pleasure and pain）是道德考虑的重要因素，但它们不是道德考虑的唯一的因素。

Singer 主张以"感受痛苦的能力"作为判定"某一生物具有利益，故而需给予它们平等考虑"的充分必要条件。这个主张实为 Singer 动物解放伦理学之核心与起点。对于此一主张，Singer 阐扬如下：

> 只要某生物受苦，我们便没有任何道德上的理由拒绝考虑其痛苦。不管此生物具有什么性质，［利益］平等原则要求我们把它的痛苦……做平等的看待。假如某生物无法感受痛苦……那就没有什么可以考虑的了。（Peter Singer，2002：8）

　　面对此一主张，我们不禁质疑：有什么理由得以支持我们将"感受痛苦的能力"作为"给予某一生物之利益平等考虑"之充分必要条件？为何我们不选择假定"理性"（reason）以作为"给予某一生物之利益平等考虑"的充分必要条件？或者，为何我们不选择"生命"（life）以作为"给予某一生物之利益平等考虑"的充分必要条件？就实质而言，Singer 仅仅提出此一主张，并没有进一步提出任何可接受的理由来支持此一主张，在此，他已犯了丐题（petitio principii）的谬误，这是 Singer 理论构建上的一项缺失。的确，Singer 的上述主张受到某些环境哲学家的反驳，例如 Kenneth E. Goodpaster 便说道：

　　　　虽然我承认……感受痛苦的能力……是道德考虑的充分条件，我却找不出理由相信它是必要条件。（Kenneth E. Goodpaster, 2001：62）

　　Goodpaster 在此所要表达的是，就生物学而言，"感受痛苦的能力"或可增进动物生存的机会，但它似乎只是动物在适应上的某一特征而已。"感受痛苦的能力"只是一项辅助性的工具，其目的是要保全生命，故其本身并非我们的真正考虑对象。就理论而言，进化是有可能产生某种动物，其得以不靠"感受痛苦的能力"而能够保全生命（Kenneth E. Goodpaster, 2001：63）。J. Baird Callicott 则更直接地表明，有许多种类的动物不具有感觉能力（Kenneth E. Goodpaster, 2001：62）。如果如此，则 Singer 将"感受痛苦的能力"视作"给予某一生物之利益平等考虑"的充分必要条件，其做法实有不够圆足之处，因为，这样做会将某些动物排除在道德考虑的范围之外，而有违 Singer 自己的基本主张——"All Animals Are Equal!"

　　当我们把平等道德关怀范围由白人扩展到黑人，由男人（包括白人和黑人）扩展到女人，笔者觉得都没有问题，这也是人类的一大进步。可是，当 Singer 呼吁我们将平等道德关怀范围由人类扩展到动物时，笔者觉得有所不妥，这一步跨得太大了。白人和黑人都是人，男人和女人也都是人；对全人类给予平等的道德关怀没有伦理上的问题，然对所有动物（包括人类和非人类动物）给予平等的道德关怀却有。毕竟，人类和非人类动物之间的差异实在太大了，以至于（如 Cora Diamond 所强调的）"是否为人类物种的成员"在道德考虑上是有所关联的（Cora Diamond, 2004：95）。Elizabeth Anderson 阐明此点如下。

> 有位患有阿尔茨海默症的老人被送到一家养老院安置，然当她的亲戚到养老院探视她时却发现，她竟然光着身体并且像狗一样地趴在角落吃饭，此时，这些亲戚可能会情不自禁地说道："他们就像狗一样地对待她！"……假如我们如同善待阿尔茨海默症患者般地替一只狗装扮并一口一口地喂食它，则这个行为并非高举它，而是在愚弄它。（Elizabeth Anderson, 2004：282）

总之，依 Anderson 之见，即便在失去理性和自我概念的情况下，人类仍保有其特殊的道德地位（Wenz, Peter S., 2007：134）。

为了更进一步讨论，在此，我们先介绍 Diamond 的"同伴生物"（fellow creature）概念。Diamond 认为，"同伴生物"（就如同"朋友"一样）为一社会性概念。唯有被我们界定为"同伴生物"的动物，才得以享有我们的道德关注与对待，单单具有"感受痛苦的能力"并不足够（Diamond Cora, 2004：102 - 103；Wenz, Peter S., 2007：140）。显然地，所谓的"害虫"（vermin）——像是某些种类的老鼠——通常不被归为同伴生物。Anderson 阐明此概念如下。

> 害虫〔虽然和其他哺乳类动物一样聪明且敏感〕，然其行为却与人类利益敌对。害虫……不可能调整其行为以加惠人类之利益。我们不可能与之沟通，更别说妥协。我们和它们是处在一种永久的战争状态……我们必须将它们赶走……以保护我们自己，这是对我们的社会成员（包括人与动物）的一种责任。（Elizabeth Anderson, 2004：288）

总之，道德考虑并非任何动物的内在性质，它相当地依存于动物与我们的关系；换言之，唯有满足"同伴生物"的条件，我们才有道德义务去考虑动物的苦乐（Wenz, Peter S., 2007：141）。

四

依 David DeGrazia 之见，不管是人还是动物，都具有经验上的福祉

（experiential well-being）、自由（freedom）、生命（life）等之利益（David DeGrazia，1993：18）。但避免痛苦之利益（the interest in avoiding suffering）是人与动物所共有之更鲜明且更基本的利益；的确，在不考虑其他因素的情况下，动物可以有与人完全相同的避免痛苦之利益。套用Singer 的话来说，在不考虑其他因素的情况下，痛就是痛。由于"避免痛苦"不但是人与动物所共有之基本利益，而且是考虑动物对待议题的起点，故而，Singer 主张："All Animal Are Equal!"在此，Singer 之最大贡献在于唤醒人类对动物避免痛苦之利益的重视。不过，如前所分析的，除了感知痛苦的能力外，超越此一能力的其他能力（如理性能力或道德实践能力等），在考虑动物对待议题时，也扮演着极具关键性的角色。而且，或许与此点有关，"是否为人类物种的成员"在道德考虑上也是有所关联的；显然地，这是（弱义）人类中心主义的立场。① 然唯有采取（弱义）人类中心主义的立场，我们才得以合理说明对待"害虫"之道。

目前，人类与动物的平等关系显然失衡——我们任意地宰制它们；故此，Singer 的动物解放伦理学对我们是有所启示的——我们应适当地、较公平地考虑动物的利益。但绝非如 Singer 所说的：我们必须给予"动物的利益"与"人类的类似利益"相同的考虑。

参考文献

费昌勇、杨书玮，2011，《动物权与动物对待》，《应用伦理评论》第 51 期。
李凯恩，2011，《Singer 动物解放伦理学批判研究》，《应用伦理评论》第 51 期。
李凯恩，2012，《宠物对人类健康所可能带来的正面影响——兼论宠物饲养的道德争议》，《应用伦理评论》第 52 期。

① 人类中心主义基本上可分成强义与弱义两种。简言之，强义人类中心主义认为，非人类物种及自然环境是否有价值，端赖其是否能满足人类的感受偏好（felt preference）；而弱义人类中心主义则主张，非人类物种及自然环境是否有价值，除了依赖于其是否能满足人类的感受偏好外，更重要的是，其是否能满足人类深思熟虑的偏好（considered preference）。参见 Norton, Bryan G.，"Environmental Ethics and Weak Anthropocentrism," in *Environmental Ethics：An Anthology*, edited by Andrew Light and Holmes Rolston, III, Malden, MA：Blackwell Publishing Press, 2003, p. 164。

Anderson, Elizabeth, 2004, "Animal Rights and the Values of Nonhuman Life," in Cass R. Sunstein and Martha C. Nussbaum (eds.), *Animal Rights: Current Debates*, New York: Oxford University Press.

DeGrazia, David, 1993, "Equal Consideration and Unequal Moral Status," *Southern Journal of Philosophy* 31: 17 – 31.

Diamond, Cora, 2004, "Eating Meat and Eating People," in Cass R. Sunstein and Martha C. Nussbaum (eds.), *Animal Rights: Current Debates.* New York: Oxford University Press.

Francione, Gary L., 1997, "Animal Rights Theory and Utilitarianism: Relative Normative Guidance," *Animal Law* 3: 75 – 102.

Goodpaster, Kenneth E., 2001, "On Being Morally Considerable," in Michael E. Zimmerman, J. Baird Callicott, George Sessions, Karen J. Warren, and John Clark (eds.), *Environmental Philosophy: From Animal Rights to Radical Ecology*, 3 rd ed, New Jersey: Prentice-Hall, 56 – 70.

Kant, Immanuel, 1963, *Lectures on Ethics*, Translated by L. Infield, New York: Harper Torchbooks.

Norton, Bryan G., 2003, "Environmental Ethics and Weak Anthropocentrism," in *Environmental Ethics: An Anthology*, edited by Andrew Light and Holmes Rolston, III Malden, MA: Blackwell Publishing Press, 163 – 174.

Nuyen, A. T, 1981, "An Anthropocentric Ethics Towards Animals and Nature," *Journal of Value Inquiry* 15: 215 – 223.

Passmore, John, 1975, "The Treatment of Animals," *Journal of the History of Ideas* 36: 195 – 218.

Regan, Tom, 2001, "Animal Rights, Human Wrongs," in Michael E. Zimmerman, J. Baird Callicott, George Sessions, Karen J. Warren, and John Clark (eds.), *Environmental Philosophy: From Animal Rights to Radical Ecology.* 3 rd ed. New Jersey: Prentice-Hall, 41 – 55.

Rosenfield, Leonora, 1940, *From Beast-Machine to Man-Machine*, New York: Oxford University Press.

Singer, Peter, 2001, "All Animals Are Equal." in Michael E. Zimmerman, J. Baird Callicott, George Sessions, Karen J. Warren, and John Clark (eds.), *Environmental Philosophy: From Animal Rights to Radical Ecology.* 3 rd ed. New Jersey: Prentice-Hall.

Singer, Peter, 2002, *Animal Liberation.* New York: HarperCollins Publishers.

Wenz, Peter S., 2007, "Against Cruelty to Animals." *Social Theory and Practice.* 33: 127 – 150.

香港代际公平与发展[*]

赵永佳

（香港中文大学社会学系教授）

叶仲茵

（香港中文大学亚太研究所副研究员）

引　言

近年，香港年轻人对社会的不满与对自身前景的悲观情绪均是香港社会所关注的议题（李铿、赵永佳，2014；Ip and Wu，2013）。不少人将之归咎于年轻人感觉缺乏代际公平及向上流动机会，未能分享经济发展成果等原因。事实上，这亦是一个全球的课题，在不少发达地区，随着高等教育的扩张与经济增长的放缓，不少年轻人面对失业或未能找到一份体面工作的困境（Settersten and Ray，2010）。如其他地方一样，香港年轻人所面对的就业与工作难找的困难并非只限于低学历的人群，似乎愈来愈多大学毕业生也在进入劳动市场时遇到不少困难，未能跻身中产职位（吕大乐，2007）。

---

[*] 本文根据论坛当日的发言稿改写而成，其中的主要数据分析及讨论内容，在论坛宣读后，经修改和增删，发表在："香港青年'下流'问题：客观状况与主观感受"（与叶仲茵、梁懿刚合著），《当代港澳研究》，2015（3），67~74。

　　根据 2001 年及 2011 年香港人口普查的 5% 样本数据，本文将分析青年在教育程度、就业职位及工作收入上于这十年间的变化，以探讨代际公平与发展于香港的具体情况和关联。与此同时，就着香港社会对内地新来港定居人士在教育及劳动市场参与的关注，本文亦会分析其青年人群的有关状况，从而比较在这十年间由他们身份所造成的教育及劳动市场参与不平等之变化。

　　以下，我们首先描述香港社会在过去 30 年间人口结构、大学教育机会、职业结构以及职业收入的变化。接着，我们会阐述有关青年教育及就业状况之文献。在报告这次研究结果前，我们会先描述本文所用的统计数据和分析方法。

研究背景

　　在香港，随着生育率的下降，介乎 15 岁至 24 岁的青年数目由 20 世纪 80 年代的超过 100 万减少至 90 年代及以后的 80 万。在 2011 年，香港青年的数目有 86 万，占总人口的 12.6%。与此同时，香港人的年龄中位数则由 1981 年的 26.0 岁一直上升至 2001 年的 36.7 岁，而 2011 年的数字为 41.7 岁（见表 1）。在教育方面，香港人的教育程度愈来愈高。在 1981 年，只有 5.7% 的 15 岁及以上人口有接受专上教育（指中学之后的教育阶段）的机会。这个数字于 2011 年为 27.3%（9.3% 为非学位课程，而 18.0% 为学位课程）（见表 2）。值得指出的是，接受大学学位教育机会的大幅增长大多是由于过去 20 年来本地大学学位课程的高速扩张所致。表 3 显示了于 1965/1966 学年至 2013/2014 学年期间，由香港教育资助委员会（以下简称"教资会"）所资助的第一年学士学位课程的学生人数及其相当于年龄介乎 17 岁至 20 岁年龄组别人数的百分比。在 20 世纪 60 年代中期至 80 年代初，香港只有大约 2.0% 的适龄年轻人就读本地大学；这个数字一直增长，90/1991 学年为 10.2%，90 年代中期为 18.0% 左右，直至 2010 年后上升至超过 20.0%。

表 1　1981 年至 2011 年青年数目及比例

年份	青年数目（人）	青年占总人口的比例（%）	年龄中位数
1981	1146652	22.5	26.0

续表

年份	青年数目（人）	青年占总人口的比例（%）	年龄中位数
1986	1009219	18.4	28.6
1991	832443	14.8	31.6
1996	853482	13.6	34.0
2001	887432	13.6	36.7
2006	880175	13.2	39.6
2011	860002	12.6	41.7

资料来源：政府统计处（2013）。

　　尽管获得专上教育机会的香港人愈来愈多（由 1991 年的 11.3% 增加至 2011 年的 27.3%），但是中产职位的增长并未追上香港人教育程度的上升。在 1991 年，23.2% 的职位包括了经理及行政级人员、专业人员和辅助专业人员的中产职位。但是，自 1996 年后，这些职位的升幅大不如前：由 1996 年的 29.2% 轻微上升至 2001 年的 31.5% 及 2006 年的 33.0%，2011 年的数字为 36.2%。进一步的观察更显示，在这 20 年间，一方面，中产职位的增加大多依赖于下层中产职位（即辅助专业人员）的上升。由于下层中产职位的劳动市场回报不如上层中产职位的，这将对在这段期间大量增加并刚进入劳动市场的大学毕业生造成影响。另一方面，在 1991 年至 2011 年，工艺及有关人员、机台及机器操作员及装配员的比例减半甚至更多；文员和非技术工人的比例则基本维持不变；而服务工作及销售人员的比例由 13.2% 上升至 16.2%（见表 4）。

**表 2　1981 年至 2011 年按教育程度（最高就读程度）划分的
15 岁及以上人口**

单位：%

教育程度	1981	1986	1991	1996	2001	2006	2011
未受教育/学前教育	16.1	14.1	12.8	9.5	8.4	7.1	6.3
小学	34.2	29.2	25.2	22.6	20.5	18.3	16.5
初中	18.1	18.2	19.2	18.9	18.9	19.0	17.9
高中/预科	25.8	31.2	31.7	33.8	35.8	32.6	32.1
非学位课程	2.3	2.9	5.4	4.8	3.7	7.5	9.3
学位课程	3.4	4.3	5.9	10.4	12.7	15.4	18.0

资料来源：政府统计处（历年）。

表3　1965/1966 学年至 2013/2014 学年教资会资助课程的第一年
学士学位课程的学生人数

学年	第一年学士学位课程学生人数（相当于全日制人数）（人）	第一年学士学位课程学生人数占相当于每个相关年龄组别（17 岁至 20 岁）平均人数的百分比（%）
1965/1966	1099	2.2
1970/1971	1479	1.9
1975/1976	2121	2.1
1980/1981	2579	2.2
1985/1986	3779	3.8
1990/1991	8571	10.2
1995/1996	15070	17.8
2000/2001	14433	16.5
2005/2006	14973	18.5
2010/2011	15960	19.4
2013/2014	17089	21.3

资料来源：于大学教育资助委员会网站下载。

事实上，工作人口的每月主要职业工作收入中位数之变化与中产职位比例的变化十分相似。表5显示了以 2011 年市价计算的 1981 年至 2011 年的收入中位数。[①] 由此我们看到自 1996 年起，香港收入中位数的实质升幅非常轻微；由 1996 年的 10501 港元轻微上升至 2001 年的 11170 港元，而 2006 年及 2011 年数字为 11522 港元和 11000 港元。实质上，相比于 2001 年，2011 年的收入中位数更低。

表4　1991 年至 2011 年按职业划分的工作人口

单位：%

职业划分		1991	1996	2001	2006	2011
经理及行政级人员	上层中产	9.2	12.1	10.7	10.8	10.1
专业人员		3.7	5.0	5.5	6.1	6.5
辅助专业人员	下层中产	10.3	12.1	15.3	16.1	19.6

①　本文列出的所有收入中位数皆使用由政府统计处提供的每年综合消费物价指数计算其在 2011 年的市价。

续表

职业划分	1991	1996	2001	2006	2011
文员	15.9	16.8	16.3	16.9	15.6
服务工作及销售人员	13.2	13.8	15.0	16.4	16.2
工艺及有关人员	14.7	12.3	9.9	8.5	7.4
机台及机器操作员及装配员	13.5	8.5	7.3	6.2	5.0
非技术工人	18.5	18.6	19.5	18.8	19.5
渔农业熟练工人及不能分类的职业	1.0	0.8	0.3	0.3	0.1

资料来源：政府统计处（历年）。

表5　1981年至2011年工作人口每月主要职业收入中位数

年份	中位数（港元）*
1981	5522
1986	6588
1991	8590
1996	10501
2001	11170
2006	11522
2011	11000

注：这些数字不包括无酬家庭从业员。＊以2011年市价计算。
资料来源：政府统计处（历年）。

　　总括而言，在过去二三十年间，虽然香港人的教育程度大为提高，更大比例的中学毕业生能升读本地的大学学位课程，但是香港的职业结构未有相对程度的提升，中产职位的增长有放缓之势，而工作收入中位数亦未有相应的上升。

文献回顾

　　跟香港的状况一样，欧美社会自20世纪80年代也经历不少的经济变化，而这些社会转变往往对年轻人或刚刚进入劳动市场的青年带来更大的影响。根据1988年至1997年有关12个欧州国家的统计数据，Gangl（2002）发现，首先，国家的社经结构往往影响个人所面对的失业风险和可以跻身的职业位置。具体地，一方面，经济周期的转变显著地决定了青年的失业风险。另一方面，中产职位的供应与大专教育的扩张则影响青年的职业位置。其次，他指出相对于大专学历的青年，低学历青年更容易受经济周期的影响，并在高失业率的经济环境中承受更大的失业风险。相反，高学历青年的职业位置较受整体职业结构的影响。尽管欧洲各国的大专教育不断扩张，但由于其中产职位的比例亦同时提高，故此在 1988 年至 1997 年期间，拥有大专学历的青年能够晋升中产职位的机会没有变化。最后，他指出低学历青年并未有受惠于整体职业结构的提升而可以进入中产阶层；相反，他们在进入劳动市场时面对更大的困难。Gangl 亦补充，只要中产职位的供应能追上高等教育的扩张，刚进入劳动市场的青年在职业上的获取将维持不变。

在美国，教育程度对年轻人在劳动市场上的报酬有着决定性的作用。透过分析 1973 年及 2007 年的数据，Danziger 和 Ratner（2010）比较了不同教育程度、种族及性别的青年在收入及就业率两方面的变化。他们发现，在这 30 多年间，大学毕业生与高中毕业生之间的薪酬及就业率差距有所扩大。例如，在 1973 年，男性中的大学毕业生比高中毕业生多赚33%，而女性的数字为 52%。34 年后，相应的数字已上升至 79% 和92%。换言之，在美国，大学学历的劳动市场报酬不断增加，而大学毕业生与高中毕业生在收入上的不平等愈来愈大。

以上的欧美研究结果均显示，现今低学历青年所面对的就业困难比上一代的更为严峻。而欧美的不同之处在于，美国大学毕业生仍然在劳动市场上拥有绝对的优势，而学历对个人收入的决定程度有增无减。相反，在欧洲，尽管大专教育继续发挥其促进青年人获得中产职位的作用，但是一些研究则指出，随着欧洲经济逐步迈向低增长的处境，更多拥有大专学历的青年在进入劳动市场时未能找到中产职位，甚至经历失业（Scherer，2004；Steijn et al.，2006）。

在香港，相关的分析亦发现，相对于在 50 年代至 70 年代出生的人，"80 后"（即在 80 年代出生）青年在刚进入劳动市场时，能跻身中产职位的大专及大学毕业生之比例明显较少（Wu，2010）。此外，不同教育程度"80 后"青年的失业状况显示，较大部分的非学位大专毕业生处于失业状态，其比高中及初中或以下学历的青年为多。值得指出的是，在香港，不论学历，现今世代的青年比上一代面对更不稳定的就业处境。换言之，他们所面对的待遇与机会均比上一世代的青年为差，这形成了代际之间的不公平。

要进一步探讨代际公平在香港的意涵与发展，我们将描述不同世代青年在教育、工作收入和职业的状况，从比较其转变以说明香港社会发展与青年状况的关联。透过比较不同世代青年的状况以及相同世代青年之间在以上范畴之差异，我们希望提出一些政策方向以促进青年顺利地进入劳动市场，并能找到一份体面的工作。

资料来源及分析方法

正如前述，本文旨在分析香港青年在教育程度、工作收入及职业上于2001年至2011年的变化，以说明青年状况与社会公平发展于香港的内涵与关联。我们利用2001年和2011年人口普查的5%样本数据，并选取年龄在15岁及以上而并非外籍家庭佣工的工作人口为这次研究的总体样本，并以当中年龄介乎15岁至29岁的青年为主要分析对象。由此，我们不但可以比较年龄介乎15岁至29岁的青年与所有15岁及以上的工作人口在教育程度与工作状况之异同，而且可以了解这十年间的变化。此外，我们亦会探讨内地新来港（即内地出生来港定居未满七年）人士的有关状况。① 我们所关注的是，从内地出生来港定居的青年是否与本港出生的青年在教育制度及劳动市场上享有同等的机会，从而比较他们与香港出生青年之差异。

具体地，本文将分析青年在教育、工作收入和职业三个代际公平指标的状况。教育为最高完成程度，分为三个类别：中学或以下、专上教育（非学位）及专上教育（学位）。工作收入为每月主要职业收入，并以中位数及比率说明。而比率的计算方法为：首先，我们分别计算出全港工作人口和青年的每月主要职业收入中位数；其次，再将两者的收入中位数对比，计算出收入比率。由此，我们可将十年间的转变做比较，并透过计算不同人口特征青年与总体青年的收入中位数与比率，窥探不同世代青年之

---

① 这次分析的样本数目载于附表1。

差异以及代际公平的趋势。若收入比率为 1.00，即该组群的收入中位数与全港工作人口（或其比较组别）的一样。比率大于 1.00，即该组群的收入中位数比全港工作人口为高。比率小于 1.00，即该组群的收入中位数比全港工作人口为低。职业则分为九个类别，而本文的分析将集中探讨六个组别：中产职位（包括经理及行政级人员、专业人员和辅助专业人员）、上层中产职位（包括经理及行政级人员和专业人员）、下层中产职位（包括辅助专业人员）、文员、服务工作及销售人员以及非技术工人。

结果与分析

青年的状况

以下，我们先描述所有年龄介乎 15 岁至 29 岁青年（以下简称"青年"）的数据，再而说明内地出生新来港定居青年的状况。表 6 的数据显示，在 2001 年至 2011 年期间，全港工作人口的教育程度大幅提升，2001 年时只有 30.0% 已完成专上教育，而 2011 年的数字为 40.6%。明显地，青年是高等教育扩张的主要受惠者，相关数字为 38.3% 和 58.3%。在 2011 年，每 10 名青年劳动人口中，有 6 名为大专及以上毕业生，而获学位的则为每 10 人中有 3 名。

表 6　2001 年及 2011 年按教育程度（最高完成程度）
划分的工作人口

单位：%

教育程度	15～29 岁		全港工作人口	
	2001	2011	2001	2011
中学或以下	61.7	41.7	70.0	59.4
专上教育（非学位）	19.3	28.4	14.5	17.2
专上教育（学位）	19.0	29.9	15.5	23.4

尽管如此，从表 7 中我们可以见到在 2011 年，全港每月主要职业收入中位数为 12000 港元，而青年的只有 10000 港元，即相对于全港工作人口，青年的收入比率为 0.83，而 2001 年的相关数字为 0.91。换言之，在 2001 年和 2011 年，青年的每月主要职业收入中位数比全港工作人口

的为低，而且其劣势在这十年间有所增加，似乎青年接受高等教育机会增加的同时未能为他们在劳动市场上带来更高的报酬。进一步的分析显示，教育程度往往决定个人工作收入的多寡，而这个关系的强弱程度在2001年至2011年期间大致维持不变。相对于整体青年工作收入的中位数，只有中学或以下教育程度青年的收入比率为0.85，而大学学位毕业青年的比率则维持在1.55的水平（见表8）。这显示了学历对青年工作收入仍旧重要。值得指出的是，在2011年，拥有专上非学位教育程度的青年，其收入比率接近只有中学或以下的同龄组别。此外，相对于全港工作人口，在2001年至2011年期间，无论教育程度的高低，青年的收入比率亦全面下跌。

表7　2001年及2011年工作人口的每月主要职业收入中位数及比率

	2001	2011
中位数（港元）*		
15～29岁	11170[a]	10000[b]
15岁及以上全港工作人口	12287[c]	12000[d]
收入比率		
15～29岁青年相对于全港工作人口	0.91[a/c]	0.83[b/d]

注：*以2011年市价计算。

职业收入在某种程度上取决于从事的职业。正如前述，中产职位（是高收入的上层中产职位）的增幅在90年代中期之后有放缓之势。表9列了不同教育程度的青年与全港工作人口在2001年和2011年的职业分布。我们发现：第一，在这十年间，青年从事中产职位的百分比在下降；在2001年，中学或以下、非学位和学位程度青年从事中产职位的数字分别为14.7%、46.7%和82.5%，而2011年的相应数字为11.3%、32.5%和73.5%。然而，全港工作人口的结果则显示，尽管其上层中产职位的百分比在各个教育程度组别中均有所下降，但是下层中产（即辅助专业人员职位）均有轻微的上升，而所有中产职位的百分比在这十年间未有巨大的变化。这说明了，青年可以从事中产职位的机会减少了，其教育程度的提升未能为他们在劳动市场上带来更多的优势。

表 8　2001 年及 2011 年按教育程度（最高完成程度）划分的工作人口每月 主要职业收入中位数（港元）及比率

	中位数（港元）*			
	15～29 岁		全港工作人口	
	2001	2011	2001	2011
中学或以下	9494[a]	8500[b]	11170[c]	10000[d]
专上教育（非学位）	11170[e]	9000[f]	16754[g]	13750[h]
专上教育（学位）	17313[i]	15500[j]	27924[k]	27000[l]
总　计	11170[m]	10000[n]	12287[o]	12000[p]
	收入比率			
	15～29 岁青年相对于 15～29 岁 青年（总计）		15～29 岁青年相对于全港工作 人口（总计）	
	2001	2011	2001	2011
中学或以下	0.85[a/m]	0.85[b/n]	0.77[a/o]	0.71[b/p]
专上教育（非学位）	1.00[e/m]	0.90[f/n]	0.91[e/o]	0.75[f/p]
专上教育（学位）	1.55[i/m]	1.55[j/n]	1.41[i/o]	1.29[j/p]

注：* 以 2011 年市价计算。

　　第二，在 2001 年至 2011 年间，一方面，更大部分拥有专上教育学历的青年从事文员职位；另一方面，更大部分只有中学或以下与非学位教育程度的则成为服务工作及销售人员。相反，虽然全港工作人口从事这两个职位的变化和走向与青年的相似，但是更大部分青年投身这两个职业。第三，与此同时，从事非技术职位的青年在这十年间没有很大的变化；而这个状况亦在全港工作人口中发生。

表 9　2001 年及 2011 年按职业（只限某些职业）及教育程度 （最高完成程度）划分的工作人口*

单位：%

	中学或以下		专上教育（非学位）		专上教育（学位）	
15～29 岁	2001	2011	2001	2011	2001	2011
中产（总计）	14.7	11.3	46.7	32.5	82.5	73.5
上层中产	2.3	1.0	9.9	3.1	39.8	34.7
下层中产	12.3	10.3	36.8	29.4	42.7	38.7
文员	31.3	28.3	31.2	37.0	11.0	18.2

续表

	中学或以下		专上教育（非学位）		专上教育（学位）	
15～29岁	2001	2011	2001	2011	2001	2011
服务工作及销售人员	26.9	38.1	15.1	22.9	5.1	6.8
非技术工人	9.3	9.6	2.1	3.4	0.7	0.4
全港工作人口	2001	2011	2001	2011	2001	2011
中产（总计）	16.9	16.5	58.8	49.4	87.5	84.8
上层中产	7.5	4.5	23.8	12.6	57.3	53.9
下层中产	9.4	12.1	35.0	36.6	30.2	30.9
文员	18.6	19.1	21.5	25.3	6.5	9.4
服务工作及销售人员	19.8	22.6	10.0	15.3	3.4	4.4
非技术工人	20.1	20.3	3.9	4.4	1.4	0.4

注：＊由于表9只显示某些职业的百分比，因此总计少于100%。

内地出生来港定居未满七年青年的状况

以下我们将说明内地出生来港定居未满七年青年（简称"内地新来港青年"）的状况以及他们与香港出生青年的差异。值得指出的是，内地新来港青年包括了由不同途径来港定居的青年：（1）以家庭团聚为主透过单证程来港；（2）来港接受大学学位及以上程度之教育后留港工作；（3）透过其他计划申请在港工作。而不少第（3）类青年是在海外留学后来到香港工作。显然地，第（1）类与第（2）类及第（3）类的内地新来港青年其背景有所差异，并很大程度上可能造成他们在教育及职业的获取均有不同。但是，由于人口普查中缺乏相关数据去识别这些青年的来港途径，故此我们在此次分析中只能阐述所有内地新来港青年的状况。

表10显示了这两群青年在2001年和2011年的教育程度。在2011年，47.3%的内地新来港青年完成了专上教育，而香港出生的则达60.7%。虽然如此，内地新来港青年能接受大学学位教育的机会比香港出生青年的升幅更大；前者完成学位教育的百分比甚至较香港出生青年为高，相应的数字为32.3%和31.7%。总体而言，在这十年间，无论是本地出生还是内地出生青年，更大部分能接受专上教育。对于香港出生的青年，学历的提升均有赖于非学位和学位教育机会的增加。对于内地

新来港青年而言，这是依赖于更大部分的能接受学位教育。

表 10　2001 年及 2011 年按教育程度（最高完成程度）划分的
内地出生来港定居未满七年工作人口

单位：%

	15～29 岁		15 岁及以上	
内地出生来港定居＜7 年	2001	2011	2001	2011
中学或以下	74.7	52.7	78.1	69.3
专上教育（非学位）	15.2	15.0	9.8	12.3
专上教育（学位）	10.2	32.3	12.1	18.4
香港出生	2001	2011	2001	2011
中学或以下	61.2	39.3	66.8	54.7
专上教育（非学位）	19.8	29.0	16.4	18.7
专上教育（学位）	19.0	31.7	16.8	26.6

随着内地新来港青年完成学位教育的比例大幅上升，其从事中产职位的比例亦因此增加，由 2001 年的 11.2% 上升至 2011 年的 29.5%（见表 11）。反观本地出生的青年，相关的数字（34.8% 和 38.0%）虽比内地新来港的为高，但其在这十年间的升幅相对轻微。表 12 显示，在 2011 年，7.5% 的内地新来港青年从事非技术职位，而本地出生青年从事的比例为 4.7%，即更大部分内地新来港青年从事这些低薪的职位。比较这十年间的数字我们发现，无论是内地新来港还是香港出生的青年，从事非技术职位的比例均有所下降。

表 11　2001 年及 2011 年从事中产职位的内地出生来港
定居未满七年工作人口*

单位：%

	15～29 岁		15 岁及以上	
	2001	2011	2001	2011
内地出生来港定居＜7 年	11.2	29.5	13.5	19.4
香港出生	34.8	38.0	38.4	43.2

注：＊表 11 只显示该组别人士从事中产职位的百分比。

表 12 2001 年及 2011 年从事非技术职位的内地出生来港
定居未满七年工作人口 *

单位：%

	15~29 岁		15 岁及以上	
	2001	2011	2001	2011
内地出生来港定居 <7 年	11.7	7.5	33.7	23.6
香港出生	5.7	4.7	9.6	8.8

注：* 表 12 只显示该组别人士从事非技术职位的百分比。

综观以上的分析，我们会看到，在获得学位学历和从事中产职位方面，在 2001 年至 2011 年期间，相对于香港出生的青年，内地新来港青年的状况有很大的改善。表 13.1 和表 13.2 胪列了内地新来港青年的每月主要职业收入中位数与比率。一方面，根据 2011 年的市价计算，2001年时内地新来港青年和香港出生青年的每月主要职业收入中位数为 7819港元和 11170 港元（见表 13.1）；换言之，出生地与职业收入有着直接的关系。另一方面，在 2011 年时，这个关系或差距有减弱之势。此外，比较近十年间的变化，内地新来港青年的收入中位数有所上升，而香港出生青年的收入中位数却有所下降。根据收入比率的结果，我们会发现，内地新来港青年与香港出生青年的收入差距在这十年间有所收窄，由2001 年的 0.70 上升至 2011 年的 0.85；而相对 15 岁及以上全港工作人口，相应数字为 0.64 和 0.71（见表 13.2）。换言之，无论是与香港出生青年还是与"典型全港性"的数字比较，内地新来港青年的收入差距都缩小了。

表 13.1 2001 年及 2011 年内地出生来港定居未满七年工作人口的
每月主要职业收入中位数 *

单位：港元

	15~29 岁		15 岁及以上	
	2001	2011	2001	2011
内地出生来港定居 <7 年	7819[a]	8500[b]	6702	8000
香港出生	11170[i]	10000[j]	13404	13700
全港工作人口	11170	10000	12287[o]	12000[p]

注：* 以 2011 年市价计算。

表 13.2　2001 年及 2011 年内地出生来港定居未满七年
15～29 岁青年的收入比率

	2001	2011
相对于 15～29 岁香港出生青年（总计）	0.70[a/i]	0.85[b/j]
相对于 15 岁及以上全港工作人口（总计）	0.64[a/o]	0.71[b/p]

　　进一步的分析显示，学位教育机会为内地新来港青年带来了收入的
提升。表 14.1 胪列了按教育程度划分的内地出生来港定居未满七年及香
港出生青年在 2001 年及 2011 年的收入中位数。根据 2011 年市价计算，
除了完成学位课程的内地新来港青年在这十年间有实质的收入增加外，
其他青年群体的实质收入均有所下降。2011 年，获学位学历的内地新来
港青年之收入中位数均比获同等教育程度的香港出生青年的为高，相关
数字为 15550 港元和 15200 港元。收入比率的数字显示，相对于获同等
学力的香港出生青年，获学位教育内地新来港青年由 2001 年的 0.71 大
幅上升至 1.02（见表 14.2）。此外，检视 2001 年和 2011 年按教育程度
划分的内地新来港青年相对于香港出生青年的收入比率，我们发现他们
之间的收入差距均有所缩窄。

表 14.1　2001 年及 2011 年按教育程度划分内地出生来港定居未满七年 15～29 岁
青年的每月主要职业收入中位数

单位：港元

收入中位数（港元）*	中学或以下		专上教育（非学位）		专上教育（学位）	
年份	2001	2011	2001	2011	2001	2011
内地出生来港定居 <7 年	7260[a]	7000[b]	8377[c]	7900[d]	12287[e]	15550[f]
香港出生	9494[i]	8500[j]	11170[k]	9500[l]	17313[m]	15200[n]

　　注：* 以 2011 年市价计算。

表 14.2　2001 年及 2011 年内地出生来港定居未满七年 15～29 岁青年的
收入比率：按教育程度划分

	相对于 15～29 岁香港出生	
	2001	2011
中学或以下	0.76[a/i]	0.82[b/j]
专上教育（非学位）	0.75[c/k]	0.83[d/l]
专上教育（学位）	0.71[e/m]	1.02[f/n]

　　表 10 至表 14.2 的结果均说明了内地来港定居未满七年的青年在学位教育之获取、从事中产职位以及职业收入各方面于 2001 年至 2011 年间均有很大的进步。而在接受学位教育的机会以及工作收入的中位数上，内地新来港青年已在 2011 年超越香港出生的青年。值得再次指出的是，本节所分析的内地新来港青年来自不同的背景，他们既包括了一般以单程证来港与家人团聚的新来港人士，也有从内地来港完成学位或以上程度课程后留港工作的青年，或是海外留学并在毕业后来港工作的内地出生青年。而从政策层面来看，香港社会所关注的应为第一类的内地新来港青年，并希望了解他们在香港接受专上教育的机会及工作的际遇。

　　事实上，相对于接近四成的香港出生青年能从事中产职位，只有不足三成的内地新来港人士从事这些职位，我们相信内地新来港人士的内部差异更大，部分可能从事薪酬极高的投资银行工作。尽管如此，本节的结果清楚阐明了大学学位在香港劳动市场的重要性。无论是香港出生还是内地出生，大学教育有助青年获得更多的工作收入，而且它的重要性愈来愈大。相反，对于内地新来港青年而言，非学位专上教育程度或以下的学历无助于他们与香港出生青年在劳动市场上公平竞争。

总结与讨论

　　在过去的二三十年间，一方面，香港人的教育程度有所提升，能接受专上教育的人口百分比大幅增加。另一方面，中产职位（即经理及行政级人员、专业人员和辅助专业人员）的升幅在 1996 年后逐步放缓，而个人每月主要职业收入中位数只有相应地轻微上升。尽管青年仍是过去 20 年来本地大学学位课程高速扩张的主要受惠者，但是由于中产职位的增幅未能追上他们教育程度提高的速度，因此现今拥有不同学历的青年比上一代的要面临更多的挑战，而其由学校顺利地过渡至劳动市场的过程变得更漫长及更艰难。不少人将近年年轻人对本地社会的不满与前景的悲观归咎于他们缺乏代际公平及向上流动机会。

　　根据 2001 年及 2011 年香港人口普查的 5% 样本数据，本文分析了香港年龄介乎 15 岁至 29 岁的青年在教育程度、就业职位及工作收入方面于这十年间的变化，并说明代际公平与发展于香港的内涵与关联。此外，我们亦考察了内地出生来港定居未满七年青年的有关状况，从而比较在这十年间由他们身份所造成的教育及劳动市场参与不平等之变化。此次分析的主要结果如下。

一、在 2001 年至 2011 年期间，香港人的教育程度大幅提升，而青年是高等教育扩张的主要受惠者。2011 年有 58.3% 的青年完成专上教育。

二、相对于全港工作人口，青年的收入比率由 2001 年的 0.91 下降至 2011 年的 0.83。换言之，尽管青年接受高等教育的机会有所增加，但是未能为他们在劳动市场上带来更高的报酬，其收入的劣势在这十年间有所恶化。

三、学历对青年工作收入的影响大致上维持不变。在青年中间，学位学历为他们带来较大的薪酬回报。

四、在这十年间，青年从事中产职位的百分比下降，其教育程度的提升未能为他们在劳动市场上带来更大的优势。

五、在获得学位学历和从事中产职位方面，2001 年至 2011 年期间，相对于香港出生青年，内地新来港青年（即内地出生来港定居未满七年青年）的状况均有很大的改善；而这两群青年在收入上的差距亦有所收窄。显然，内地新来港青年在收入上的劣势较香港出生的青年有所减弱。更甚的是，在 2011 年，获得大学学历内地新来港青年的收入已超越完成同等教育程度的香港出生青年。由于这群内地青年以不同的途径到香港定居或工作，故此我们不宜过分解读有关结果。

就着最后的一点，随着内地新来港人士的组成愈来愈多样化，往后的有关研究应关注这个现象对分析新移民在各方面的适应与生活际遇所造成的不同后果。

香港的情况其实跟很多其他华人地区很相似，大学毕业的青年人在劳工市场的情况转差。代际公平的意义并不是指每一世代的青年人都能和上一代享受相同的待遇与机会，但每一代的青年人都会把自己与同龄人和上一代人比较。青年人不是铁板一块，也是千差万别的。青年人中间的差异，主要由教育水平造成，而代际发展机会的差异，主要是由不同学历的劳动力供应和劳动力市场的需求结构所造成。高等教育的扩张是社会进步的其中一个表现。事实上，相比其他发达地区，香港高等教育的规模其实不大，接受大学教育的人数比例也不高，青年发展机会的减少还是经济发展有了放慢情况的结果。

　　香港是一个经济自由和高度开放的社会，政府在推动经济发展方面
能做的不多。所以，我们看到公共政策的重点是改善教育水平较低青年
的情况，而不是促进受高等教育青年获得中产职业和较高收入。这点我
们觉得无可厚非，但在青年人的代际公平观念还未能调整的情况下，青
年人的怨气有所增加，似乎也是无可奈何的结果。如何发展经济，改善
经济结构，让不同学历、不同背景的青年人都能有发展机会，是现在香
港代际公平面对的最大挑战。

参考文献

吕大乐，2007，《四代香港人》，进一步多媒体有限公司。

李锵、赵永佳，2014，《香港年轻人对社会公共政策的态度：阶层、世代与态度变迁》，
　　　载赵永佳、萧新煌、尹宝珊编《一衣带水：台港社会议题纵横》，香港中文大学香
　　　港亚太研究所。

政府统计处，1993，《1991 年人口普查主要报告》。

政府统计处，1997，《1996 年中期人口普查主要报告》。

政府统计处，2002，《2001 年人口普查主要报告：第一册》。

政府统计处，2012，《2011 年人口普查主要报告：第一册》。

政府统计处，2013，《2011 年人口普查主题性报告：青年》。

Danziger, Sheldon, and David Ratner, 2010, "Labour Market Outcomes and the Transition to
　　　Adulthood," *The Future of Children* 20：133 – 158.

Gangl, Markus. 2002. "Changing Labour Markets and Early Career Outcomes：Labour Market
　　　Entry in Europe over the Past Decade." *Work, Employment and Society* 16：67 – 90.

Ip, Chung Yan, and Xiao-gang Wu. 2013, "Subjective Well-being of the Post-80s Generation
　　　in Hong Kong：Implications for Social and Political Stability." In *The Psychological Well-
　　　being of East Asian Youth*, edited by Chih-chun Yi, pp. 311 – 338. London：Springer.

Scherer, Stefani, 2004, "Stepping-stones or Traps? The Consequences of Labour Market Entry
　　　on Future Careers in West Germany, Great Britain and Italy," *Work, Employment and
　　　Society* 18：369 – 394.

Settersten, Richard, A. , Jr. , and Barbara Ray, 2010, "What's Going On with Young People
　　　Today?：The Long and Twisting Path to Adulthood," *The Future of Children* 20：19 – 41.

Steijn, Bram, Ariana Need, and Maurice Gesthuizen, 2006, "Well Begun, Half Done?
　　　Long-term Effects of Labour Market Entry in the Netherlands, 1950 – 2000," *Work, Em-*

ployment and Society 20: 453 – 472.

Wu, Xiaogang, 2010, "Hong Kong's Post-80s Generation: Profiles and Predicaments," A Report Submitted to the Central Policy Unit, the HKSAR Government.

附表 1　本次分析的样本数目

（单位：人）

	2001 年	2011 年
青年劳动人口	37269	35292
内地出生来港定居未满七年工作青年	1250	1113
香港出生工作青年	29833	26979
15 岁及以上工作人口	150670	167349

第二单元

中华历史文化传统与华人社会
实现公平与发展

公平的尺度：试论中华性与华人社会的共赢发展

吴小安

（北京大学历史学系教授）

这是一个很大的命题作文，至少各涉及一组重大概念和一组重要主题。一组重大概念是：中华性与华人社会；一组重要主题是：发展与公平。需要回答的重要问题，相应地也分为两组。第一组为概念问题：什么是公平？什么是中华性？什么是华人社会？第二组为主题问题：关联中华性与华人社会的层面，共赢发展的含义是什么？衡量共赢发展的公平尺度又是什么？这里，笔者不自量力地选择从各个概念的界定及其相互关联的视角入手，尝试在各个主要概念之间探讨关联性，尝试在各个主要概念与主题之间建构关联性，以此回答问题，并请教方家。

1. 公平

"公平"是人类社会的一种普世价值观，贯穿于古今中外，并且随着人类社会的不断衍进而日益发展。然而，"公平"从来都是地方性的；所以，公平的理念与内涵通常都体现了具体地域性、历史性、族群性和文化性等背景特征。同样地，"公平"也从来都是相对的；所以，公平的理念与理想通常都是不幸地以其反面存在（即现实中的"不公"）为具体支撑条件的。这应该成为我们讨论"公平"课题的两个最基本的前提判断。鉴于本文关联"中华性"与"华人社会"的维度，笔者如下的讨论选择也主要围绕这一专门视角。①

首先请允许笔者从中文的词根词义开始。《说文解字》云："公，平分也。从八，从厶。八犹背也。韩非曰：背厶为公。"②"平，语平舒也。从亏从八。八，分也。"③显而易见，"公"与"平"不仅是两个互为正面界定依托、密不可分的汉字，而且分别确立了一个对立面的道德价值维度。"公"的对立面道德价值维度是"厶"字，强调"背厶为公"；"平"的对立面道德价值维度是"亏"，强调"背亏为平"。细究起来，"公平"之间，两者互为尺度与境界，倘若非要区别不可，"公"为主体、载体与客体，兼具政治、社会与道德含义；"平"则为度量与衡量的维度，更多地指均匀、稳定、和谐的状态和性质，但具体指涉群体的社会脉络与系列关系的机制架构，通常发生在某一有机的单元、系统、结构等框架内（包括地理的、社会的、经济的、政治的、文化的等），用于调节其内部个体与群体、群体与群体之间的各种互动关系。

以"公"为主体组合的关联词汇，最重要的至少有三个：其一，"公平"。其二，"公正"。其三，"公开"。三者关系构成是："公平"为最原始的内核，道德伦理价值贯穿始终；三个方面，彼此关联，依次推进。"公正"是最根本的概念，主要指贯彻"公平"理念的社会契约、政治法律制度层面，强调制度体现与实践保障。"公开"主要指"公正"实施的政治社会舆论监督层面，强调舆论监督与认可。以"平"为主体组合的关联词汇，最重要的也至少有三个：其一，"平均"。其二，"平

---

① 当代国际学界正义思潮的介绍与讨论，相关文献非常丰富。有关部分请参阅凯尔逊、耿焱如：《什么是正义》，《现代外国哲学社会科学文摘》1961 年第 8 期，第 6~9 页；罗尔斯：《作为公平的正义》，姚大志译，上海三联书店，2002；贾中海、温丽娟：《当代西方公平正义理论及其元哲学问题》，《学习与探索》2008 年第 3 期，第 17~20 页；司春燕：《法与正义关系的历史考察》，《黑龙江省政法管理干部学院学报》2011 年第 4 期，第 139~142 页；John Rawls, "Justice as Fairness", *The Philosophical Review*, Vol. 67, No. 2 (1958), pp. 164 – 194；Patrick Neal, "Justice as Fairness: Political or Metaphysical?" *Political Theory*, Vol. 18, No. 1 (1990), pp. 24 – 50；Alan M. Hay, "Concepts of Equity, Fairness and Justice in Geographical Studies", *Transactions of the Institute of British Geographers*, Vol. 20, No. 4 (1995), pp. 500 – 508.

② 清代陈昌治刻本《说文解字》，卷二。

③ 清代陈昌治刻本《说文解字》，卷五。

等"。其三，"平衡"。"平均"最主要是指数量上的匀称，"各得其份"，没有多寡优劣之分。"平等"最主要是指内在的、本质的、义理的尊重和对等，没有特权与歧视之分。"平衡"最主要是指相互制约、相互反冲、相互维系而形成的一种稳定系统和状态秩序，没有偏私与倾斜之分。"平衡"的关联词汇是"平安""平和""平舒"，也即指"和为贵"的儒家思想要义。换而言之，此谓我们现代常用的"稳定"与"和平"，其含义都是平稳、安定、安全、和睦的意思，与动荡、混乱、剧变、分裂、暴动、骚乱、革命、颠覆、倒挂、战争等极端失衡失范状态形成对立面关照。概而言之，"公平"的含义是指"平等对待"、"一视同仁"、"各得其份"、"各尽所能"与"各得其所"，等等。

政治道德价值判断上，"公平"强调"衡"与"德"的重要性。两者互为因果，"衡"是"德"的基础与目标。故《史记》云："德成衡，衡则能平物，故有德公平者，先成形于衡。"① 同样地，史书记载了"公平"的具体背景与对立面含义。试举例："律有无害都吏，如今言公平吏。"② "公选，谓以公正之道选士，无偏私也。"③ "不以公正谓之奸也。"④ 这里，史书明确地揭示了德治架构下"公平"所揭示的个人、国家和社会关系、秩序、制度与法则，尤其强调"公"的主体性、社会性、机制性、针对性和道德性。何谓"公"？具体而言，至少有如下重要维度：其一，"官所曰公"，主要指国家维度。其二，"事出于众人者曰公"，主要指社会维度。其三，"无私、无奸、无害曰公"，主要指道德维度（陆尔奎、方毅，1994：278）。重要的是，有关"公平"的这些观念，是一致性、同质性的趋同价值理想，但同时基于承认客观现实中差异性的基本对立面，强调不因贵贱、尊卑、高低、上下、贫富、多少、聪愚、内外的不同而不同。同样重要的是，有关"公平"的这些观念，不只是自上而下的恩赐与给予，而是一种互惠的与必要的安排，因为公平价值内核失范的必然后果通常是破坏性的社会衰退、失衡、不稳定，甚至最后发展为毁灭性的政治反叛、革命、政权更替。故墨子云，天下有"三大害"："若大国之攻小国也，大家之乱小家也，强之劫弱，众之

---

① 《史记》，卷二七，《天官书》第五。
② 《史记》，卷五三，《萧相国世家》第二十三。
③ 《汉书》，卷五六，《董仲舒传》第二十六。
④ 《史记》，卷一二九，《货殖列传》第六十九。

暴寡，诈之欺愚，贵之傲贱，富之侮贫，此天下之大害也。又与（若）为人君者之不惠也，臣者之不忠也，父者之不慈也，子者之不孝也，此又天下之害也。又与（若）今人之贱人，执其兵刃毒药水火，以交相亏贼，此又天下之害也。"（转引自谭保斌，2011）

公平是德治的基石。历史地看，公平的基本尺度，长期是单向的、自上而下的、对统治者的德性要求与规范，即德治。德治下，来自下层社会的约束力量，是沉默的、无形的和被忽视的，并未转化为机制性的、制度性的、常态性的有效反制。所以，"公平"规则的对立面意义上的严重后果通常仅体现为德治的必要性警示。德治的必要性在于其破坏性反面后果，通常是指来自内部底层极端的反抗、暴动、起义，或者由此而导致外部势力的入侵。故荀子云："公生明，偏生暗。"① 这是中国封建官场的箴言。孔子曰："有国有家者，不患寡而患不均，不患贫而患不安。盖均无贫，和无寡，安无倾。"引朱熹的解释："寡，谓民少。贫，谓财乏。均，谓各得其份。安，谓上下相安。"②《中庸》认为，德治的为君之道是"知、仁、勇"三大"天下之达德"。何谓三大德性？"好学近乎知，力行近乎仁，知耻近乎勇。知斯三者，则知所以修身；之所以修身，则知所以治人；知所以治人，则知所以治天下国家矣。"③德治的为臣为官之道应该是"主耳忘身，国耳忘家，公耳忘私"。④ 广而言之，德治的基本秩序与核心要义是选贤与能，讲信修睦，天下为公，而达至仁、义、礼、智、信的天下大同，或者"修身、齐家、治国、平天下"的礼仪秩序。纵观中国长期封建统治的历史，一个最显著的制度性相对公平安排是肇始于隋唐时期的科举制，其开创了中国社会追求公平的持续方向，保持社会自下而上流动的开放性，长期成为维系社会稳定与流动的主要机制之一（刘后滨、董文静，2009：335～347）。

公平，同样是法治的基石。进入近现代之后，公平的这些基本尺度，已经不仅是单方面的、自上而下的精英式自我德性约束和给予，而且是双向的、自下而上的草根阶级的合理诉求与权力，即上升为法治。孙中山提倡的以"民族、民权、民生"为支柱的"三民主义"即是基于现代

---

① 《荀子·不苟》。
② 朱熹：《四书章句集注》，《论语集注》卷八《季氏》第十六，中华书局，2013，第159页。
③ 朱熹：《四书章句集注》，《中庸章句》，中华书局，2013，第30～31页。
④ 《汉书》，卷四八，《贾谊传》第十八。

性的公平正义观，从中国古代德治向现代法治过渡的重要历史连接点和分水岭。然而具有讽刺意味的是，革命转折的历史大背景正是因价值失范、国力衰落、社会停滞而导致的政权更迭和外部欺凌。在现代民族国家架构之下，法治公平价值观所规定和调节的几大关系是：其一，个人与个人、个体与集体的关系。其二，国家与社会的关系。其三，政府与市场的关系。也就是所谓的社会流动、经济分配、政治权力等几大关系。与传统封闭的自给自足的封建小农经济的根本不同是，现代社会经济的开放竞争性与资本货物人员信息的流动竞争性远远超越了原来单一民族国家的架构，保持民族竞争力、社会创造力、科技创新力、文化活力与制度效率是关键。公平恰恰是保持国家、社会、文化、制度活力的内核价值导向；没有公平价值驱动的法治支撑，任何国家和民族迟早会走向停滞、衰退，甚至存在覆灭的危险。法治社会里，公平的价值观主要体现在市场环境、政法环境、公共产品服务、社会流动渠道、基本人权与公民权保障等方面机会均等、合理配置的制度性安排。法治的迫切性是反特权、反垄断、反贪污、反腐败、反歧视、反裙带关系的对立面需要。所以，在现代背景下，"公平"一词不仅具有抽象的秩序、制度和道德价值判断的维度规定，而且明确具有相应的国家、社会、制度与意识形态的具体依托。

　　概而言之，"公平"既是统治者的德性要求，又是制度性、社会性的框架安排法则，同时来自公民社会的约束制衡，一直是衡量任何人类社会、国家、族群和文明能否发展进步的基本价值尺度和要求。无论是德治，还是法治，或者是德法兼治，不变的价值支撑始终是"公平"。

2. 中华性

　　需要特别说明的是，这里笔者选择使用"中华性"，而没有用"华人性""中国性""中华民族性"（虽然它们意思基本相同，视角维度却不一样），大致有两方面考量：其一，与论坛小组讨论题目的主题依托"华人社会"相对应，"中华性"的涵盖性比较贴切和包容。其二，与论坛小组讨论题目的内涵背景指涉"中华文化历史传统"相对应，"中华性"概念更简练和方便，虽然两者无法分割。"中华性"，是指中国作为一个地域和一个国家、华人作为一个族群、中文作为一种语言书写、中华文化作为一种文明传统以及中国历史作为一份共同的集体记忆等结构性的显著共同标签特征和认同。"中华性"的概念，囊括了有关中国与中国人轴心关系所涉及的地域、国家、族群、语言、历史与文明等核心要素建构的原生性根本特质。[①]

应该指出的是，固然汉族是中华民族的主体民族，占人口的百分之九十以上，是中华性的内核，但"中华性"不是简单的"汉化"。中国是一个东方古老的"文明国家"（civilization-state），而不是西方式现代"民族国家"（nation-state）。在中华帝国与中华民族的形成中，帝国形成与民族形成的两个进程互为补充、相得益彰。中华民族是由56个民族组成；汉族与其他少数民族的文化融合也一直是双向的、兼容的、彼此吸收的。所以，关于中华民族形成的进程，历史的方向与正确的叫法不是以族群为中心的"汉化"，而是以文明为中心的"华化"（Ping-ti Ho，1998）。而西方现代民族国家与现代性引入中国，却是19世纪末20世纪初的历史大事件，"中华性"的认同与建构更多地伴随着外向型的政治革命意识形态与经济现代化的维度进行，"儒学独尊的局面也相对地被打破了"（梁启超，1996），中华文化传统的承继不幸地也以颠覆性的、破坏性的方式被扬弃。然而，这却开始了"中华性"积极对外吸收现代性的新的重要进程。

中华性的族群（血缘）与文化含义是显而易见的，也是最大共识的层面。中华性的历史含义，一方面是长期黑暗落后、屈辱的封建主义、殖民主义，另一方面是反殖反封建救国图强的民族主义。这是指中国国家与中华民族大历史的层面。主要表现为中国国内的民族主义与海外华人的民族主义两大潮流，但最终都合流统一在中国现代民族主义的旗帜标签下。港、澳、台、海外华人社会的地方历史，反过来在中国历史发展的进程影响下，有着各自不同的历史发展轨迹，因而与大陆呈现出不同的政治经济社会发展。中华性的文化含义，最著名的是"文化中国"的概念。中华性的经济含义，最著名的具体表达有"华人资本主义"或

---

① 近二十年来，尤其是受文化研究的影响，国际学界对"中华性"或"华人性"的讨论，非常丰富热烈。有关此课题详细、综合的讨论，请参阅 Wu Xiao An，"The Discourse on Chineseness and the Making of Southeast Asian Chinese"，"2014 年第二届马来西亚华人研究国际双年会"提交大会演讲论文，2014 年 6 月 20～21 日。在此基础上笔者撰写的长篇英文论文，已以"In Search of Chineseness：Conceptualization and Paradigms"为题收入会议论文集，正在出版中。

者"大中华经济圈"，前者主要是相对于西方资本主义而言，后者主要是相对于中国政治经济现实与统一前景而言。无论哪一种概念标签，都聚焦于某一专门维度，都是大陆之外的国际社会的"他者"对当下暨未来"中国"可能形态的想象与展望，都是去当下中国政治敏感度的模糊性，而且作为关键的大陆内核部分始终却处于其中的被动角色，没有机会参与讨论。同样重要的是，无论是哪一种概念标签，都表明大陆与港澳台地区华人社会的经济与社会发展程度、阶段和性质，都不是步调一致、整齐划一的，它们之间存在着发展次序先后之分、性质不尽相同的差异，但大陆与港澳台地区的市场对接、经济整合趋势是相向而行、不可逆转的。中华性的政治层面，香港、澳门与海外华人社会早已经有了共识，这些地方的华人社会各自的政治认同都很明确一致。比较敏感而有争议性的主要指的是两岸政治关系。两岸政治议题虽然存在争议，但"九二共识"是客观存在的事实；两岸虽然尚未统一，但大陆与台湾同属一个中国的客观事实从未改变过。

与我们的讨论最密切相关的问题是：既然华人社会的共同标签是中华性，或者说享有共同的历史文化传统，那么，中华性与华人社会的发展关联点在哪？既然华人社会（包括大陆与港澳台地区以及海外华人社会）存在各自不同的差异性，那么，中华性到底是共同的纽带还是发展的动力？或者既是共同的纽带又是发展的动力？我们应该如何从中华性的历史形成轨迹中获取必要的经验与教训？问题之所以如此提出，是因为这里牵涉一个大的问题：中华发展当下面临着一个非常重要的战略节点选择，那便是：当外部世界发展乏力时，中国到底是从外部继续寻找发展的动力，还是从内部重新发掘发展的动力？反过来，当中国开始重新从内部历史文化传统发掘发展的动力时，问题是：为什么同样的文化历史传统背景在中国历史路径上却呈现出如此不同的发展繁荣与落后衰退的节点与轨迹？为什么 20 世纪的中国现代性探索需要以那种非常激进、非常剧烈的革命的方式颠覆自己的文化传统呢？当下，当我们积极从自己的文化传统中寻找发展的路径与动力时，中国是否需要警惕不要再次陷入"中国中心论"的怪圈而重蹈历史上由盛而衰、落后挨打的覆辙呢？这些问题的提出，不一定需要一一明确回答，但也许可以帮助我们更好地厘清问题的本质与主题的方向。换而言之，"中华性"的讨论是一个辩证统一的课题，实际上最终归结为一个关于中国与西方、传统与现代、改革与开放关系的适当定位和道路选择的永恒命题。

3. 华人社会

概而言之，华人社会作为一个整体性分析单元与族群同质性界定的概念，顾名思义，是以华人为多数族群的社会构成，或以华人作为共同族群标识的社会建构。与民族国家相对应，鉴于历史的原因，具体而言，华人社会有如下几个核心层面：其一，指中国大陆和港澳台地区。它们都是以华人人口为大多数，同属一个国家却拥有不同社会制度与历史经历的社会。其二，指新加坡。相同的是，新加坡是以华人为多数族群的社会；不同的是，新加坡是一个主权独立的域外国家。其三，指其他的海外华人社会。相同的是，它们都是以华人族群与文化为社会建构的标识；不同的是，华人在当地是少数族群，他们各自成为居留地国家的公民，并且他们的社会身份建构与现实地域集居的对应，不必吻合。换言之，他们散居于世界各国居留地的本土社会；在个别国家的个别城镇，不排除华人可能聚居或占多数。需要指出的是，这里的华人社会与杜维明的"文化中国"的几个层面界定存在某些吻合的部分，但有重要的不同：其一，作为"文化中国"重要载体的海外商界、传媒和学界等并不包含在我们这里所探讨的华人社会概念范畴之内。换言之，华人社会是现实的社会存在，并不具有作为方法论工具的"文化中国"概念含义。其二，中国大陆与港澳台地区之外的海外华人社会，并不是本论坛关注的主要出发点和本文讨论的主要着眼点，尽管两者存在着重要关联。

顾名思义，从社会视角维度看，华人社会的本质特征或者身份认同应该称为"华人性"。这并没有错。实际上，在英文语境里，"华人性"与"中华性"都是同一个词 Chineseness，但在中文语境中有着视角不同、维度不同的差异。以"华人"族群和文化为焦点参照的"华人性"，主要强调个人对国家、少数族群对多数族群、边缘对中心、移民与同化过程中的多元性、差异性与复杂性的对立统一。"中华性"与"华人性"之间存在重叠、互联、互通、互用之处，都强调文化与族群的维度。不同的是，"中华性"包含自上而下的地域、政治、族群、文明、历史等维度，也可以视下而上各方的解释取舍不同而不同。"中华性"更具模糊性与包容性，既有政权主权的含义，但也并不必然包含政治主权的强制性含义。重要的是，"中华性"的政治跨越了历史时期和历史朝代，不必特指当下的"中国"政府。这是"中华性"与"华人性"的不同之处，也是包容性的"中华性"与敏感性的"中国性"的不同之处，尤其是对大陆之外的台湾暨海外华人社会而言。所以，本文特地取"中华性"而不是"中国性"，原因即在于此（吴小安，2014：75～81）。

需要指出的是，上述三个核心层面的社会，都是一个以"中华性"为共同标识的认同。既涵盖族群与文化含义，又涵盖政治主权含义，指的是第一个核心层面的华人社会，即通称的中国大陆与港澳台地区华人社会。中国大陆与港澳台地区华人社会的中华性，因而区别于其他层面的华人社会，其内涵更丰富、地理更接近、关系更密切，虽然也存在社会与意识心态的差异性。还需要进一步指出的是，讨论指涉的重心是第一个核心层面的中国大陆与港澳台地区华人社会。为了保持概念的完整性与全面性，有时会涉及第二、第三个层面的海外华人社会的外延。华人社会的一致性是族群、文化与历史等系列要素所规定的同宗同源认同。华人社会的差异性，则是因殖民主义、内战、冷战等系列要素所造成的不同现代社会政治发展进程。华人社会既为上文中的"中华性"概念所规定，又是"中华性"概念内涵的重要组成部分。换言之，从历史的长期发展视角看，华人社会原本是一个不可分割的内在统一体；之所以形成今日具有差异性的上述华人社会，是历史原因和外部因素造成的分离所致。

具体而言，若置于更大视角背景下考察，两大历史与外部因素是：其一，殖民主义。各个华人社会的发展历程都受殖民主义的深刻影响。澳门是始于1553年葡萄牙殖民主义的问题，香港是始于1842年英国殖民主义的问题，台湾是始于1895年日本殖民主义的问题，1945年后兼有国共内战、东西方冷战的问题，海外华人社会是移民和殖民主义的问题。澳门、香港、台湾也因此成为世界资本主义市场的一部分，连接中国大陆与外部世界，或中国东南沿海与南洋（东南亚），或亚洲与欧洲的重要航线要道与贸易港口。其二，封建主义。封建主义的黑暗与落后，造就了政府积贫积弱：一方面是西方殖民列强的炮舰打压，另一方面是大量移民被迫出外谋生。移民的目的地主要是南洋与北美，移民的职业身份大部分也因此从自给自足的农业转为为市场而生产的工商业。加之20世纪初开始的革命和大规模对外移民成为对封建主义的颠覆与反动的主要手段，因而造就了多元的中华性：大陆形成了社会主义制度，香港、澳门、台湾以及海外华人社会形成了资本主义制度。此谓华人社会的"分"。

历史经验早已证明，无论何种情况，华人社会之间互动与连接的大势始终是相向而行、越走越近的。正因为如此，曾几何时，港澳台地区华人与其他华人社会都被贴上了同一个标签，即"海外华人"。虽然政治上被迫分离，但广大海外华人一直与祖国心心相印、同呼吸共患难。中国国内外大事件一直牵动着每一位海外侨胞的心。一个最明显的例子是：长期以来，历史上海外华人的民族主义特殊之处在于它并不认同于当地社会和国家，而是与中国现代民族主义相对应，以中国国内的民族主义为中心，成为中国现代民族主义的重要组成部分，最终汇合统一成为中国的民族主义大潮。一百多年来华侨华人与当代中国关系的发展历程，大致可分为四个高潮：其一，洋务运动与辛亥革命的爱国高潮。孙中山说："华侨是革命之母。"没有华侨，便没有中国革命。其二，抗日救亡的爱国高潮。毛泽东称赞陈嘉庚为"华侨旗帜，民族光辉"，高度肯定华侨对国家的重要作用。其三，积极回国参加社会主义革命和新中国建设的高潮。其四，积极投身中国改革开放现代化的高潮。四个经济特区的选址与设置，中国的改革开放与现代化，始终离不开海外华人的重要贡献。

由于国内内战、"文革"与国际冷战的影响，20世纪50、60年代后，海外华人社会与大陆的联系又一次中断，而且间隔长达几十年；中国大陆与港澳台地区社会经济发展的差距也越来越大，大陆越来越穷，海外华人经济发展势头越来越旺。70年代末中国大陆实行改革开放的国策后这种状况才开始改变，海外华人重新与大陆连接，再次积极担当中国现代化发展事业的大任。受新形势发展前景鼓舞，为建构海内外华人社会的一体性标志，20世纪80年代杜维明提出著名的"文化中国"概念（杜维明，1994：1~34）。同时，随着中国大陆沿海开放地区日益发展以及香港、澳门回归的时间日趋临近，"大中华经济圈""华南经济圈"也成为当时国际学界热烈讨论的选项。[①] 当下，在全球化与区域一

---

① 相关研究请参阅：Harry Harding, "The Concept of 'Greater China': Themes, Variations and Reservations", *The China Quarterly*, No. 136, Special Issue: Greater China (1993), pp. 660 – 686; Wang Gungwu, "Greater China and the Chinese Overseas", *The China Quarterly*, No. 136 (1993), pp. 926 – 948; Sung Yung-wing, *The Emergence of Greater China: The Economic Integration of Mainland China, Taiwan and Hong Kong.* New York: Palgrave Macmillan, 2005。

体化背景下，随着大陆与港澳台地区经济日益整合，社会发展水平差距逐步缩小，交往日趋频繁，"中华性"作为一体性、共同性的标签应该更能为华人社会所接受，近年来国际学界对"中华性"的热烈讨论即为明证。此谓华人社会的"合"。

4. 共赢发展

发展是当今世界一个家喻户晓、耳熟能详的概念，专业系统性与非正式性并存，综合性与专门性兼具，有国家与社会的维度之分，有内部与外部、正式与非正式之别，其原生含义大意指"前进""前途""成长""进步""进化""福祉""和谐""健康"等，具有政治、经济、社会、文化、意识形态、生态、人类和人权等关联性维度，涵盖个人、社区、地方和国家层面，甚至更大范围的地区、世界与全人类的层面。一般地，发展的程度定位是介乎于发达与落后之间的进行状态，发展的空间定位是相对于欧美发达国家而言的亚非拉第三世界，发展的必要性是为了摆脱落后、贫穷、愚昧、封闭、暴乱、专制等对立面驱动，发展的进程是从传统向现代过渡、从贫困向富裕转变、从第三世界国家向发达国家跨越。无论哪种层面与维度的含义，公平与和平是发展的两大前提条件。前者主要是民族国家之内法治的范畴（同时涵盖社会稳定），是发展的内核价值支撑；后者是国家与国家之间国际关系安全的范畴，是发展的外部环境支撑。[1] 没有公平与和平，发展根本无从谈起。这应该是本论坛和本文发展概念的基本框架。

若冠以特定的历史、社会、政治、经济、文化的背景，发展相应地衍生出更多复杂的含义。从政治经济的视角看，发展等于"现代化"，

---

[1] 相关讨论，请参阅：Manfred Stanley, "Social Development as a Normative Concept", *The Journal of Developing Areas*, Vol. 1, No. 3 (1967), pp. 301 – 316; Alejandro Portes, "On the Sociology of National Development: Theories and Issues", *American Journal of Sociology*, Vol. 82, No. 1 (1976), pp. 55 – 85; Harold A. Wood, "Toward a Geographical Concept of Development", *Geographical Review*, Vol. 67, No. 4 (1977), pp. 462 – 468; Immanuel Wallerstein, "The Development of the Concept of Development", *Sociological Theory*, Vol. 2 (1984), pp. 102 – 116; Frank W. Young, "Durkheim and Development Theory", *Sociological Theory*, Vol. 12, No. 1 (1994), pp. 73 – 82; Joseph A. Schumpeter, Markus C. Becker, and Thorbjørn Knudsen, "Development", *Journal of Economic Literature*, Vol. 43, No. 1 (2005), pp. 108 – 120。

涉及经济成长、民生、民主和"传统"的关系。从意识形态的视角看，发展等于"西化"，涉及非西方社会的道路选择与权力关系。这大概是发展概念最具争议、也是最根本性的关键所在。与社会的维度相对应，发展的含义更多的是关于社会转型的公平性问题。在民族国家主权范围内，发展的内部含义，既有系统性、一揽子的模式与道路选择，如政治、经济、社会、自然环境、文化等协调综合可持续性内涵等，也有特指与贫困落后和富强发达相关联的专门性含义。在民族国家主权范围之外，发展的外部含义，主要是地缘政治经济的课题，或者"战争与和平"的课题，或者"发展与合作"的课题，或者"控制与依附"的课题，既牵涉国家与国家之间、地区与地区之间、文明与文明之间的互惠共赢合作，又关系到它们之间的差异分歧，甚至霸权、对立和冲突。

笔者相信，本次论坛华人社会的发展应该主要是指：其一，宏观战略层面的且广为接受的含义。其二，正面、中性、去意识形态争议的含义。具体而言，相应地首先应该是国家发展、和平发展；然后主要指华人社会层面的经济、社会、政治、文化发展等。把"华人社会的共赢发展"单独作为一个课题来讨论，本身很有突出和彰显课题的意味，直接或间接，至少应该有如下几层含义：其一，强调"华人社会"，本身即承认华人社会不是整齐划一的，而是存在上述几种不同性质的差异性，虽然都共同拥有"中华性"的特质性认同。其二，强调"共赢发展"，表明这既是一个历史战略大机遇与大势趋，是不可阻挡的，同时也暗示着该问题仍存在争议、怀疑甚至部分反对的声音；既意味着各方对"发展"方向仍有待取得共识，同时也暗示达到"共赢"的局面仍有待努力。其三，强调"华人社会的共赢发展"，意味着这是一个中华性标识下的华人社会互惠正面的发展，与国家之间政治霸权与零和游戏乃至共赢的性质存在根本不同。大陆与港澳台地区华人社会"中华性"标签认同之所以能够形成，除了自身族群、文化、历史等内部"自我"因素规定外，还存在一个共同的外部"他者"因素规定。换而言之，与外部之间的分歧合作方式和性质根本不同的是，华人社会的差异是内部之间的差异，华人社会的发展是内部之间的合作。

有鉴于此，大陆与港澳台地区需要思考这么一组密不可分的大问题：对华人社会而言，共赢发展的最大公约数与最高福祉应该是什么？为什么选择这个时间节点强调"华人社会共赢发展"？反过来，对华人而言，共赢发展的最危险趋势与最大危害又是什么？哪些势力最不希望看到华人社会的共赢发展？共赢发展的条件和机遇有什么独特时代特征？为什么？等等。概而言之，可以归结为这样一个核心问题：世界大潮，浩浩荡荡；"共赢发展"是关于华人社会的战略选择与根本出路的原则问题，而不仅仅是一个简单的意愿问题。如上文一样，这些问题也可以不必一一明确回答，但如此提问可以帮助我们厘清问题的脉络和实质。

5. 公平的尺度：中华性与华人社会的
共赢发展

在上述背景下，鉴于华人社会的不同发展历程，如果把中华性与华人社会相关联讨论，那么中华性既有共同的原生性、一致性标签，又有各自不同的差异性。就整体性板块、结构性关系而论，争论的核心是：谁是中华性的合法性代表与垄断话语权的合法性解释者——到底是中国大陆，还是香港、澳门、台湾与其他海外华人社会？如果撇开海外华人社会，这实际上涉及中央与地方的特殊关系问题，以及各个不同的华人社会呈现的"不同华人性"的问题。"中央与地方"的特殊关系，不是中心与边缘的霸权关系，而是建立在尊重历史与现实差异性基础上的"一国两制"关系。各个华人社会呈现出的"不同华人性"，它们不是平行的、独立的"华人性"，而是在同根同源、拥有根本一致性的华人性基础上衍生的差异性。特别是对港澳台地区和海外华人社会而言，差异性，指的是因历史、政治、意识形态的差异背景，而呈现与大陆华人社会不同的社会制度、生活方式与身份认同。

就中华性与华人社会的具体关联而言，共赢发展的基本要义应该是：首先，与内在的经济与社会发展的基本含义相比，共赢发展首先应该是国家发展，此即华人社会共赢发展的首要政治性含义。国家发展固然有民主化的内涵，但对华人社会而言，当下最重要的课题是国家统一与民族复兴。经济与社会发展是国家发展的重要内涵和基础，国家发展是最重要的原则和共识，其外延却更广泛，牵涉外部复杂的地缘政治经济要素。国家发展，或曰国家统一与民族强盛，或曰和平发展，或曰中华民族的伟大复兴，或曰中华文明的传承与繁荣，应该成为华人社会共赢发展的最大共识和最高原则。其次，是各个华人社会的和谐发展，即中国大陆、港澳台地区与海外华人社会各自的和谐发展。当下大陆正在构建法治社会，目标是通过依宪治国、依法治国，实现社会公平公正、可持续发展。鉴于港澳台地区华人社会对此已经积累了许多很好的经验，大陆与港澳台地区应该加强相互交流，港澳台地区某些成功的经验与有益的教训尤其值得大陆借鉴。

与几十年前相比，华人社会共赢发展的一个显著的不同特征是：之前大陆与港澳台地区社会经济发展很不对称，前者是封闭、贫困、僵化、落后的计划经济，后者是开放、先进、生机勃勃的东亚小龙，经济优势的天平向港澳台地区严重倾斜。如今大陆与港澳台地区的天平则向大陆严重倾斜，港澳台地区经济融入大陆市场，而且被大陆赶超的压力越来越大，相比而言，其心理优越感已逐渐消失，社会普遍焦虑烦躁，变得越来越不自信，进而转向保守，强调自身的差异性与身份认同，并以民主化发展诉求为爆发点，与外部地缘政治经济要素交织，使问题更加复杂化。这应该是华人社会共赢发展需要克服的两大重要挑战。

当下，华人社会共赢发展最突出的现实前提和战略机遇是：首先，是中国崛起；其次，是亚洲崛起。两者相互关联，彼此依托，相互促进。"一带一路"既密切连接着中国与亚洲内部各地区，又把中国与亚洲之外的欧洲、非洲大陆紧密连接在一起。人员往来、贸易物流、高铁技术的互联、互通、互补是条件，也是动力；实施中的"一带一路"基金、金砖国家开发银行、上合组织开发银行以及亚洲基础设施投资银行是保障，也是基础；已经建立的中国－东盟自由贸易区、已经生效的中韩与中澳自由贸易协定、亚太自由贸易区的倡议是架构，也是前景。如此，中国通过丝路贯通欧洲，与大西洋对接；通过亚太连接美洲，与太平洋对接。中国与亚洲构成一个巨大的命运共同体：中国崛起依托于亚洲的崛起，亚洲崛起依赖于中国崛起。无论是中国复兴，还是亚洲崛起，都将面临几大问题：其一，动荡与稳定的关系。这是国内的维度。其二，战争与和平的关系。这是国际的维度。其三，传统与现代的关系。这既是国内，也是国际的维度。其四，改革与开放的关系。这同样既是国内，也是国际的维度。所以，共赢发展，一方面浩荡大势，不可阻挡；另一方面又有大我与小我、大前提与小前提之分，有族群、文化、历史与意识形态之别。

　　三个相互关联的客观现实要求同样非常重要：其一，发展永远是中国政府与中国人民的"第一要义"，是不可改变，也不可阻挡的战略抉择和历史大势。其二，香港、澳门和台湾的华人社会积极融合大陆的发展这个第一要义，进而反过来整体成为大陆发展的重要推手，并最终汇合整个中华民族与国家的大发展和大复兴，是谓"共赢发展"。其三，发展的外部要素，即世界局势、地缘政治与周边环境，是中国大发展的外部环境与重要历史机遇，但道路永远不会平坦，前景也不会乐观。前两个因素是内部问题，应该成为华人社会的共识，无论是对大陆，还是香港、澳门和台湾，或者海外华人社会而言，都是如此。最后的外部因素有些复杂而吊诡，原因很简单，即西式民主化的诱惑与外部敌对势力的干扰。内外要素，往往会相互影响，相互转化，有时甚至汇合在一起，都需要积极应对，努力经营。无论内部因素，还是外部因素，华人社会所面临的中华性与共赢发展的基本前提首先是国家和平发展，这是关乎经济、政治、社会等其他层面发展的前提条件。然后才是发展路径与发展层面的问题，这既需要考虑你我、内外和中西之间选择和认同的大是大非问题，同时也需要考虑华人社会内部存在的历史差异性现实。一方面，"和而不同"的儒家要义，应该是一种大智慧。另一方面，诚如杜维明所言，"儒家传统中有一个根深蒂固的信念，以大事小靠仁道，以小事大靠智道"（杜维明，2009：10）。复杂难解的政治很多时候需要从族群、文化和历史的脉络中寻求公平解答的智慧。

　　应该承认的是，就国家与社会层面的关联而言，发展与公平既是双重尺度，也互为彼此尺度。公平作为一种尺度，通常是就衡量发展的社会与政治权力关系维度而言；发展作为一种绝对尺度，通常是关于福祉、前途和命运的课题，尤其是其对立面意义关联更具针对性，如亟待改变的贫困、饥饿、愚昧、落后、依附等状况。公平，是普世价值，有社会、国家、道德的维度，是人类价值观的基本愿望，也需要制度性安排来体现和保障。发展，是硬道理，有经济、社会、政治的维度，特别是当下第三世界新兴经济体的第一要义。中华性，是身份认同，有地域、族群、历史、文化的维度，是我们华人社会的共同纽带与内在动力。无论是公平，还是发展，都没有绝对性，都是地方性的和相对性的，都具有特定国家、族群、文明与历史的具体背景条件和特征。公平需要发展为基础，发展需要公平为导向。公平，离不开中华性的价值底蕴；发展，需要从中华性中寻求驱动力。华人社会与中华性的关系，也是如此：华人社会因中华性而凝聚相连，中华性因华人社会而承继丰富。无论是公平，还是发展，都不是理所当然的，也不是一厢情愿的。历史的经验早已证明，没有公平，发展不会持续，迟早会陷于停滞；没有发展，公平没有基础，无法真正体现。

中华性是华人社会连接的纽带，也是华人社会发展的动力。公平的尺度是华人社会的共赢发展，也是国家统一强盛、中华民族伟大复兴。如何认识和处理以下的关系，对中华性与华人社会共赢发展的讨论尤为重要：其一，华人社会内部，作为内在尺度的经济、社会发展与作为外在尺度的国家发展的统一。其二，作为中华性一致性认同与华人社会内部社会与意识形态差异性的统一。其三，作为历史文化传统的内在传承与改革开放现代化、对外交流的统一。中华性有政治含义，但不是政治霸权，血缘、文化与历史永远无法割舍动摇。中华性是根本性、综合性特征，但不是本质论，中华性始终是开放性的、融合性的，华人社会的多样性与丰富性同样构成中华性的重要财富。在台北第一届"唐奖"汉学奖颁奖典礼上，美籍华裔余英时教授的一段致辞很值得我们深思：

"作为一个源远流长的文明，中国完全可以和其他古文明如印度、波斯、以色列、希腊等相提并论。和以往不同，在重建和阐释中国文明的演进过程时，我们开始摆脱西方历史模式的笼罩。换句话说，从西方历史经验中总结出来的演进模式可以对中国史研究具有参证和比较的作用，但中国史的重建却不能直接纳入西方的模式之中。我们现在大致有一个共识：中国作为一个伟大的文化传统，主要在自身的内在动力驱使之下，前后经历了多次演进的阶段。但为了对于中国文明及其动态获得整体的认识，我们必须致力于揭示中国历史变动的独特过程和独特方式。然而这绝对不是主张研究方法上的孤立主义，恰恰相反，在今天的汉学研究中，比较的观点比以往任何阶段都更受重视。原因并不难寻找。中国文明及其发展形态的独特性只有在和其他文明（尤其是西方文明）的比较和对照之下才能坚实而充分地建立起来。从另一方面说，如果采取完全孤立的方式研究中国史，其结果势必坠入中国中心论的古老陷阱之中。"①

---

① http://news.ifeng.com/a/20140918/42021382_0.shtml.

参考文献

杜维明，2009，《对话文明》，载关世杰主编《人类文明中的秩序、公平公正与社会发展》，北京大学出版社。

《汉书》，卷四八，《贾谊传》第十八。

《汉书》，卷五六，《董仲舒传》第二十六。

梁启超，1996，《清代学术概论》，东方出版社。

刘后滨、董文静，2009，《论制度设计中的公平是社会公平的起点——以科举制的早期发展为中心》，载关世杰主编《人类文明中的秩序、公平公正与社会发展》，北京大学出版社。

陆尔奎、方毅等编，1994，《辞源》（上），警官教育出版社。

清代陈昌治刻本《说文解字》，卷二。

清代陈昌治刻本《说文解字》，卷五。

《史记》，卷二七，《天官书》第五。

《史记》，卷五三，《萧相国世家》第二十三。

《史记》，卷一二九，《货殖列传》第六十九。

谭保斌，2011，《论墨子公平正义观》，《湘南学院学报》第1期。

吴小安，2014，《概念脉络、文化关怀与比较视角：华侨华人研究的再梳理》，载李卓彬主编《中国华侨历史博物馆开馆纪念特刊》，中国华侨出版社。

《荀子·不苟》。

朱熹，2013，《四书章句集注》，《论语集注》，卷八，《季氏》第十六，中华书局。

朱熹，2013，《四书章句集注》，《中庸章句》，中华书局。

Ping-ti Ho, 1998, "In defense of Sinicization: A rebuttal of Evelyn Rawski's 'Reenvisioning the Qing'", *The Journal of Asian Studies* 57 (1): 123 – 155.

Tu Wei-ming, 1994, "Cultural China: The Periphery as the Center", in Tu Wei-ming, *The Living Tree: The Changing Meaning of Being Chinese Today*. Stanford: Stanford University Press.

康德的"外在自由说"与华人社会的发展

杨祖汉

（台湾中央大学中文系教授兼文学院院长）

康德有"内在自由"与"外在自由"的区分，又由此而有"德性义务"与"法权义务"之不同。德性义务要求人行为的动机纯粹，要为了义务而行，而法权义务则只考虑行为的外表的合法性。此一分别对于重德的中国文化或中国社会，如何从重德的要求转出重法治的精神，似乎可以给出一个重要的提示。即虽重德而要求自己符合德性义务是必要的，但对于别人的行动则可以先从行为是否合法来看，不必太注重其念虑是否纯正。念虑之是否纯正乃个人要求自己之事，只有在人从事深刻的内省时，才能明白。此一分疏，对于清儒戴震有名的对宋儒义理的抗议，即"以理杀人"之说，应可给出一个合理的解答。

从人的行动的外表是否合法来看人，是尊重人有其抉择的自由，这应该是社会能够健康发展的一个基础，而这种抉择的自由也可以上通至道德意志的超越的自由，从此一角度，也可以探索内圣与外王、德治与法治的关系。

一　上齐与下齐

孔子所说的"道之以政，齐之以刑，民免而无耻，道之以德，齐之以礼,有耻且格"(《论语·为政》)显示了两种齐同,齐同也就是平等。如唐君毅先生所说"道之以德,齐之以礼"是往上齐同,而"齐之以刑"便是往下齐同(唐君毅,1973)。通过德与礼引发人自觉地求实践道德,成为有德的君子的内在的自我的要求,通过这种努力,践德就可以逐渐成为人发自于内心,"由仁义行"之事,而并非只是"行仁义"(《孟子·离娄下》),即并非只是要求自己行为的外表符合仁义而已。而自觉自己的道德本性引发实践道德的自我要求,所谓"为仁由己"是人人可能的,而在这个地方努力,人人都可以达到上述由仁义行,即为义务而义务,而不会为达别的目的,而做出合于义务的行为。这种内心意志的纯粹境界,是人可以达到的最高的价值,天下间所有有价值的东西应该不会比自觉为义务而服膺义务的德行价值更高。从这个角度上看,反求诸己,要求自己达到这种意志的纯粹地步,成就最高的价值,是人的"最高平等性"。从这种最高的平等性来看人,便可以视每一个人都有他的尊严。如康德所说的每一个人本身都是一目的。这是由孔子畅发的成德之教的目的,即希望每一个人都能成为自觉地成德的君子。

但"道之以政,齐之以刑"所含的平等性,似乎也不能轻忽。通过明确的政治制度的立法,给出人民需要遵守的规则,这种遵守或法则的规范是就人的外表行为上来立法的,这些法不能够规定人内心的德性。人的内心是否纯粹,其决意是为私或为公,做出道德行为时,存心是否是为了义务而行,这是不能用立法来规定或衡量的,故用政治法律规范的只能是人的外在行为,只要人的外在行为没有触犯法律,别人或官吏并不能干涉。是以此由法政而来的"往下齐",实在有其必要,此意人所周知,不须多论。但此中由德礼而引发的精神自觉而往上齐,与用政法规范人的外在行为,禁制人的违法,在中国重德的文化传统影响下,产生了一些纠结。此则是很值得讨论的,所谓"纠结"可以引戴东原(戴震,1724~1777)有名的"以理杀人"之论来说明,他说:

> 呜呼,今之人其亦弗思矣!圣人之道,使天下无不达之情,求遂其欲而天下治。后儒不知情之至于纤微无憾,是谓理。而其所谓理者,同于酷吏之所谓法。酷吏以法杀人,后儒以理杀人,浸浸乎舍法而论理,死矣,更无可救矣!圣贤之道德,即其行事,释老乃别有其心所独得之道德;圣贤之理义,即事情之至是无憾,后儒乃

别有一物焉与生俱生而制夫事。古人之学在行事，在通民之欲，体民之情，故学成而民赖以生；后儒冥心求理，其绳以理严于商韩之法，故学成而民情不知。天下自此多迂儒，及其责民也，民莫能辩，彼方自以为理得，而天下受其害者众也。（戴震，1979）

戴震认为后儒（宋儒以下）的以理来要求别人，如同酷吏之用法严苛地要求老百姓遵守。而宋儒的所谓理，戴震认为是自以为是之理，即并不在人情、物理上探究，以为反求诸己就可以得之于心的"与生俱生"之理。戴震认为宋儒如此了解理并不合于孔孟。圣贤之道，是要使天下人的情、欲都能畅达、满足，而所谓理应该从如何达到这一理想来了解。戴震并不直接从要求人端正其念虑，来说以理杀人，而是认为后儒不从现实情况探究，而凭自己心中想法，以规定理，然后要求别人遵从，是以理杀人。但由于他所批评的宋儒之所谓理，一定是道德之理。故可以戴震此一说法来讨论，以严格的道德律要求别人遵行所可能产生的流弊。

戴震这一番议论似乎认为，酷吏荼毒人民，由于还是需要以法为依据，故是有一定的限制的。人如果严格遵守法律，还是可以避免酷吏的戕害，但如果以德与理来要求人，这种要求可以是无止境的，例如用内心不能纯粹的为善来定罪人，则任何人都没有办法避免被咎责。这一种反省其实以前的人是常有的，如董仲舒在《春秋繁露》中对于仁义的解说就含这种分别。董仲舒认为"仁"字是从"人"的，所以仁爱是用来对待人的态度，不是用来对待自己的；而"义"字从"我"，故义道是用来对待自己的，即要求自己的行为动机一定要纯正，不能打折扣。假如人以仁道待己，而以义道对人，便会一味地找借口宽恕自己的罪过，而对别人则做内心必须纯正的严格要求，这是对仁义之道的错置。俗谚也有论心与论迹的区分，[①] 这都是很合情理的话。当代徐复观先生曾提出儒家对于修己与治人是有不同要求的，他认为孔子所谓的"德治"，是要求人君以德来端正自己，并不是用高标准的道德来要求百姓。这从《论语》上所载的"为政以德，譬如北辰，居其所，而众星拱之""恭己

---

① "百善孝为先，原心不原迹，原迹贫家无孝子；万恶淫为首，论迹不论心，论心世上少完人。"

正南面"等说，确可为证。徐先生又举孔子所说的"子为政，焉用杀""苟子之不欲，虽赏之不窃"为证，可见孔子在与诸侯论政时，必先要求统治者反求诸己。在讨论孔子在回答食与信二者要去其一时，说："去食，自古皆有死，民无信不立。"此论并非表示孔子主张老百姓可以死，但不能没有信；徐先生主张此"食"是"食政"，即此"去食"是对政府来说的，表示在最不得已时，政府宁愿放弃赋税，甚至解散政府，以免因为政府的存在，使老百姓在艰难的现实处境下，增加负担，以致不能生活（徐复观，1971：229～246）。徐先生此一论述在对文献的诠释上，或有可商榷处，但其所阐发的的确是以仁存心的儒者该有的想法。故严格的道德标准是用来要求自己的，对百姓则需要以民食为急。由此修己治人的区别，应该可以避免戴震上述的批评。戴震所抗议的问题，是过分重视德性的修养而产生的流弊，这一流弊本来在上述传统的能体贴人情的合情理的看法下，是可以避免的。但戴震不从这种角度上来思考，即不去思考如何一方面要求自己端正存心上契圣贤，而又能宽厚待人，不忍在人的好的行为上，进一步苛求必须内心纯正；戴震不往此义思考，而要对理做另外的规定。

二　戴震反宋儒所说的理，其反对并不能成立

戴震反对宋儒把理当作超然独立，"别有一物"般的存在。他认为理是生生的自然条理，如要了解理，必须在事事物物中仔细考察、研究，才能懂得。理不是与生俱来，即不是先验的。故要明理不能冥心向内或往超越形而上处来追寻，而必须在具体现实的存在事物中来探究。必须运用人的血气心知，在存在事物中明白其理，真知理为必然如此，就可以以理成就良好的现实生活。而人如果在自己的现实生命上了解到自己的情感欲望之所需，然后以己情衡量、体贴别人之情，于是就能希望所有人的感情欲望都能满足，此所谓"絜情遂欲"，这也是所谓"善"。按照戴震此一思路，他所认为的理，其实是如唐君毅先生所说的"事理"（唐君毅，1973，导论篇），而并非道德之理。他以自己所了解的理来反对宋儒所谓的理，乃是以"事理"来反对道德之理，这一反对是不能成立的。人有感性欲望、自然性情，能满足这些现实生命的欲求，当然是

好的。而如何使大众有这些满足自然性情的幸福生活,当然是有理可说,但这如何造就现实生活之理,并非道德之理。造就现实生活如何得幸福之理,当然需要在经验现实上仔细研究、考虑,不能以一个自己信以为真的先验性的道理来规范现实的生命与经验的事物。如果明白戴震所谓之理是"事理",则可以承认戴震的所有说法,但并不能以事理来否定道德之理。

道德之理是当然之理,而所谓当然之理,是"吾人应无条件地为所当为"此一道理。即是说,人在服膺义务的事情时,不能借服膺义务而达成另外的目的,只能因为义务是该服膺的而服膺之,能明白道德的行为或义务性的行为是当然之义,是要人无条件地服膺之,便是懂得道德之理。这道德之理(道德律)是人人都承认的,不能反对的。人不可能认为在从事道德行为时,可以有条件地服膺之;如为了别的目的而从事道德行为,例如不是因为该守信而守信,这便不是因为守信是义务而服膺之,此别的目的,如因为是害怕不守信会造成自己的损失所以去守信,故人如果能诚实地反省自己行动的存心,都会承认道德行为是无条件的。这一对道德或道德律的认识,是如康德所说的"理性的事实",并非通过经验学习而得来的,可以说是不虑而知、不学而能的。而且,此道德之理并不依赖此理而产生的现实效果而成立。此理是单靠它自己而成立的,即若问人何以要实践道德,答案只能是因为实践道德是应该的,或只因为它是道德行为,所以人就应该去实践。此一同语重复般的答案,正表示了道德或道德法则的意义。此一道德法则之意义是人人反求诸心就必会肯定的,都会认为是理当如此的,是吾人本来便该肯定的,故此理也可以说是"性理",即此道德之理是吾人自己所认为理当如此的,必须肯定的。在西方也有学者说这是人性之理(The law of human nature)(C. S. 鲁益士,1998,第一章)。如果了解宋儒所说的理是性理,也就是道德之理,则从此理的先验(人人本知)、不依待现实效果而成立等特性,则说此理是超然独立的,不依于经验现实的,并没有错。

戴震此一质疑虽然并不能推翻宋儒"存天理,去人欲"的说法,但也说出了一个修己、治人需要区别来看的问题,如徐复观先生所说,儒者对于修己治人的标准是不同的,做自修的功夫或自我省察,是不能打折扣的,对于自己的行为表面合理,但动机不纯是不能放过的,此近乎上文所说的心、迹之辨。宋儒自周濂溪开始,即在发心动念的隐微处用切实的工夫，如云："几动于彼，诚动于此。"（《通书》）所谓几是"动而未形，有无之间"，即是人的意念，人必须要在意念动而未做出行动时，便要下恳切的省察工夫，要从生命的内部做澄清，把非理性的成分转成为理性，这种内心省察的做法，是儒家内圣之学的关键工夫，所谓"慎独"，也是此一工夫。必须要从生命的内部做转化非理性成分的努力，才能使人真正超凡入圣，此一工夫是合理的，除非你只要求自己的生命是凡夫俗子层次的生命，对于自己生命的不诚恳，动机不纯，不会不安，那不做这种工夫当然是可以的。但成德的要求似乎是人不能逃避的自我要求，或这是人的义务。如果成德是人的义务，则在发心动念上，要求意念的纯粹，或要求自己不只是行为符合义务，而是要内心为了义务而行，由于人普遍的具有道德意识，这种成德的要求应该是普遍的为人所具备的，是故，戴震反对宋儒"存天理，去人欲"之说并不合理，他认为理是情的达到纤细无憾处，他如此规定理，则此理如上文所说是事理，即如何能达成人们幸福生活之理，此理当然是很可贵的，但并不是道德之理。道德之理依上文所述，有其先验性，因具有先验性，故亦具有普遍性与必然性，由于此理为人人一反省即可得之，亦必会认同，故曰性理，则此理何以不是与生俱生？对此理要有明白真切的把握，须作反己慎独；若是则何以不能用"冥心求理"之工夫？由此行理之为先验，普遍而必然、为一切道德行为之根据，则名之曰天理，亦很自然，不应反对。即以道德之理为线索以了解天地之理，亦有理据。对道德之理之了解，从孟子便有明确的分解的表示，孟子所说的"义利之辨"，此中的分判、辨别当然是非常严格的，完全不能打折扣，虽然如此严格，但不能说不对，这不能说不对并不是圣人或某些权威说的，而是我们只要反求诸己就会同意的。故戴震的反宋儒"存天理，去人欲"的省察的工夫，表示了他对道德之理的不了解，他对于理的规定完全把道德之理的超越性去掉了，这可以说是"不知德"。戴震反对有超然独立的道德律，认为理只能在经验事务的调理中研究而获致，但如果不肯定超越的理，他所追求的絜情遂欲之理想也没有保证可以达成。因为如果不肯定超越的道德之理，人何以能够在感受到自己的性情欲望的要求时，又同时想到别人的欲求，而希望别人能满足其欲望呢？何以不会因感到自己自然情欲之强烈而真切，而只管满足自己，不顾他人？人能"己欲立而立人，己欲达而达人"，是因为可以超越自己的感性欲望而与别人相感通，而能与别人相感通，必须肯定有普遍的超越的仁心或性理的存在。故戴震反对宋儒理在先之说，其反对是不能成立的。

三 "外在自由"说可补充重德的中华文化

但话又说回来，戴震的批判的确道出了人性，或人的社会生活的重大问题，中国社会的确容易表现借着道德省察的严格、不打折扣而对人世俗生活的不同情，或甚至严以待人，宽以待己，即用严格的道德标准来要求别人，处处于别人的行为动机处来给出怀疑、考核，对于人的善行本身往往不能信任，总怀疑其背后有不可告人的动机，以为天下做好事的人，都是伪君子；这种对别人的严苛要求，由于有道德行为是从纯粹的意志出发才有真正的道德价值之义作为根据，于是容易表现以道德的纯粹性为借口而产生严酷苛察，甚至残忍。这种以道德的严格性来要求别人而产生的残忍，往往不容易自觉，使人陷入一种以行天理自诩的对人残忍的心理状态，由此义来看，戴震的控诉也并非没有道理。综上所言，戴震的以理杀人之说，有对也有错，不能因为他的控诉合理而承认他对宋儒所说的性理、道德之理之反对为合理，也不能因为他对道德之理了解不恰当，而否认他所说的以理杀人的现象之存在。于是这里头有一种纠结在，此一纠结是必须要解开的，华人社会在重德的文化传统的孕育下，的确表现了这一由重德而来的困境或错觉。即使如上文所引董仲舒或俗谚所谓的心与迹的区分，以宽厚待人、忠恕之道避免对人的内心的是否纯粹做过度严格的要求，但由于要求动机的纯粹有其合理性，故只是忠恕待人，未必挡得住此流弊。另外这种由重德而强烈要求自己存心纯粹的习性，也会造成内伤的结果。唐君毅先生在比较东西方的精神行程时，也表示了中华文化有"自伤"的情况。① 而解开此纠结之道，笔者认为康德将自由区分为"内在的自由"与"外在的自由"可以提供参考。

---

① 唐先生说："上帝之左足（按：唐先生此处所指的是西方文化），如不穿履而指爪在外。上帝之右足（按：此指中国文化），则穿履，重履践，而浑然全足。……左足之病，在指爪不剪，而血流未已。右足之病，在浑然全足，五指未能畅伸。左足之病在伤人，右足之病在自伤。"见唐君毅《人类精神之行程（下）》，载《人文精神之重建》，台湾学生书局，1977，第554页。

　　所谓内在的自由，即能摆脱感性欲望的纠缠，而自作主宰地遵从自己理性所给出来的道德法则，这是德性的义务。人要成就其德性的人格，成德是人的义务。要达成这种德性的义务，必须要求内心纯粹，意志为纯粹意志或自由意志，这种自由是超越的自由，此自由意志完全是自发自觉，自己给出所遵守的法则，或意志本身就是法则，此意志也可以说是实践理性，或曰理性成为实践的。对于这种自由意志，康德认为人在现实生命中恐怕是不能有的，因为人很难省察到行为的动机的隐微处，常常表面是为义务而义务，而其实是有所为而为，为了某些利益而给出行为外表符合义务的行为。而且人的经验知识必须要以因果法则为根据，无条件的不为前因所决定的纯粹意志，并非经验的对象。在以因果概念统一表象而形成的经验知识中，是不可能有（或虽有但不能知）无前因而自发的意志的决定，因为事出必有因。由康德此一分析可知成德之难。此困难有两方面，一是存心的纯粹并不容易，人总会受感性意欲所影响，要给出真正的道德行为，行动的存心必须是自由意志的呈现，要呈现自由意志除了要做深刻的自我省察的工夫外，还要冲破以因果律作为根据的行动与思考的习惯（顺因果律的思维习惯，自然产生以功利主义为目的的行动），这后者恐怕是更难的事情；二是对于无条件而自发的自由意志，人不能有经验上的认知。成德固然是困难的，但对于道德法则的了解，是人人都可知的，即是说，道德的行为必须是因为该行为是理所当然的行为，而不是为了别的目的而要给出的行为。道德行为的无条件性，是每个人稍一反省就可以知道而且给出肯定，故对于道德的意义必须有这两方面的了解，一是道德法则是一般都知道的事情，但按照法则而行事，纯粹地为义务而义务，则千难万难，吾人需正视此在道德上知行的易与难。如果中国文化确是以成德为最高的向往，虽然对于道德法则的了解并不困难，但由于成德的艰难与对纯粹意志（善的意志）的认识不易，便容易产生上述的流弊，即以容易了解但难以做到的严格的成德的理想或纯粹的存心来要求别人，由于对于道德律与依道德律而要求的严格、纯正的存心是很容易了解的，故容易以此来要求别人，而此容易被了解的理想其实难以达到，故用来要求别人，便造成竞相谴责或互相戕害的结果；当然有德的君子会以此严格的标准先要求自己，对别人则务在宽，但若以这种严格的道德标准来要求自己，也难免有内伤或自伤的后果。即把不容易企及的理想作为自己的义务，会因为理想的达不到而常怀愧疚。成德需要穷尽一生的努力，而且可能还达不到，在这种心理压力下，也可能会压抑生命的其他才能力量的发展，这应是唐先生所谓的自伤之意。对于真诚的以道德责任要求自己的人来说，确会有从把一个永不可及的理想放在自己有限的生命而来的沉重之感。①

康德所说的"外在自由"是从法权的义务来说的，所谓法权义务是从人的行为的外表来要求必须守法的义务，此义务不同于要求内心纯净的德性义务，德性的义务当然也要求行为的合法，但要求不只行为合法，行为的动机也需要为义务而义务。法权的义务则不必考虑人的内心是否纯粹，只需行为外表不违法即可，法权义务的原则，如德性义务，也是以自由为根据，只是此自由是决意（抉择上或任意）的自由，而非纯粹的意志之自由。康德之意应表示，人的经过自由抉择而给出来的行动，如果与其他人的自由可以相谐和，就不能被禁止。此意也可以简单地表示为自由抉择的行动，以不侵犯别人的自由为度。康德有关外在自由的原则说明，见于以下的文字：

> 任何一个行动，如果它，或者按照其准则每一个人的任性的自由，都能够与任何人根据一个普遍的法则的自由共存，就是正当的。（康德，2007：238）

任性（决意）的自由，即是抉择的意志的自由，而如果人抉择的意志给出的决定，与其他人按照自由而给出的决定，能够共存，则此决意的自由给出的行动就是正当的，既是正当的，就不能为其他人所干涉。故康德后文说：

> 因此，如果我的行动，或者一般地说我的状况能够与任何人根据一个普遍法则的自由共存，那么，阻碍我行动的人对我所做就不正当：因为这种障碍（这种阻抗）不能与根据普遍法则的自由共存。（康德，2007：238～239）

---

① 存在主义哲学家齐克果有"人生三阶段"之说，其中第二阶段为道德阶段，他认为道德阶段中的人是把永远达不到的道德理想背负在自己身上，故此一阶段的生命特征是忧郁。

　　所谓"普遍的法则的自由"是从抉择的自由来说的，即人都要求他的行动是自己决定的、不受他人干涉，把这个格准普遍化，就是上文所说的"普遍法则的自由"。当然假如我的自由决意的行动是会影响到或侵犯到别人的自由者，则我此由自由给出的行动就不能与普遍的法则的自由相谐和或共存，于是，我此一自由的行动就可以被干涉或被禁止。

　　康德此处所说的自由，完全从外部的行动，而非内在的存心来说。对此，康德有以下的解说：

　　　　由此也得出：不能要求这一切准则的原则本身又是我的准则，也就是说，我使它成为我的行动的准则；因为每个人都可以是自由的，即便我对他的自由全然不关心，或者即便我内心里很想破坏他的自由，只要我通过自己的外在行为并没有损害他的自由。使依法行动成为我的准则，这是伦理学向我提出的一个要求。　（康德，2007：239）

　　康德此段意思有点特别，表示了此法权的义务所含的外在的自由之原则，即"决意的自由给出的行动，须可普遍化而不妨碍其他人的自由"，不必作为我的行动的格准，即我不须以此原则来要求我自己，要我的存心依此原则而行，在我只要依法行动即可。我只须以依法行动作为我之格准，而不必以要使我以自由行动之普遍化而可与其他人之自由相谐和，为我的存心或格准。故法权义务、外在之自由，不涉及人之内在存心修养。只要我的外在的行为不违反或损害他人的自由就可以了。故此外在的自由完全可以不考虑人行动的存心或动机，只从行为本身是否不侵害他人，即与他人的自由行动兼容来考虑。康德甚至说即使我内心想破坏他人的自由，但只要没有给出实际上的损害他人的行动，便不违反此法权的义务。康德这一些论述明白地把德性义务与法权义务区分开来，德性义务要求人内心的格准能够普遍化，抽调一切个人的私见，而道德行为的道德价值完全在于行为的格准上，即纯粹的存心上；而法权的义务则只从外在的行为来考虑，只要行为不违法，不侵犯到他人的自由，则做出此行为的人，便不能被干涉，即使给出合法行动的人，你明知其内心、动机是不善的，也不能干涉。笔者认为通过此一区分，由于法权义务是通过立法来保障的，似乎就可以暂时挡住由德性义务而来的，对自己的动机存心做无尽的反省，也可以挡住以自己对道德标准的严格性的了解，来对别人做过分的要求，而产生戴震所说的"以理杀人"的流弊。康德下文续云：

> 所以，普遍的法权法则："如此外在地行动，使你的任性的自由应用能够与任何人根据一个普遍法则的自由共存"，虽然是一条赋予我一种责任的法则，但却根本就没有指望、更没有要求我完全为了这种责任而应当把我的自由限制在那些条件本身上，而是理性仅仅说，我的自由在其理念上被限制在这上面，而且事实上它也可能受到他人的限制；而且理性把这说成是一个根本无法进一步证明的公设。只要意图不是教人德性，而是仅仅阐明什么是正当的，那么，人们甚至不可以也不应当把那法权法则表现为行动的动机。（康德，2007：239）

此段康德明白地表示了虽然人的行动的自由有法权的普遍原则作为根据，人的自由行动也受此一原则所限制，但人完全可以不把此一原则作为他的行动的存心，如上文所说明白地把强调要求自己的行动的格准可以普遍化的德性义务，与保障人的行动的外在自由的法权义务二者的不同性质表达了出来。经此分析就可以了解外在自由作为法权的义务，可以独立于德性的要求之外。当然，外在的自由并非顺着人的本性随便行动的自由，人的自由行动需要受法律所约制，故也并非是随意的、顺感性本能而行的无法则的自由，康德对此也有分析（康德，2007：326）。但法律对于人的自由行动的规范，也只能要求自由的行动以不侵犯他人的自由为度，如果行动没有侵犯到他人，便不得受法律的强制禁止。这一种限制是消极的，对于人的自由决意，没有实质的规定。如此，外在自由之说一方面暂时停住了德性方面的无限省察，如上文所说，这应该可以避免从重德而来的伤人或自伤的流弊。而由于这由外在的自由而成立的法权义务的独立性，可以作为人的现实生活的一保障，此保障固然是就不受别人或法律干涉来说，另一方面也可以从人本来都非常关心的德性价值的自我要求中，得到暂时的止息来说。即是说只要人的自由决意之行动不侵犯到他人，则他要过什么样子的生活，如何从事何种工作，来追求他自己所认为的幸福，乃是他个人的自由，此自由是有法律保障的，其他人不能干涉，在此心情下，可暂不作念虑之是否纯粹的省察，而用心力于通过自己的自由决定所从事的活动及所要达成之功效、目的上。此时，人似乎可以感到有无限的可能可以给他去选择，有无穷的机会可以给他发挥。即在此自由的心境下，他有理由或有权利去用不侵犯他人自由的做法，来追求他自己选择的目的。虽然，他所过的不一定是以德性价值为追求的生活，但也可以有相当程度的心安理得。

四　讨论

上文所说的大意，条列如下，并做一些引申性的讨论：

（一）戴震对于宋儒言理的批评，虽不能成立，但的确说出了以严格的德性要求一般人会产生的流弊。此一问题必须做合理的回应，解决其中的纠结。吾人不能因为有戴震所说的"以理杀人"的流弊存在，便反对无条件为善的道德要求，但也必须了解德性的要求在对己对人两方面须有分别，亦须有限制，如此方能免于有流弊。

（二）对于重视成德，习惯以反己慎独严格省察自己念虑之微的君子，也需要体会德性的自我要求是无限的历程，此会用尽人的精神力量。在此一任重道远的自我要求下，人的其他才性、能力也可能会被压抑而不能充分地畅达表现，而有如唐君毅先生所说的自伤的情况存在，故如何既重德，而又可畅发人之才情，是必须要考虑的。

（三）康德德性义务与法权义务的区分，对外在自由与内在自由的不同，做了二者为截然不同的分析，表达了外在的自由完全以人的行动来考虑，只要行动不侵犯他人的自由，就有不被干涉的权利。此一法权义务固然不能直接使人成德，因为不需考虑人的存心或动机，但可以作为人在现实生活中的一重要的保障。此一保障有暂时止住德性的无尽要求，而有让人的自由决意可以充分发挥的空间。对于人的才性能力也可以有鼓舞，让其充分发挥的效果。

（四）如上文所说，外在的自由并不要求人对其存心的反省，好像是针对凡夫俗子的生活而给出来的义务，只要人不违法，则可不受干涉，如孔子所说的齐之以刑，但康德之说其实隐含了由于外在的自由必须尊重，于是人的生命力、才性，可以充分发挥的效用。故不能因为外在自由说不考虑人的存心与动机，便说此义务与人的德性的改善无关。由于此说挡住了人用严格的道德标准来判断别人，以及用此标准来要求自己，应该已表现了很大的德性的价值，虽然此外在自由所保障的是凡夫俗子的生活，但由于可以敞开一个人可以自由决定，自由选择的生活方式的空间，能保住这生活空间，对人的成德是有很大帮助的。

（五）这种外在自由虽然不同于道德行动所预设的纯粹意志的自由，即不是超越的自由，但由于人可以按照他的想法来行动，而不是受生理本能、心理欲望或外在的条件所主宰决定，即人的意志虽会受影响，但不会完全被决定，在这个意义上，可以说人的选择上的自由意志，也是人所以为人之特性。对于这决意的选择上之自由，也必须被尊重。一般人的生活或我们人的一般生活，其实都是活在选择性的自由意志作为我们的主体中，而产生的生命活动中，这种生活是自由的，但也是受各种因素影响的，固然人有义务使做出行动时的意志能够成为普遍的纯粹意志，即道德意志，但这种一般性的生活所表现出来的人的自由的身份，也必须受到尊重，这种生活虽然不是超凡入圣的神圣生活，但也不一定是自私自利的、一点价值都没有的低俗的活动，这是凡夫俗子天天所过的，家常便饭般的生活。譬如，人人都为了照顾他的家人而努力工作，都为他将来的前途，或他所憧憬的未来的幸福而筹谋计算，都为达到他能取得的最大的利益而做规划、做设计，这种有目的、有安排设计的生活，或许不合严格的道德标准，但此等凡夫俗子的一般生活，也常表现了人性的光辉，如为了保护亲人而宁愿自己受委屈，为了实现自我而努力打拼，为了取得众人的赞美或高尚的社会地位而努力求表现，诸如此类的为生活而付出的努力，也可以施展人的才能、禀赋，也构成了现实的世界中种种的姿采，可说是尽才、尽情、尽气的生活，这也不能否认其中有合理性，亦可说，人的无条件为善的道德精神，亦常在这种日常生活中透显出来，虽然往往是不自觉的。而这一方面的人间的生活，如何可以保住呢？当然道德的原则或依循道德原则而产生的道德实践，可以作为这种尽才、尽情、尽气的生活的超越原理，但这须作详细的说明，例如须说明真正圣贤的实践，是顺每一个别的人之现实情况而成就之，如孔子所说的"老者安之，朋友信之，少者怀之"（《论语·公冶长》）。而并非以我的想法为准来要求别人，强加在别人身上。又如同上文所说的，道德所含的严格的自省，会流于对别人的不同情，则这种凡夫俗子的追求实现美好生活的要求，似乎不能单以道德原则作为根据。当然没有道德原则是不可以的，没有道德原理所要求的超越性、普遍性，人的希望一切人都能过美好生活的愿望，根本不可能有，从上文评论戴震处可知，但只讲道德原则也是不够的。

（六）对于如何从内圣通外王的问题，也可以由此给出一个线索。由上文之分析可知，外在自由之说，对于人的德性的养成，是有很大帮助的。法权义务虽然不考虑给出行动者内在的心性，但也希望一切人都能通过自己的选择而生活，希望一切人在不违法的情况下，都得到别人的尊重，这其实也是人心的真正要求。亦可以说德性义务所要求的人人必须成为有德的君子的理想，需要有法权的义务作为限制，以明白显示德性义务是个人的自我要求，此方面的努力交给个人自己，别人不能加以强迫或作严格的批评，如此让人有一广阔的、自由的、生存的空间，此空间对于德性的养成也是必要的。外在自由说可以让人把用心在行动的存心、动机上省察的工夫暂时放一放，而又能以立法保住人的抉择的自由，在此义上看，外在自由说可以是在人还没有全部成为有德的君子之前，能维持合理的社会生活的根据。

（七）当代新儒家学者对于如何从以往的重德的文化生命转出知性，或如何从内圣开出外王，有很精辟的讲法。其中牟宗三先生认为必须通过良知的自我坎陷，以转出知性，运用知性的思辨构造现代化的以制衡为原则的政治制度；他的坎陷说，引发很多批评，而从康德内在自由与外在自由的区分，即吾人上文所说的以外在的自由为原则，所给出的法权义务，可以作为以成德为目的的德性义务的理据或条件，则此说也接近牟先生所谓的自我坎陷。由于法权义务不需要考虑人的动机是否纯粹，只从行为的外表来判断是否合法，而行为不合法者才会被强制禁止，在此情况下，德性义务是退而居于次位的，如此便有牟先生所说的坎陷的意思。当然康德之说，也不全同于牟先生之意。

如果上说不误，由德性所要求的摆脱一切感性欲求、私利想法，而自作主宰的超越的自由，必须辅以承认、尊重其他人的抉择的自由的法权义务，才可以达成其目的；则此二者虽然有内在与外在自由之不同，即德性义务与法权义务之不同，但因都以自由作为原则，应该可以相通。从此义上说，这两种自由的不同，便不必如牟先生以自我坎陷来表示。坎陷有自我否定之意，而从内在的自由转为外在的自由，并非自我坎陷。

而从抉择的自由上通于超越的自由，应该是很顺当的，故康德此外在自由说，可以作为使内圣通外王的线索或中介。

参考文献

戴震，1979，《与某书》，载安正辉选注《戴震哲学著作选注》，中华书局。
康德，2007，《道德形而上学》，载《康德著作全集》卷六，张荣、李秋零译，中国人民大学出版社。
唐君毅，1973，《中国哲学原论》，新亚研究所。
唐君毅，1977，《人类精神之行程（下）》，载《人文精神之重建》，台湾学生书局。
徐复观，1971，《儒家在修己与治人的区别及其意义》，载《学术与政治之间》，台湾学生书局。
C. S. 鲁益士，1998，《反璞归真》，余也鲁译，香港海天书楼。

一般信任、发展与公平的内在联系

（复旦大学社会发展与公共政策学院教授）

摘　要： 本文在综述近期研究发现的基础上，以案例和观察事实的呈现，探索一般信任、发展和公平这三个表征社会进步的指标变量之间的内在联系。基本的研究结论分为描述和解释两部分。描述性的结论有：（1）发展了，中国人保留着稳定而低度的一般信任水平；（2）发展了，中国人仍旧拥有稳定而低度的公平感意识。解释性机制是：道德和绩效作为一般信任和公平感的内在联系机制，可以用以解释发展后中国依旧存在的两个稳定现象。首先，"稳定而低度的一般信任"，在道德伦理上与传统的"家本位"文化中的特殊信任挤压一般信任相关；在绩效上与监管带来的成本提升、信任降低，以及监管 - 逆反现象密切联系。其次，"稳定而低度的公平感"，在道德伦理上与传统的威权主义顺从文化相连，而在绩效上与国家的"绩效合法性"转向休戚相关。

关键词： 一般信任　发展　公平感　道德　绩效

一 引言：一般信任与发展水平

早在 1956 年罗森堡（Morris Rosenberg）就提出计量一般信任（generalized trust）的标准问题："一般来说，你认为大多数人是可以信任的吗？或者说你与他人打交道时，是否要格外小心？"半个世纪过去了，这一标准题器始终被用作测量信任、信任水平、信任半径，由此产生过诸多有关国别差异、社会发展差异、阶层差异等极富影响力的研究（Delhey and Newton，2005；Fukuyama，1995；Putnam，2000；Uslaner，2002；Yamagishi，2001；胡安宁、周怡，2013；Zhou and Hu，2013 - 2014）。作为对陌生人或社会大多数人的信任，一般信任通常反映社会成员对人性善良的依赖（Delhey and Newton，2005），与乐观主义价值相联系（Uslaner，2000，2002），预示并标定着一个国家、一个社会或民族的进步、繁荣和文明（Fukuyama，1995）。所以，不仅学界，而且很多政府和相关机构都将一般信任作为社会发展评价的重要指标。

中国怎样？福山 1995 年的信任研究将包含在儒家文化圈内的中国界定为低度信任的社会。不管他立论的依据是什么，其研究结论是：发达国家具有相对较高的信任水平，发展中国家或相对贫困的国家则处在低度信任的状态，即发展水平与一般信任呈现正相关关系。那么，经过 30 多年高速的经济发展之后，中国人低度的一般信任状况是否有所改观呢？以下鲜活的发生在日常生活中的观察事实足以给出否认的答案。

观察事实 1

欧洲地铁站：无人把门，没有检票的栅栏，乘车者完全可以自由出入，但人人自觉买票上车；

中国地铁站：有二三人把门，需要安检随身包或行李，时而出现检查身份证的警官，然后通过验票的专门通道上车。

观察事实 2

（上海）城中的超市：所有物品是开架的，消费者可以随手拿取，收银台结算；

（上海）城乡接合部的超市：消费者买杯子，杯盖在售货员的控制中，付钱后杯体、杯盖才完整出现。一些面膜之类的小商品，不是开架可取，需要时找远处的售货员过来开锁取货。

如果欧洲相比中国仍属于更发达国家，如果城中相比城乡边缘区更发达更繁荣的话，福山的理论观点——发展水平不同的国家或区域，一般信任水平不一样——依然对今天的中国社会具有强解释力。但是，就中国改革开放以来自身的社会发展而言，为什么经济增长带来国家逐步富强的同时，未能拉动社会的一般信任水平的提升，反而频频出现类似"瘦肉精""地沟油"等信任危机现象，出现国家监管日趋加强的局面？而近期研究亦显示，美国社会的一般信任呈现下降的迹象（Paxton，1999；Putnam，2000；Robinson and Jackson，2001；Wilkes，2011）。这些发现挑战了既有的"发展与不发展"同"高度与低度信任"的简单相关关系，促使学者们寻找其他视角去重新解释信任与发展的关系。

重新寻找诠释的时候我们不难发现，公平是一个与发展、与信任都有密切关联的概念；同时，公平、发展和信任都是标示一个国家、一个社会是否繁荣、美好、向上的重要指标。

二　稳定的公平感：发展与不平等关系的悖论

在社会学学理意义上，公平与伴随发展而生存的不平等现象相关。学界在讨论发展与不平等的关系时基本存在三类不同观点：一类持乐观主义态度，认为发展的价值目标是追求公平、夷平不平等，发展与公平呈积极的正相关关系；将不平等视作社会发展的必然产物，在某些层次、某些方面上具有公平合法的道理（Evans and Kelley，2007）。另一类取悲观立场，强调发展恰恰是导致社会不平等的元凶，不平等等同于不公平的非道德现象；高度不平等的社会，易于发生底层阶级的反叛，从而掣肘社会发展（Rakowski，1991；Jasso and Rossi，1977）。还有一类观点则说，发展与公平的关系是呈现阶段性特征（Locke，1988）或"倒U型"特征（Szirmai，1988）。阶段性特征体现为，发展初期不公平、不平等程度极低；只有发展到某一水平，即人们的资源和权力分配及其摄取出现不平等的等级差异时，才预示着发展到了最高阶段。而"倒U型"特征是指现代化发展的最初阶段，社会不公平或不平等会随发展的增长而上升；随后，进入发展高峰之后的不公平、不平等下降的阶段（Xie et al.，2012：1070）。三类观点都是在客观存在的社会结构意义上看待发展与公平抑或不平等之间的关系，尽管各持己见、各自具备足够的事实依据，但它们都非常注重主观公平观的考量，亦都承认社会成员对公平状况的基本判断往往是和这个社会的发展水平联系在一起的。

中国怎样？近期的一些中国研究，无论是谢宇等人（Xie et al.，2012）关于当代中国经济发展与不平等之间关系的探索，马丁·怀特（Whyte，2010；Whyte and Im，2014）对于公众公平感的实证研究，还是赵鼎新（2013）对于政府"绩效合法性"的论述，都分别用不同的调查数据得出了两个基本相同的研究结论：一是，经过30多年的改革开放，中国的经济快速发展令世人瞩目，但发展引发的社会阶层化、不平等的资源分配差距亦极为明显。二是，在"发展水平比较高的社会人们更加倾向于认同社会的公平""底层人更倾向认同社会的不公平"等相关的西方理论命题中，中国例外了，具有属于它自己的本土特征。这就是：尽管改革以来中国社会发展了、分化了，但中国人普遍在观点意识上没有产生强烈的不公平感，相反大多数人认为今天中国的不平等是经济发展的必需品，可以刺激人们努力勤奋工作，因而是公平和可以容忍的（Whyte，2010：51）。怀特在2010年出版的《社会火山的奥秘》一书中还让我们看到：社会底层（农民工等）相比中上层来说更缺乏公平感（Whyte，2010）。2012年谢宇等人针对怀特的发现撰文指出，中国人之所以对不平等采取冷漠态度是基于他们对发展与不平等关系的主观评定或信念（belief）。何为信念？谢宇等人用"社会设计"（societal project）假设做了具体操作（Xie et al.，2012：1072）：在关注社会发展与不平等之间的关系时，假如社会成员认为两者是积极的正相关关系，那么他们对社会不平等的评价等同或类似于他们对该社会的发展水平的评价；但假如认为发展 - 不平等呈负相关关系，则他们相信高速的发展将带来低度的不平等。用这样一个社会设计假设，谢宇等人通过在中国六城市进行规模问卷调查，分析资料的结果显示：大多数中国人倾向于认定发展与不平等之间呈积极的正相关关系；只有少数人认定两者呈消极的负相关关系。也就是说，多数中国民众相信不平等是社会发展的产物和标记。不平等明显说明存在社会发展、发展水平高；不平等不明显与这个社会的低度发展相连（Xie et al.，2012：1069）。这样一种被揭示其实验证了怀特的研究结论：作为发展标记的不平等是可以被中国民众容忍的。到2014年，怀特等人再以"社会火山依旧冬眠"的拷问，通过跟踪调查，探讨中国人对社会不平等现状的态度及其社会公平观。他们的研究结论是："（1）自2004年起，经历5年的发展变迁，到2009年中国人对社会不平等的愤恨并没有增加，公平感继续维持2004年的状况。（2）未来5年中国人对社会不平等的态度也不易改变，即公平感具有稳定性。"（Whyte and Im，2014：62）

公平感不随发展而变的事实，还可以从笔者近日所做的个案访谈中找到支持。

案例1-1

（R夫妇，R1女53岁，R2男62岁，曾于1998年由某县航运公司下岗，自谋职业，现居住政府廉租房。Q学生的小姑，电话访谈）

Q：小姑姑我问你，就是当初你下岗的时候，有没有觉得这个社会不公平？

R1：当时肯定觉得不好的。关键是我们夫妻两个人都下岗，当时工作又很难找的。先是借钱开饭店，不是，是衣服店，向我姐姐，就是你大姑姑借钱的，后来衣服店没什么生意，又搬到递铺（县城）去开饭店，饭店也不好开，总是有乱七八糟的事情，搞到后来也不高兴搞了，就出去找活干。在好多家单位打过工，中间也老是换单位。后来2002年的时候，县政府大楼里招工，就去了，还是靠自己的。

R2：公平不公平，怎么说呢？当时应该说有很多人，我们航运公司总共有一千多人是分批下岗的。我们的单位本身不景气，拖欠银行的钱，入不敷出，生产力低下，人浮于事，僧多粥少，后来市场经济就做不下去了，只好关门、下岗。大家都下岗了，就没得比较了。下岗前我是科室行政人员，科长吧，你小姑是一般的办事人员，当时和单位的其他人比较，属于中上等，下岗后就没得比较了，市场吧，大家都一样靠自己了。

Q：当时，企业有没有对下岗员工发些经济补偿呢？

R1：企业没有，因为当时的航运公司没钱，没有向社保办交失业救济金。后来是政府牵头，和社保办联系好，按照每个人的工龄、比例，每个月下发一点钱，每个人最多领 24 个月。相当于发一部分的失业救济金。一个人大概也就能拿到两三千块钱。

Q：最近国家的廉租房被你们抽签抽到了，你们也搬进了新家，这个你们怎么看呢？

R1：嗯，这个事情我们也是很感谢的，说真的。廉租房终于被我们搞到了，终于有了自己的房子。

Q：那现在有没有觉得社会比以前公平一点了？

R1：稍微公平了一点点咯，要是说很公平也没有的。人家住别墅，我们房子这么小是吧。对我来说也是满意的，不满意怎么办啊，开开心心活得久一点就好了嘛。要说比我们苦一点的人也有很多，我们只能这样想，比上不足、比下有余。但还是要靠自己努力的，日子才比以前好多了。

从 1998 年下岗到 2014 年，16 年间这对夫妇随中国经济体制改革的发展，有过从集体企业旱涝保收的岗位到下岗自筹资金自谋生路的创业，再到重新选择打工的职业变动。尽管这段经历明显带有家庭经济地位的下向流动，但下岗至今被访者未流露明确的社会公平感意识及其差异。然而，两个时点上他们给出的解释存在明显差异：下岗时，他们有"不好""生存艰辛"的感觉，没有抱怨、没有反抗，是因为当时整个企业"一千多人同时间分批下岗"（参照群体为其同质的内群体），也源于他们对自己所在企业无法直面国家推行的市场经济制度的理解（社会发展的需要），再就是，政府用发放"一次性下岗补贴"平复了他们当时实际感觉到的利益受损（绩效补偿）。16 年后，在远离体制、参与市场竞争后的今天，他们对社会不平等的态度依旧取"比上不足、比下有余"的折中，其原因是"日子过好，要靠自己努力"（市场竞争让他们有了自主意识）。

案例 2

（Z 女士，32 岁，钟点工，20 岁时随其丈夫来上海，她的丈夫是建筑工地架子工，儿子从小学 1 年级起即在上海读书，今年上初二；受上海对外来打工子女教育政策的影响，今年暑假 Z 不得不带

孩子离开上海，返回老家安徽某县继续读书，行前接受访谈，上海某家庭）

　　Z：你问我这次回老家是不是抱怨上海对我们的小孩教育不公平？哎，已经能让他们进初中就不错了。原来都没法在城市读书。听说后面出生的，比如今年刚升小学五年（级）的打工者孩子，现在的政策已经允许在上海读高中了。一步步来，一步步会越来越好的，哎，我的孩子早生了几年。虽然已经在上海生活10多年，习惯和喜欢城市了，孩子在上海长大也不愿意回去，但是为孩子的前途只好先回去的。过些年，三年吧，等儿子考上大学，我再回上海。现在只能这样想，这么做。

　　Y：你从20岁到上海，十三四年在这里做工，在和城里人相处相比中有没有觉得被轻视而感到不公平的地方，这种是不是有变化？

　　Z：20岁刚结婚没几年就跟随老公来上海，来的时候感觉什么都很新鲜，虽然一开始就选择了在这一带做钟点工，天天和城市人接触，但是还是很少是那种交心的很近的接触，主要和同乡人交往。没有觉得城里人轻视我们的，相反，我做的几家人家都对我很好很客气，假如他们不好、轻视我，我也会辞退他们的（指从那些人家走人）。怎么说呢，重要的是自己，自己的命运决定一切，谁让我出生在农村呢。当然，我们老家也有很多好的地方，比如，房子便宜，房子大，空气好……而且，现在我和老公的收入比刚来时好多了，每月少说也在一万多，再加上年底他的分红奖金，老家外租土地的钱。孩子的读书成绩又特别好，老师总表扬他，有时候家长会，那些城里人的妈妈问我如何把孩子教育得这么好。我心里特别兴奋，很自豪的，我孩子比城里孩子学习好。总之，我们很知足，没感觉公平不公平的。慢慢来吧，什么都会改变的。

　　（回乡一二个月后，这位被访者打电话给我，说在老家不仅每月工资低很多，而且辛苦）

　　这位被访者在我们眼里是为孩子上学被迫返乡的，客观遭受着发展带来的教育不平等、城乡差异的地区不平等问题。但她的公平观意识很弱，基本没有感觉到被剥夺，反而很"知足"。这种知足，与案例1-1中的"比上不足、比下有余"一样，首要的影响因素是他们判断公平与否的参考点定位在与自己相似的内群体上。与案例 1 - 1 中的"下岗"所造成的地位下降不同，在改革（发展）的进程中，Z 家庭，相比以往农耕种田的生活，今天属于利益获得的上向流动者。这里，对自身利益绩效的满意显然是 Z 维持相对稳定而淡漠的公平观的重要基础。

发展引发不平等后，身处其中的人能够保持基本不变的低度公平观，这一事实说明：如同发展与一般信任之间并非存在简单相关一样，主观的公平感与客观发展的不平等之间亦并非一一对应的简单关系。同样，需要在其中寻找中介的解释变量。

三　道德与绩效：一般信任与公平感之间的交集

综上所述，我们已经得出两点研究结论：（1）中国社会百姓的低度一般信任（Fukuyama，1995）并没有随发展而变；（2）百姓的低度社会公平观（Whyte，2010；Whyte and Im，2014）亦没有随发展带来的不平等状况而变。那么，面对两个与发展关联的相对稳定之现象，我们不禁会问一般信任与公平观之间是否存在某种联系或某些交集呢？答案是肯定的。

首先，在一般信任与公平的话语中，我们很容易直接推及公平感与一般信任间存在正相关关系的结论。一些经验分析表明，认同社会是公平的人，或存在低水平的相对剥夺感的人，通常具有乐观主义的基本态度，更倾向于一般信任，即在人际或群际交往过程中更愿意相信绝大多数人、相信陌生人。相反，认为社会是不公平的抑或存在高水平的相对剥夺感的人，一般信任水平则低。不平等会破坏信任，从而影响社会经济秩序（Hu，2013；Uslaner，2002；范慧慧，2014；胡安宁、周怡，2013；周怡，2013）。胡安宁等 2013 年用中国综合社会调查 2010 年数据，考察不同所有制部门成员的一般信任水平时发现，公共部门成员相比私有部门成员呈现更高的一般信任水平。这种跨部门差异的其中一个中介的解释机制是：在公共部门工作的个体，其经济地位相对剥夺感和社会地位相对剥夺感都较低，即"中介变量'相对剥夺感'与一般信任水平显著相关"（胡安宁、周怡，2013：76）。范慧慧（2014）同样用中国综合社会调查 2010 年数据，从既有理论及因子分析中剥离出三种解释变量，即乐观主义、对象性信任和公平观，对一般信任的影响因素做了数据回归分析。其中，公平感这一解释变量，无论是在作为独立自变量的回归模型中，还是在加入其他两种解释变量的情况下，均对一般信任产生正相关的显著影响。即个体成员的公平感越高，越能够相信社会大多数人和陌生人（范慧慧，2014：27）。

一般信任与公平感的交集，可以从既有的一般信任、公平感的概念陈述中寻找。

在信任研究中，相比特殊信任注重交往经验而言，Uslaner（2002）认定一般信任的基础更多取决于人们的乐观主义价值，取决于一种认为世界是仁慈的、人是善良的世界观。即一般信任更多同社会道德相联系，具有价值观所体现的稳定性。柯维（Stephen M. R. Covey）等人则强调除道德以外一般信任还基于绩效。因为在他们看来，信任一定影响两个结果：效率和成本。信任下降必然引起效率下降、成本上升；信任上升则导致效率上升、成本下降（Covey，2012：34）。而在发展与公平的叙述中，道德和绩效恰恰是社会成员对公平状况做基本判断并形成其公平感的重要依据。所谓公平感，简单来说就是个体或群体对其付出与回报所做的评判（绩效的考量）；同时，这一评判亦依据整个社会的意识形态伦理及其个人内化于心的道德判断。即当我们说某件事公平或不公平的时候，既是对客观世界的评价，也是在做一种道德判断（Douglas，1966）。

因而，理论上道德和绩效能够成为连接一般信任与公平的交集点，并构成一般信任、公平与发展的内在联系已毋庸置疑；那么，现实中道德和绩效能否作为社会事实去解释当下发生于中国转型期的两个稳定现象？这是下文需要验证的部分。

解释现象 I　稳定而低度的一般信任

道德伦理上，学者们解释中国人一贯对陌生人持有戒心的根本原因在于，传统特殊取向的家本位－关系信任，代替、挤压或延伸出了社会的一般信任（周怡，2013；翟学伟，2003；杨宜音，1999）。周怡（2013）认为，中国当下信任危机的实质不是中国社会的整体信任模式的缺位，而是普遍主义取向的一般信任的缺失。其原因是传统特殊取向的家本位－关系信任模式，作为一种强劲的本土文化结构力量，抵制或挤压了顺应市场经济发展的、基于制度和道德的一般信任模式。翟学伟2003年通过对农民工外出打工的信息源分析看到，中国人信任关系的建立首先靠的是天然的血缘、地缘关系，然后再复制或延伸出其他关系。即只要存在血缘、地缘关系，原先没有任何交往的两个中国人就可能义务性和复制性地建立起彼此的信任关系。"关系信任"构成中国社会信任的重要特征（翟学伟，2003）。而杨宜音早在1999年提出"自己人"概念时就强调，中国社会的一般信任是通过拟亲化亲缘关系和个体间心理情感的亲密认同这两个将"外人"变为"自己人"的过程来实现的。"自己人"身份的获得是外人（陌生人）获取信任的一个前提条件（杨宜音，1999）。这些研究都试图说明，正是"家本位"抑或"差序格局"的关系逻辑，作为长期积淀于人们心灵深处一种道德伦理（金耀基，2013a：10），使得中国人总囿于"家"而难以随发展提升一般信任水平。下面这位被访者R1就很典型：

案例1-2

R1：信任是这样的，你不可能个个都信任的咯，有些人嘴上说得怎样怎样，其实根本就不是那么回事，也不会帮你忙。

Q：那回忆一下刚下岗的时候，那个时候的信任是怎样的呢？

R1：刚下岗的时候，家里人都帮我，我就相信家里人，还有一些老朋友，都愿意帮助我们，所以我相信他们。其他的人不可靠，比如，突然我们下岗了，没下岗的人就不和我们多啰唆了，这样的人我就不信任的。还是你奶奶，你爸爸，你大姑姑给我们帮忙，其他人谁帮你呢？国家根本不会来管你的。

Q：朋友呢？这么多年了对他们的信任呢？

R1：老朋友还是信任的，不过也就那么几个。人都是老的好，信任不信任，其实都是时常接触和来往的人。

Q：和刚下岗的时候比起来，现在你是更愿意信任别人还是不愿意了呢？

R1：要我说还是以前更相信别人，现在跟别人虽然接触多，但是关系更远，反倒没几个能成朋友的，也不那么互相帮忙、互相信任。说到底，还是家里的兄弟姐妹之间最亲、最值得相信。

R1 无论是在下岗时期还是现在，她反复念叨家里人、老朋友最值得依靠、最值得信任，信任的依据是能否得到实质性的"帮忙"。因而，尽管信任半径或者"道德共同体的包容程度"（Uslaner，2002：31）始终囿于"家"，但背后的支援点有表现利益绩效的理性：能帮忙的人才值得信任。

绩效上，改革 30 多年以来，市场经济制度的推进，在激发个体劳动积极性、丰富物质财富的同时，也极大释放了每一类行动主体的利益诉求。货币价值对市场和社会的无形主宰，让中国社会呈现出两幅不协调但存在因果关联的图景：一幅是，几乎每位社会成员都被推入市场竞争，他们对参与分享改革红利翘首以待；另一幅是，当生活世界的所有领域都附带理性的金钱利益关系时，为维护社会稳定，政府的监管范围扩大、监管力度不断加强。两幅图景其实分别代表市场与政府的二元联系或对峙。表面上，政府的监管是市场资源竞争的产物，即市场为因，监管为果；但在信任经济学的解读中，这种因果方向可能是反向的，这种反向引发的信任下降往往是社会持续低度信任的根源。

理由在：（1）用绩效视角看问题时，监管加强意味着管理成本上升、效率下降，等同于信任度下降。不仅理论上也在现实中，人们很容易看到诸多"监管本质上等同于不信任""不信任将付出昂贵成本"（Covey，2012：34 - 36）的实例。

观察事实 3

2014 年 3 月 1 日云南昆明发生暴力恐怖事件后，中国人对火车站这类公共场所的安全的信任度第一次急剧下降，车站实施严格的安检程序，监管措施上不仅增添了荷枪实弹的巡逻、核对身份证的程序等，还造成乘客原本提前半小时可以顺利上车，现在需要至少一小时。

观察事实 4

学者获得科研经费本来属庆幸之事，但不知道从什么时间起，获得者逐渐等同于被监管者，越来越繁杂的财务报销程序，让学者不得不在填表、熟悉不时变动的规章、找人签字、盖章、审批和被盘问的窘迫中反思自己的获得：是获得研究资助，还是获得被监管的身份？能否相信大多数学者是有教养、有抱负而有良知的善者呢？

当然，加强安检和监管是必不可少的保护国家和人民利益的措施。这里的问题在于：监管加强意味着信任度低，效率降低而成本上升。（2）监管造成的"逆反"会强化社会整体的不信任，从而导致低度的一般信任持续。如果监管本身就是"不信任"或"低度信任"的具体表现并表征为某社会的第一层信任水平的话，那么，现实的市场化条件下的中国还可能存在这样的社会事实：面对大范围"一刀切"的或过多而不断变动的制度监管，走进市场竞争的每位利益追逐者都会积极寻找可能的"擦边球""变通""制度洞"路径，去成就应该属于他（她）或其群体的本位既得利益，造成所谓的"上有政策、下有对策""被逼无奈""逼良为娼"等逆反现象。

观察事实 5

"需要发票报销"催生出生产或提供发票的行当。"要发票请拨123×××电话"的信息布满大街小巷，也挤占于手机的信息栏，还在车水马龙的车站现场不绝于耳。

显然，这样一种市场乱象之所以存在，有其不能不为的功能：即满足人们"需要发票报销""需要发票冲税"的需求。一些"勇者"通过低价购买发票获得了他们的市场利益；一些民企私企职工通过同样的方式获得了工资减税的利益；但另一些"好人"抑或"老实人"，在保证自身"清白"、不被卷入这场游戏的时候，加深了对社会、对陌生人的怀疑和不信任。而同时，政府对此不得不加强监管力度和范围，开启新一轮的社会不信任，这更进一步降低了整个民族的信任水平。简言之，监管－低度信任所导致的逆反，在引发更强监管的同时，又加剧了原本的低度信任。这是"每个人都不想要，但每个人都陷进去"的一场恶性循环的游戏。从中我们看到的是：监管问题可能是中国社会发展过程中始终维持稳定而低度的一般信任的根源之一。

解释现象 II   稳定而低度的公平感

同样，以下我们从道德伦理和绩效这两方面去解释为什么中国社会持有稳定而低度的公平感。

道德伦理上，中国人历来受威权主义顺从文化的影响（刘再复、林岗，2002）。用什么办法能将一个个分散的个体组织起来，最初始、最深厚的可资利用就是血缘关系，亲代对子代的抚育中就蕴含使之服从的因素。早期的人类利用血缘关系实现初民社会统治乃属天然之事。逐渐地，发展这种天然的恩赐由家拓展到家族及家族外群体，由宗法制度延展进今天的科层制度，复制或衍生到了国家的统治或支配模式。不少研究认为，"家"与"国"同构作为儒家社会伦理中存在的对偶现象之一（Schwartz，1959）长期左右着中国的文化政治（金耀基，2013b；刘再复、林岗，2002；殷海光，2009）。制度化儒学①形塑了中国人普遍存在的威权人格和心态。改革开放前的"以政治秩序为轴心"（Schwartz，1959：1）的中国百姓凡事都习惯于顺从政府的统一分配和安排，对国家、对单位组织具有极强的依附性。改革开放后，尽管整个社会的主导理念已经转向"以经济建设为中心"，几乎每一位中国人被推入相对自主的市场环境，但近期的一些研究表明：政府的意识形态、政府的社会动员依旧起支配性的强作用力量（Perry，2007，2008；赵鼎新，2013）；同时，全球爱德曼国际公关公司（Edelman Public Relations Worldwicde）2011 年度信任度调查报告显示，中国民众对政府的信任度达到 88%，居全球第一位，之后几年中国公众对政府的信任度一直在 80% 左右徘徊，居全球前三位（转引自周怡，2013）。政府持有稳定而强有力的社会动员力量以及民众居高不下的政府信任，其实以两个当下的社会事实呼应了中国人一以贯之的顺从权威、依附权威的深层文化特质。显然，社会成员具备这类文化特质，容易通过崇尚"个人应该服从集体、服从国家"的思想境界，将自己的境况视作当然的制度安排，从而忽略或削弱他们的公平感意识。案例 1－1 显示，下岗时，被访者没有直接回答公平与否的问题，相反，用"企业效益不好，无法面对市场竞争（R2）"这套与当时主流意识形态一致的话语，表示了他们对政府的理解。而现在，当一家人住进政府的廉租房后，他们用"现在生活渐渐好起来了，国家也给我们廉租房，总算公平了一点（R1）"这样的感叹，表达了自己的幸运与政府关怀之间的内在联系。而在案例 2 中，亦不乏"现在的政策已经越来越好了，一步步慢慢来（Z）"这样的信赖政府、寄希望于政府的声

---

① 制度化儒学意指"儒学被提升到国家意识形态的地位，与浓重的法家色彩的政治结构结为一体，即制度与文化的复合体"（金耀基，2013a：239）。

音。总之，谈及公平与否时，两案例中的被访者都不约而同地主动提及国家或政府，基本没有将注意力放在自己与他者、我群与他群的比较上，似乎他们的境况仅仅与自己（的努力）、与政府（的给予）息息相关。因此可以推测：传统的威权主义顺从文化作为长期积淀在中国人心灵深处的道德伦理，同中国老百姓所表现出的稳定而低度的公平感之间有其一脉相通的因果逻辑。

绩效上，赵鼎新 2013 年撰文强调政府的"绩效合法性"对中国经济发展及百姓公平观的形成起到了重要作用。他认为，改革 30 多年以来，中国国家的合法性已经从改革开放前的意识形态合法性转变为依赖绩效。正是"绩效合法性"的转向，使中国老百姓对政府的信任大大加强，这个信任在加强国家自主性的同时，也稳定了老百姓的公平感（赵鼎新，2013）。相比毛泽东时代以意识形态政治和精神文化为要件的集体贫困来说，改革以来，当国家的合法性基础转向绩效合法性后，"国家就得为增加绩效作出极大的努力"，"中国这些年经济为什么成功？就在我们的绩效合法性"（赵鼎新，2013：12）。政府的努力使 GDP 迅速增长，国力提升的同时，每一位社会成员都或多或少分得了改革的红利，家庭收入水平及生活质量的明显提高已有目共睹。换句话说，这样一种对绩效合法性的追求，在刺激国民经济的同时，也富裕了全中国的老百姓。因而我们在对老百姓的访谈中看到：当追问公平与否的话题时，他们习惯的思维方式是：（1）做纵向的自身利益抑或绩效的比较。即拿现在与过去比，拿城市生活与他们原有的乡村生活比。例如，案例 1 的被访者，将下岗时的境况与现在获得廉租房后的喜悦相比，认为社会对他们公平了许多。他们看到的是利益的获得和提升，相信人的依据是非常实际的"能否得到帮助"。案例 2 的被访者，将自己的城市打工生活与老家生活相比，看到的是城市挣钱打工比在乡村来得轻松、愉快且收入高。自身利益抑或绩效提升模糊了在社会学者看来他们都属于社会底层的阶级意识和可能产生的不公平感。（2）大多数的被访者最注重将自己与同类人做比较，而不是与异质性的其他阶层的人比较。

案例 3

（出租车司机 W 为上海人，男，56 岁；目前两份工作：小区保安和出租车司机，每天平均工作 14 小时，很疲倦，三口之家）

　　W：你问我为什么两份工作？哎，这年头一份工作不能养活自己和家的。2004 年在林业国有单位下岗。先是做黑车司机，后来进入某小区干保安。当保安期间间断性开开黑车赚点儿钱，后来进入一家某城区出租车公司当司机。小区保安的职位可以为我交"四金"，工资 2000 来块，做一天休一天的，而这个出租车司机也是做一天休一天，这样就衔接上了。保安工作尽管一天 14 小时但相当轻松，可以休息的。出租车司机工作累一些，但是，因为我有两份工作就不那么卖力干，想休息就早点回去睡觉。

　　Z：两份工作每月到手的收入超过 1 万啦？

　　W：是的，马马虎虎能达到 1 万元。

　　Z：不错，超过教授工资了。

　　W：是吗？教授没有 1 万吗（他很惊讶）？不过，我们苦呀，没日没夜干。我们干小区保安的，基本都像我一样，有两份工资，否则不行的。没想到你们××大学的教授收入这么低。我们经常不和其他人比较，基本就是和周围人、差不多的人比较。现在这样做，也习惯了，马马虎虎过得去。

　　这段访谈让我们领悟到，对我国工薪阶层的普罗大众而言，不少人还是习惯于同类比较的思维，这是因为人们头脑里仍然相信职业的工薪收入差别不大，如同上述被访者不知道访者收入，访者也不能想象被访者的收入一样。事实上，工薪阶层的收入的确在中国社会悬殊不大，基尼系数的攀高更多表现为那些直面市场的富人与工薪的普通老百姓之间的收入财富距离。因而，在如此的同群体绩效利益的比较中，中国人维持一个稳定而低度的公平感就显得情有可原了。

四　结论与讨论

　　将一般信任、发展和公平这三个表征社会进步、社会和谐的指标变量做其内在联系的理论及案例分析后，我们发现：（1）中国社会发展了，中国人保持着稳定而低度的一般信任水平；（2）中国社会发展了，中国人持续拥有稳定而低度的公平感意识。（3）道德和绩效作为一般信任和公平感的内在联系机制，可以分别用以解释上述（1）（2）两点研究发现。首先,"稳定而低度的一般信任",在道德伦理上与传统的"家本位"文化中的特殊信任挤压一般信任相关;在绩效上与监管不力造成的成本上升和逆反现象密切联系。其次,"稳定而低度的公平感",在道德伦理上与传统的威权主义顺从文化相连,而在绩效上与国家的"绩效合法性"转向有关。

这些研究结论首先被建立在对既有研究文献的综述基础之上,接着本文用一些相关案例和日常的观察资料去对那些由文献梳理而抽离出的研究结果做验证。应该说,在一项探索性理论研究中加入实证案例的写作是一次尝试。在定性方法的运用上本文没有严格做规范抽样,但这些案例和观察事实有鲜活的代表性,是实实在在发生在我们身边的可能已经熟视无睹的事实。将它们呈现出来并与一些既有的研究发现做对接,是本文的新意。由于所有的访谈案例被局限在低收入人群中,因此本研究形成的一些结论亦仅限于此。期待日后对相关议题做较大规模的田野工作,以弥补不足。

参考文献

范慧慧,2014,《个体一般化信任及其影响因素——个体价值倾向、人际交往经验和制度公平感》,上海:《社会学》第 4 期,第 18 ~ 29 页。

胡安宁、周怡,2013,《再议儒家文化对一般信任的负效应》,《社会学研究》第 2 期。

胡安宁、周怡,2013,《一般信任模式的跨部门差异及其中介机制》,《社会》第 4 期。

金耀基,2013a,《中国社会与文化》(增订版),香港:牛津大学出版社。

金耀基,2013b,《中国政治与文化》(增订版),香港:牛津大学出版社。

刘再复、林岗,2002,《传统与中国人》,香港:牛津大学出版社。

杨宜音,1999,《"自己人":信任建构过程的个案研究》,《社会学研究》第 2 期。

殷海光,2009,《中国文化的展望》(上),台北:台湾大学出版中心。

翟学伟,2003,《社会流动与关系信任:也论关系强度与农民工的求职策略》,《社会学研究》第 1 期。

赵鼎新,2013,《绩效合法性、国家自主性和中国经济发展》,爱思想网(http://www.aisixiang.com/data/65812.html)。

周怡,2013,《信任模式与市场经济秩序:制度主义的解释路径》,《社会科学》第 6 期。

Delhey, J. , and Newton K. , 2003, "Who Trusts? The Origins of Social Trust in Seven Societies," *European Sociology* 5:93 – 137.

Delhey, J., and Newton K., 2005, "Predicting Cross-national Levels of Social Trust: Global Pattern or Nordic Exceptionalism?" *European Sociological Review* 21: 311 – 327.

Douglas, Mary, 1966, *Purity and Danger: An Analysis of the Concepts of Pollution and Taboo*, New York: Panteon Book.

Evans, M. D. R., and Jonathan Kelley, 2007, "Population Size, Economic Development, and Attitudes towards Inequality: Evidence from 30 nations," *Population Review* 46: 1 – 21.

Fukuyama, F., 1995, *Trust: The Social Virtues and the Creation of Prosperity*, London: Hamish Hamilton.

Hu, Anning, 2013, "Public Sector Employment, Relative Deprivation and Happiness in Adult Urban Chinese Employees," *Health Promotion International* 89 (2): 23 – 32.

Jasso, Guillermina, and Peter Rossi, 1977, "Distributive Justice and Earned Income," *American Sociological Review* 42: 639 – 651.

Locke, John, 1988, *Two Treatises of Government*, Cambridge: Cambridge University Press.

Paxton, Pamela, 1999, "Is Social Capital Declining in the United States? A Multiple Indicator Assessment," *American Journal of Sociology* 105 (1): 88 – 127.

Perry, Elizabeth Jean, 2007, "Studying Chinese Politics: Farewell to Revolution?" *China Journal* 57: 1 – 24.

Perry, Elizabeth Jean, 2008, "Reclaiming the Chinese Revolution," *Journal of Asian Studies* 67: 1147 – 1164.

Putnam, Robert D., 2000, *Bowling Alone*, New York: Simon an Schuster.

Rakowski, Eric, 1991, *Equal Justice*, Oxford UK: Oxford University Press.

Robinson, Robert V., and Elton F. Jackson, 2001, "Is Trust in Others Declining in America An Age-Period-Cohort Analysis," *Social Science Research* 30: 117 – 145.

Schwartz, Benjamin, 1959, "Some Polarities in Confucian Thought," In David S. Nivison, Arthur F. Wright ed., *Confucianism In Action*, pp. 50 – 62. Stanford: Stanford University Press.

Szirmai, Adam, 1988, *Inequality Observed: A Study of Attitudes Towards Income in Equality*, Aldershot: Avebury Press.

Uslaner EM, 2000, "Producing and Consuming Trust," *Political Science Quarterly* 115: 569 – 590.

Uslaner EM, 2002, *The Moral Foundations of Trust*, Cambridge: Cambridgr University Press.

Wilkes, Rima, 2011, "Rethinking the Decline in Trust: A Comparison of Black and White Americans," *Social Science Research* 40: 1596 – 1610.

Whyte, Marting King, 2010, *Myth of the Social Volcano: Perceptions of Inequality and Distributive Injustice in Contemporary China*, Stanford. CA: Stanford University Press.

Whyte, Marting King, and Dong-Kyun Im, 2014, "In the Social Volcano Still Dormant? Trends in Chinese Attitudes Toward Inequality," *Social Science Research* 48: 62 – 76.

Xie, Yu, Arland Thornton, Guangzhou Wang, Qing Lai, 2012, "Societal Projection: Beliefs Concerning the Relationship Between Development and Inequality in China," *Social Scirnce Research* 41: 1069 - 1084.

Yamagishi T. , 2001, "Trust as a Form of Social Intelligence," In Cook, Karen S. ed. , *Trust in Society*, pp. 121 - 147. New York: Russell Sage Found.

Yamagishi T. , 2003, "Cross-societal Ecperimentation on Trust: A comparision of the United States and Japan," In Ostrom E. and Walker J. ed. , *Trust and Reciprocity*, pp. 352 - 370. New York: Russell Sage Found.

Zhou, Yi, and Anning Hu, 2013 - 2014 winter, "The Radius of Generalized Trust in Contemporary China," *Chinese Sociological Review* 46 (2): 63 - 90.

中国政治发展的价值根基

胡水君

（中国社会科学院法学研究所研究员）

　　摘　要：政治德性与政治理性，是政治价值的两种基本形式。政治价值既为政治权力的运行设置价值目标和原则要求，也因此使得政治权力的存续具有一定正当性，从而成为政治得以稳固发展必不可少的因素。历史地看，儒家的道德政治彰显出政治德性；源于近代西方的权利政治表现出政治理性；而侧重于功利的法家政治虽具缜密政治逻辑，但在价值上存在明显缺失。在现代化道路上，中国需要在继续动态地通过顺民意、促民生等实践方式维护政治正当性的同时，平行开通并拓展政治德性和政治理性的生发途径，强化政治的道德价值和理性价值，使民主法治具有更大的道德正当性、权利正当性和法律正当性，避免陷入单纯的利益政治或功利政治。

　　关键词：政治价值　政治德性　政治理性

　　政治既要讲逻辑，也要讲价值。政治逻辑与政治价值是政治的两个基本元素。历史地看，法家政治表现出一套基于人趋利避害的生理本性而实施赏罚的有效政治逻辑，而对政治价值有明显忽视；儒家政治则主要表现为一种基于道德精神开展政治实践，或者在政治制度和实践中灌注道德价值的政治。"政者，正也"（《论语·颜渊》），凸显出价值在中国传统政治中的基础地位。作为政治哲学的核心，政治价值不仅包含道德内容，也包含理性内容。政治德性和政治理性，构成了政治价值的两种基本形式。如果说中国以儒家政治为主导的传统政治，侧重于对以人的道德为价值轴心的政治德性的维护，那么，近代以来的西方政治，则侧重于对以人的权利为价值轴心的政治理性的张扬。总体而言，政治价值既为政治权力的运行设置价值目标和原则要求，也因此使得政治权力的存续具有一定正当性，从而成为政治得以稳固发展必不可少的因素。诸如堵塞政治价值生发渠道的法家政治，虽可兴起于一时，但往往难以为继。立足晚清以来"古今中外"的时空格局审视，在政治现代化进程中，统合传统的政治德性与现代的政治理性，开拓可久可大的中国政道或政治价值，仍可谓现代中国亟待实现的历史任务。本文沿着从法家政治、儒家政治到现代权利政治的历史发展线索，对三种主要的政治类型做价值分析和判断，并由此尝试提出构建现代中国政治价值的学理方向。

一　法家政治的价值缺失

法家人物多为政治家或改革者，而并非普通的司法行政官吏。从《商君书》开篇关于是否"变法"的辩论，可明显看到作为"政材"的公孙鞅与作为"治材"的甘龙、杜挚的不同。公孙鞅"论于法之外"，力主"不谋于众""变法而治"，是鲜明的立法者、变法者或政治人物形象。与之相比，居官守法，力主"因民而教""据法而治"的甘龙和杜挚，看上去则是附着于既定政制之下的执法者、"拘礼者"或行政人才。作为政治家的法家人物，他们着眼于整个国家政治体制，提出的不仅仅是行政或司法理论，而是典型的政治理论。一些学者因此断定，"法家之学，是一种政治学或政治哲学"（陈启天，1936）。法家的政治理论在逻辑起点、治理手段、政治目标上自成严整体系，在具体实施中也显示出强大社会功效。

以人的生理或自然本性为根本的"自然之道"（《韩非子·功名》），是法家理论的逻辑起点。法家虽然明确反对像儒家那样将政治建立在"仁""德"的基础之上，但也讲"道"和"理"，一如学者所言，"法家以治出于理","理为法家之根本主义"（谢无量，1932）。总的看来，法家理论的道理根据在于自然律和自然人性。《韩非子》中提到，晋国郡守董阏于看到百仞深涧，从来无人也无动物误坠其中，就明白了治国方法，说："使吾治之无赦，犹入涧之必死也，则人莫之敢犯也，何为不治？"（《韩非子·内储说上》）这样一种有如坠涧必死的客观过程或自然律，正是法家立论的基础。从"必然之理"（《商君书·画策》）、"必行之道"（《韩非子·解老》），推出"必治之政"《商君书·画策》），是法家政治的基本理论逻辑。法家理论的重要特点，就在于"与理相应"（《韩非子·解老》），因循客观的"必然之道"（《韩非子·显学》）来治理国家。此特点一贯地体现在法家诸子的理论主张之中。

在法家那里，依循"自然之道"来达成"必治之政"，是通过人的自然本性实现的。法家所主张的"因自然""因天道"，在政治和社会领域就是"因人之情"（《慎子·因循》）。人情或人性，按照法家理论，并不指人的道德良知，而是指人趋利避害的生理本性。用商鞅的话讲，"民之生，度而取长，称而取重，权而索利"，"饥而求食，劳而求佚，苦则索乐，辱则求荣，此民之情也"（《商君书·算地》）。人"皆挟自为心"（《韩非子·外储说左上》），彼此"用计算之心以相待"（《韩非子·六反》），是法家对人性的基本判断，也是法家政治的人性论前提。此种人性，在法家看来并不是道德批判或政治改造的对象，反而是政治或治道的根基之所在。循天道、守成理、因自然就是顺应人的这种性情，"不逆天理"也就是"不伤情性"（《慎子》）。正是通过人的自利性情，"循天顺人"（《韩非子·用人》）得以统为一体，"自然之道"得以落实于政治和社会领域。犹如市场经济或市民社会以人的理性计算能力为前设一样，人的趋利避害本性，也被法家所充分利用，成为法家政治展开的现实切入点，正所谓"天道因则大，化则细……因也者，因人之情也。人莫不自为也，化而使之为我，则莫可得而用矣"（《慎子·因循》）；"人生而有好恶，故民可治也……好恶者，赏罚之本也"（《商君书·错法》）；"凡治天下，必因人情。人情者，有好恶，故赏罚可用。赏罚可用则禁令可立，而治道具矣"（《韩非子·八经》）。

自然人性和"自然之道"，构成了法家在治理手段上坚持"垂法而治"（《商君书·壹言》）、"以法治国"（《韩非子·有度》）的根本理据。法家之所以"不务德而务法"（《韩非子·显学》），正在于法律与自然人性、"自然之道"的紧密内在联系。在法家那里，法律包含着"赏"与"罚"两个基本内容，二者分别对应于人性的"好"与"恶"。以赏劝，以罚禁，乃法家鉴于人的自然本性而以法使民的一般原理。所谓"操名利之柄而能致功名"（《商君书·算地》）、"操其利害之柄以制之"（《韩非子·内储说上》），都是法家基于人趋利避害本性的"使民之道"（《商君书·更法》）、"用民之法"（《韩非子·说疑》）。在法家理论中，法律在国家治理功效上的充分显现，不仅有赖于赏罚对人的自然本性的契合，而且依凭于赏罚如同"自然之道"那样"用之如一而无私"（《商君书·定分》）。在关于董阏于的叙述中，无人误坠百仞深涧，显然既与人的趋利避害本性相关，也与"入涧之必死"的自然情势联系在一起。法家强调"公私之交，存亡之本"（《商君书·修权》），力主"信赏必罚"（《韩非子·外储说右上》）、"去私行，行公法"（《韩非子·有度》），甚至坚持"行刑重其轻者"（《商君书·说民》），终究是为了使赏罚如自然律一样，成为自动有效的必然客观过程，让人对法律像面临百仞深涧那样"莫之敢犯"。此可谓法家的"使法必行之法"（《商君书·画策》）。以赏罚对治人的好恶，以公法达到令行禁止，这是法家在国家治理上"因自然""行必然之道"的两个主要表现。

　　总体看，法家政治是一种有着缜密逻辑的自然政治。此种政治从人的生理本性出发，通过法律将所有人际关系确定为客观的法律关系，并以法律的严格一律实施在国民行为与名利刑罚之间建立起必然的因果联系，从而造就"一民使下"（《管子·任法》）的法律治理体系。这一近乎自然律的客观体系，由于受到理论逻辑的有效支持，具有明显的外在效果。这至少体现于三个方面。一是"治乱"（《韩非子·有度》），使社会获得相对稳定的秩序，"以救群生之乱，去天下之祸，使强不陵弱，众不暴寡，耆老得遂，幼孤得长，边境不侵，君臣相亲，父子相保，而无死亡系虏之患"（《韩非子·奸劫弑臣》）。二是在一定程度上"使民……致其所欲"（《商君书·说民》），让一些国民获得功名利益。三是"主以尊安，国以富强"（《韩非子·和氏》），此乃法家政治最为显著的功效，也是其最高的政治目标。商鞅变法"行之十年，秦民大说，道不拾遗，山无盗贼，家给人足。民勇于公战，怯于私斗，乡邑大治"（《史记·商君列传》），"兵革大强，诸侯畏惧"（《战国策·秦一》），可谓法家政治效果的极致表现。无论是社会安定，还是国民基于赏罚体系主动或被动获得功利，都从属并服务于"富强之功"（《商君书·算地》）、"霸王之业"（《韩非子·六反》）这一终极目标。按照法家的理论逻辑，国富、兵强、主尊，必须通过赏罚以"抟民力"（《商君书·农战》）、"致民力"（《商君书·壹言》），通过法治统一国民行为、整合并提升国家能力来实现。商鞅所说的"人情好爵禄而恶刑罚，人君设二者以御民之志，而立所欲焉"（《商君书·错法》），昭示出法家政治"尊君""利上"（《韩非子·八经》）的初始动机，以及国民的趋利避害本性、国家的无私赏罚体系与主尊国强的霸王之业之间的内在联系。

近代西方的权利政治理论，就其结束"战争状态"、维护"自然权利"、形成"民族国家"而言，与法家理论其实有着相似的治理逻辑和外在效果，只是多出了法家所不具备的政治理性向度。从政治价值的角度看，尽管法家对暴政有所察觉和排斥，认为"仁暴者，皆亡国者也"（《韩非子·八说》），由此"期于利民"（《韩非子·心度》），希望"国无刑民"（《商君书·赏刑》），反对"劳苦百姓，杀戮不辜"（《韩非子·亡征》），但是，"以功用为的"（《韩非子·外储说左上》）的法家政治总体上并未包含政治德性和政治理性内容。在政治德性方面，法家消解了人的道德本性及其在人际交往和政治领域的作用发挥，力主"远仁义"（《韩非子·说疑》）、"不务德"（《韩非子·显学》），甚至将仁政与暴政同列亡国之道，由此最终滑向"制民""塞民""胜民""备民""戒民"（《商君书·画策》、《商君书·定分》）、（《韩非子·南面》）的政治境地。对生冷客观的"自然之道"的追随，堵塞了仁义道德在法家政治中的生发渠道，这使得法家政治与儒家政治表现出"自然"与"道德"的明显区分。在政治理性方面，法家通过赏罚体系有效地让民众"轻死""乐用"（《商君书·弱民》）的"使民之道"，其实亦可谓"死民"之道，民众在国家政治生活中的主体地位因而不得彰显，其只能沦为达致政治功利的手段。基于此，法家政治总是不断地被批评为"牛羊用人"（《法言·问道》）、"残忍为治"（《隋书·经籍志三》）、"违道而趋利，残民以厚主"（《苏轼文集·六一居士集叙》）、"有见于国，无见于人；有见于群，无见于孑"（章太炎，2003）。富国强兵、尊君称霸的外在功利目标，最终遮蔽了人之为人的内在理性价值，这使得法家政治与权利政治表现出"功利"与"权利"的明显区分。《商君书》上的一段话鲜活地勾勒出法家政治的非道德立场和理性价值缺失:"民之见战也,如饿狼之见肉,则民用矣。凡战者,民之所恶也。能使民乐战者,王。强国之民,父遗其子,兄遗其弟,妻遗其夫,皆曰:'不得,无返。'又曰:'失法离令,若死我死,乡治之。行间无所逃,迁徙无所入。'行间之治,连以五,辨之以章,束之以令,拙无所处,罢无所生。是以三军之众,从令如流,死而不旋踵。"(《商君书·画策》)从中,可洞察由功利目标所主导的有效政治逻辑和治理效果,却见不到政治的道德根基和理性取向。对此,有学者(徐复观,2001)曾做出这样的评价:"法家政治,是以臣民为人君的工具,以富强为人君的唯一目标,而以刑罚为达到上述两点的唯一手段的政治。这是经过长期精密构造出来的古典的极权政治。任何极权政治的初期,都有很高的行政效率;但违反人道精神,不能作立国的长治久安之计。"

功利目的、治理手段与实际效果之间严密而连续的政治逻辑,并未为法家政治带来持久的合法性。因为道德和理性价值的缺失,法家政治在历史上也产生了不利的政治后果。其一,将人际关系一律构造为法律关系,抑制了仁义忠诚在人与人之间的生发空间,以致"伤恩薄厚"(《汉书·艺文志》)。这使得法家政治"必有无德之患"(《论衡·非韩》),尤其是带来"君臣相憎"(《论衡·自然》)、"上下相忌"(《苏轼文集·韩非论》)。古人就此指出,"法术之御世,有似铁辔之御马,非必能制马也,适所以楛其手也。人君之数至少,而人臣之数至众,以至少御众,其势不胜也。人主任术,而欲御其臣无术,其势不禁也。俱任术,则至少者不便也"(《群书治要·体论》)。其二,亲疏不别,贵贱不殊,实际伤害了一些社会阶层;重其轻罪,则会让更多的人受到与罪不相称的伤残,也容易导致犯轻罪者干脆选择犯更重的罪;无功不赏,阻塞了在功利体系中陷于不利竞争处境的人获得赖以生活的基本福利的政治途径。这些不仅使法家的"国无怨民"(《商君书·去强》)理想不能实现,也在事实上造成了"宗室贵戚多怨望"(《史记·商君列传》)以及"揭竿而起"(《史记·陈胜本纪》)的民众反抗。古人因此提到,"申韩、商鞅之为治也,拂拔其根,芜弃其本,而不穷究其所由生……背道德之本,而争于锥刀之末,斩艾百姓,殚尽大半……犹抱薪而救火,凿窦而出水"(《淮南子·览冥训》)。其三,法家关于"上古""中世"

"当今"（《商君书·开塞》、《韩非子·五蠹》）之类的时代划分，以及对"六虱"（《商君书·靳令》）、"五蠹"《韩非子·五蠹》的批判和排斥，显示出法家割裂历史传统、脱离文化根基的现实利益立场。法家政治因此看上去欠缺足够的价值元素和文化内涵，从而通常被认为虽能收近效但常有远祸，客观上不利于政治在文化基垫上获得持久发展，"可以行一时之计，而不可长用"（《史记·太史公自序》），甚至被比喻为需要慎用的治病药石。

二　儒家政治的德性根基

从法家政治，不难看出基于人的自然本性、近乎自然规律的经验法则，而难以发现人的经验认知之外、形而上的道德世界、道德法则和道德诉求。法家理论有意或无意隔断了人的道德认知，只将政治限定于经验认知领域，在根本上缺乏或无涉道德确信。因此，虽然法家理论和法家政治把生理基础、赏罚手段、功利目标紧密衔接起来，形成了在政治上可有效操作的自治逻辑，但在此知识体系和政治过程中，人与人之间客观生冷的利害和法律关系消解了人的政治德性和政治责任。与之形成鲜明对照的是，政治道德以及道德意蕴浓厚的政治责任，一直构成为儒家政治的核心。一些学者对此有所觉察，认为"中国的政治理论……所提出的，并不是政治上的主权应该谁属的问题，而是政治上的责任应该谁负的问题"（钱穆，2005），"中国传统政治……一向注意政府责任何在，它的职权该如何分配及选拔何等人来担当此责任"（钱穆，2005），"中国传统思想，则无宁谓人类道德意义尚远在国家意义之上"（钱穆，2010）。

无论是作为中国传统文化主流的儒家文化，还是作为中国传统政治主流的儒家政治，其根基都在于"道德"。大体而言，中国传统文化主要表现为"道德"文化，其中，"道"为"德"之根本，"德"为"道"之功用或入"道"之门阶。对于"道"与"德"的内在一致，古人有这样的表述："道者，德之本也……德者，道之泽也。"（《新书·道德说》）"道与德不是判然二物。"（钱穆，2010）尽管如此，从客观与主观的角度看，"道"与"德"亦可略作区分，"大抵道是公共底，德是实得于身，为我所有底"（钱穆，2010），"道者，人之所共由；德者，己之所独得"(《朱子语类》卷六)。在社会意义上，如果以"道"为客观的自然过程，而以"德"为主观的精神努力，那么未尝不可以说，法家政治的立足点在于一种立足经验规律的客观自然之"道"，而儒家文化和儒家政治则始终不离作为主体的人之"德"或者同样被认为客观存在、围绕"德"展开的道德律。"道"与"德"的这种相对区分，既发生在法家与儒家之间，也发生在道家与儒家之间。因为对仁德的坚持和固守，儒家在世界观、价值观和人生观上同时对法家和道家产生理论张力，由此所倡导的政治是一种典型的植根于人之德性的道德政治。

法家对"德"的排斥，并不表明对"道"的舍弃。看上去，法家与儒家都讲"道"和"理"，都试图依循"天道"推导出政治之道，只不过各自所追随的"道"在内容和方向上存在根本分歧。法家基于"刀锯以制理"(《文心雕龙·诸子》)，儒家则"志于道，据于德"(《论语·述而》)，主张"道之以德"(《论语·为政》)。在政治道路上，法家与儒家分别侧重自然律和道德律，这可视为各以人的生理本性和道德本性为根基的两种"道"。"自然权利"的近代自然法与道德意蕴深厚的古代自然法大致对应于这两种"道"。法家对客观法则的倚重与道家对自然之道的遵从是相通的，两家都表现出一种冷智慧，都反对道德建构和礼教。《韩非子》有专门的《解老》《喻老》篇，《史记》将韩非与老子并列作传，认为"韩非……喜刑名法术之学，而其归本于黄老……原于道德之意"(《史记·老子韩非列传》)，以及法家将黄帝治道断定为"内行刀锯，外用甲兵"(《商君书·画策》)并遵照实施，凡此都显示出法家与道家之间的一定相通性。有学者(陈沣，2012)指出，"'天地不仁，以万物为刍狗；圣人不仁，以百姓为刍狗'，韩非之学，出于老子而流为惨刻者在此"。对于客观的"自然之道"，儒家并未完全否定或忽视，但儒家政治的重心不在于此，而在于以德性为根基的"仁"道。贾谊的一段相关话语很具有代表性："凡人之智，能见已然，不能见将然。夫礼者禁于将然之前，而法者禁于已然之后，是故法之所用易见，而礼之所为生难知也。若夫庆赏以劝善，刑罚以惩恶，先王执此之政，坚如金石，行此之令，信如四时，据此之公，无私如天地耳，岂顾不用哉？然而曰礼云礼云者，贵绝恶于未萌，而起教于微眇，使民日迁善远罪而不自知也。"(《汉书·贾谊传》)从这段话可以看出，儒家对无私乃至冷酷的"自然之道"并非毫无察觉，但儒家政治不落脚于此，而是在治国方式上优先考虑德教，由此将道德置于政治的基础地位，并不纯粹依靠法律。相对法家和道家的冷智慧而言，儒家表现出更强的热心肠，儒家政治尤其注重人的道德主体性和主动性在国家治理中的充分发挥。

基于道德的角度看，无论是在关于世界的认知上，还是在治国手段和方式上，儒家都比法家显得更为深厚和开阔，儒家政治因此呈现出很强的价值意蕴。与法家政治单纯的法律治理手段以及封闭的功利系统相对照，儒家政治及其理论包含着更为立体的复合结构。人为道德主体，生而具有道德本性，处在受天道法则支配的道德世界中，是此立体结构的理论前提，而这在法家理论中是缺乏或被阻隔的。法家政治以人为功利主体，通过利害赏罚诱导社会行为，达致富国强兵的政治目的，这些都只在一个可经验的、世俗的平面世界展开。法家理论得以建立以及法家政治得以产生实效，只以此经验世界中客观的"自然之道"，或者基于人的生理本性而对人发生趋利避害效果的自然律为前提。对于儒家而言，经验层面和利害法则只是立体复合世界的一个方面，此外还存在一个受到道德律支配的道德领域。道德律在儒家那里虽然难以被经验认知，但始终被认定为与经验层面的利害法则一样具有客观实效。这是贯通天道、本于人德的"仁"道。质言之，儒家对世界的认知兼具经验和道德两个维度，与法家只承认并专注于经验世界和经验法则不同的是，儒家以经验世界和道德世界为一体，并且将道德世界和道德法则视作政治的根本。因此，形而上的心性或生命意义主题通常成为儒家追寻和深究的根本，儒家政治理论实为其心性之学的当然延伸。《大学》开篇"大学之道，在明明德"，《中庸》开篇"天命之谓性，率性之谓道"，以及《孟子》的《尽心篇》提到的"尽其心者，知其性也"等，这些显得幽微的心性论，可谓儒学和儒家政治理论的理论源头之所在。儒学中道德与政治之间的此种不可分割的复合结构，是法家理论所不具备的。无论是心性之学，还是人之仁德，在法家理论和政治实践中都被切断或遭受抵制。总体上看，以道德律指引人的社会行为，将仁德道义融入世俗和经验世界，提升政治和社会的道德价值，是儒家政治的努力方向。

因为坚持从道德理论或心性之学导引出政治原则，儒家政治在历史上透显出鲜明的道德性格。归结起来，这至少表现在三个方面。

其一，"道"高于"君"。儒家所奉的"道"是仁道，正如孔子所说，"道二：仁与不仁而已矣"（《孟子·离娄上》）。使政治合于仁道由此达致仁政，使"政"成为"道"的衍生、"正"的实践，是儒家政治理论的要义所在。这在具体实践中不仅停留于政治层面，也广泛深入到社会层面，正所谓"君君，臣臣，父父，子子"（《论语·颜渊》），"父子有亲，君臣有义，夫妇有别，长幼有序，朋友有信"（《孟子·滕文公上》），"君尽君道……臣尽臣道"（《孟子·离娄上》）。先秦儒学中的这些话语，更适合理解为仁道在政治和社会生活各个领域的自然流行，而并不适合理解为强制性纲常伦理秩序的普遍扩展。《孟子》中礼制内容的淡化在一定程度上反映出此特点。尽管秦之后中国传统政治对君权、纲常和礼教的维护日渐形式化和强制化，但从先秦儒学特别是孔孟理论看，"道""仁"远比"君""礼"根本，流灌于各种政治和社会身份中的个体道德精神才是基本的。宋明儒学之所以被作为"新儒学"看待，一个重要方面正在于其在一定程度上试图将仁德从强制伦理秩序中解放出来，使之重新成为人主动的道德自由精神的努力。在这一点上，宋明儒学特别是其中的心学，实际显露出现代性的某些端倪。而且，即使客观上存在由"师道"入"臣道"、由"仁"入"礼"的历史流向，儒学因此终究未能在现实层面自觉生发出民主政治体制，但对君权的道德和制度限制始终构成儒学所主导的中国传统政治的重要特点。这既表现在祖制以及宰相制度等对君权的约束上（钱穆，2005），也表现在对君王的道德教育、劝谏、影响和规范以及对无道之君的道德批判和政治警诫上。在儒家经典中，能够反复看到关于政治"有道""无道"的讨论。就理论根本而言，在儒家政治中，君主或政权处在从属于"道"的地位，政治的最终目标不在于"尊君"，而在于行仁道。儒家所表现出的"以道事君，不可则止"（《论语·先进》）、"引其君以当道，志于仁"（《孟子·告子下》）、"格君心之非"（《孟子·离娄上》）、"从道不从君"（《荀子·臣道》）的道德立场和传统，与法家"尊君""利上"的政治立场相比在道德价值上形成强烈反差。

其二，"为政以德"（《论语·为政》）。仁德，在儒家那里是达致人与"道"相契合的具体途径，也是获得政治合法性的基本价值要求。在儒学知识体系中，天道的主要内容和显现形式不是基于人的生理本性的自然律，而是基于人的道德本性的道德律；使政治合乎"道"的关键就在于道德律得以充分发挥作用，从而让人的行为，特别是君主和治理者的行为表现出政治德性。以人的德性为根基，是中国主流传统政治和文化的核心人文特征。将"道"置于政治之上，将"德"贯通在政治之中，构成了儒家政治的基本特质。这既源于儒家心性之学对道德本性和道德世界的把握，也与鉴于三代诸如"殷革夏命"（《尚书·多士》）的历史经验而对道德法则在政治实践中的现实作用的深切体认密切相关。与法家将政治兴衰的根本归结为世势变化和治理逻辑不同，儒家将政治兴衰的根本归结为政治德性，正所谓"得天下也以仁，其失天下也以不仁"（《孟子·离娄上》）。在对政治德性的态度上，儒法两家存在着根本分歧，由此形成了法家"不务德而务法"、儒家"为政以德"两种不同的政治道路。"天命靡常"（《诗经·文王》），"惟克天德"（《尚书·吕刑》），"不敬厥德，乃早坠厥命"（《尚书·召诰》），儒家这样一种关于天命与人德之间具有必然联系的道德认知，隐含着政治革命的可能性，也促成了通过提升仁德以顺应天道的政治努力方向。从儒家理论看，"大道既隐，天下为家"（《礼记·礼运》）的世道变革，或者，政权与民众之间的裂缝，造就了政治革命的客观条件。这使得政治德性在历史上更多地流行于自上而下的行政管理活动中，也使得在后世近乎私天下的帝制条件下，通过政治德性弥合君民间的分裂显得更为紧要。总体上，在中国传统政治中，对政治德性的维护以及由此对政治革命的提防是经常的历史现象。

其三，"民惟邦本"（《尚书·五子之歌》）。将天道与君德贯通起来的传统政治概念是"民"。在儒家政治中，"民"成为天道与君德的实际落脚点，既是"有道""无道"的权衡标准，也是"仁"与"不仁"的价值轴心。儒家政治因此多被判定为以民为本的"仁政"或民本政治。这亦是其与法家政治相区别的一个重要特点。在先秦儒学中，"民"一度被提升到比"君"还高的政治地位。诸如"民为贵，社稷次之，君为轻"（《孟子·尽心下》），"天视自我民视，天听自我民听"（《尚书·泰誓》），"天生民而树之君，以利之也"（《左传·文公十三年》），"天之生民，非为君也；天之立君，以为民也"（《荀子·大略》）等话语，显示出"民"在政治领域的基本地位。无论是从"大道之行也，天下为公"（《礼记·礼运》）的政治理想看，还是从先秦时代这种以民为国本的政治观念看，儒学事实上蕴含有一定民主因素。① 这在对无道之君的批判或置换上表现得尤为突出："若困民之主，匮神乏祀，百姓绝望，社稷无主，将安用之？弗去何为？……天之爱民甚矣，岂其使一任肆于民上，以从其淫，而弃天地之性，必不然矣"（《左传·襄公十四年》）；"不以尧之所以治民，贼其民者也……暴其民甚，则身弑国亡；不甚，则身危国削"（《孟子·离娄上》）；"君有大过则谏，反覆之而不听，则易位……则去。"（《孟子·万章下》）尽管这些民主因素在秦之后长期未得到充分生发的历史机遇，但民本仍始终构成为深受儒学影响的传统政治的核心要素。后世儒家政治中"得君行道"的政治思路，一方面使君主政制因为其一定程度的为民政治实践而获取适当合法性，另一方面也使政治德性以民本形式在行政层面得到持续延展。传统民本政治所透显出的此种政治德性，避免了法家政治的价值缺失，有学者就此指出，"凡使中国传统政治之不陷于偏霸功利，而有长治久安之局者，厥惟儒家之功"（钱穆，2010：79）。

三　权利政治的理性取向

相比而言，儒法两家对人性和世界有不同的判断和认知，儒家政治与法家政治因此具有不同的政治逻辑，在政治价值上亦呈现出明显差异。渊源于人的道德本性的道德系统或世界，是儒家理论及其政治的独到之处。这一道德系统构成为儒家心性之学的本体，儒家政治则具体表现为此道体在政治层面的作用形式。由于政治系统为道德系统所贯通并与之形成"用"与"体"的关系，儒家政治往往被视为一种从"内圣"开"外王"的"内圣外王"政治，从而展示出超越于现实经验层面的道德价值维度。明显的是，在"道"与"君"、"德"与"政"、"民"与"邦"之间，"道""德""民"被相对赋予了更为根本的地位。尽管儒家抱有"天下为公"的"大同"理想，但历史并未表明儒家政治与君主、刑政、邦国格格不入。通过将"道""德"

---

① 就中国传统政治中的民主因素而言，有学者提到，"真求民主精神之实现，必使人道大统，下行而不上凑，必使教权尊于治权，道统尊于政统，礼治尊于法治，此乃中国儒家陈义，所由为传统文化之主干，亦即中国传统政制精意之所在"，见钱穆，《政学私言》，九州出版社，2010，第71页。

"民"作为基本因素植入现实政治，中国传统政治即使在君主政制下也达致了一定程度的政治德性。从政治权力的角度看，虽然此种政治德性客观上对君主和行政权力形成某些制约，但它更多地作为政治智慧存在于传统政治实践中，而未必总是作为不利于君主政制的消极方面对待。政治德性在刑政民生等多方面的彰显，实际上为政治权力的存续灌注了道德合法性，脱离政治价值的法家政治实践因此难以普遍展开，其相应的政治后果也受到适当抑制，而大同道德理想与现实君主政制之间的历史矛盾亦因此得以缓解。

理论上，任何政治的延续都需要与之相应的逻辑和价值支撑。政治逻辑决定政治的可行性和实效，政治价值则决定政治的正当性和持久性。总体来看，法家政治侧重于政治逻辑，儒家政治则不离政治价值。从人的自利本性出发，依循趋利避害的自然之道，通过赏罚二柄调动整合人的行为，这样一套严密有效的政治逻辑，使得法家政治通常表现出比儒家政治更为强势的政治实效。同时，富强称霸的功利目标以及民得以致其所欲的功利效果，虽然不足以替代政治价值，在很大程度上却也可以避免由政治价值缺失所带来的政治弊病的即时显现，从而使得法家政治在一定历史时期具有可接受性。与法家政治形成对照，儒家政治并不否定刑罚的作用，但其重心不在于此，正所谓"刑为盛世所不能废，而亦盛世所不尚"（《四库全书总目提要·政书类》按语）。在法律之外，儒家政治更加看重仁德和道德律的作用发挥。从人的道德本性出发，依循"善善恶恶"（《荀子·强国》）的道德法则，通过德主刑辅引导调整人的行为，这是儒家政治的基本逻辑。道高于君、为政以德、民惟邦本，这些诉求使得儒家政治逻辑终究受制于道德价值并由此显露出鲜明的民本倾向。大体而言，在儒家政治更为立体复合的政治结构中，其超越层面的道德系统、道德法则和道德价值是法家政治所缺乏乃至极力排斥的，其经验层面的基本逻辑在起点、理据和形式上也迥异于法家政治。如果说，儒家政治主要通过道德与政治权力的融合来形成政治合法性，法家政治主要通过功利与政治权力的衔接来谋求政治合法性，那么，权利政治则主要通过权利与政治权力的纽结来构建政治合法性。作为典型的现代政治，权利政治在逻辑和价值上既有别于法家政治，也不同于儒家政治。

从自然的角度看，权利政治与法家政治同为由人的生理本性出发的自然政治，都区别于乃至针对道德政治。权利政治的出发点是自然权利（natural rights）。权利政治独特的现代逻辑和价值皆源于此。这是一个直接渊源于人的自然本性的"自然"概念，而并非一个"道德"概念。尽管康德、洛克等人试图基于道德或宗教提出自然权利概念，但在与教会统治针锋相对的"启蒙"运动背景下，这一概念其实不适合理解为神授或天赋人权（God-given rights）。按照霍布斯、斯宾诺莎等人的表述，自然权利就是人为了保全自己的身体和生命而不顾一切做任何事的权利。①在关于自然状态和社会契约的理论中，此种肆无忌惮的自然权利必定导致人人自危的战争状态从而难有经常性的稳固保障，为摆脱混乱局面，人们达成社会契约，建立政治国家，由此所形成的权利政治一方面通过公权力和法律保障人权和公民权利，另一方面又使公权力受到民主制约，自然权利因而得以在国家和法律形式下受到常规保护。显然，与法家政治相近，权利政治并不将道德认知和道德系统作为其必要前提，而是以人的生理本性以及经验和理性认知为根基。从人的自然欲望出发来展开政治实践，在基于经验和理性的知识范围内判断、思考和解决政治和社会问题，这是权利政治可归属于自然政治的主要特征。鉴于此，从自然权利出发的现代政治被一些学者归结为"建立在人的意志基础之上的治理"或"受意志指导的人的治理"（Ian Shapiro，1994），也被另外一些学者归结为旨在保护身体和保全生命的"身体政治"（the politics of body）或"生命政治"（bio-politics）（Michel Foucault，2003：202 -207）。自由意志的主导在很大程度上消解了超验的自然法或道德法则及其支配地位，以身体、生命、财产、自由、快乐为基本内容的自然权利也明显集中于人的生理需要，这些使得权利政治不同于深入到道德系统或超验世界的道德政治或宗教统治，而是与法家政治一样主要流于世俗

---

① "自然权利，乃是每个人按照自己的意愿，运用他自身的力量，来保全他自己的本性，亦即保全他自己的生命的自由。这也就是用他自己的判断和理性认为最适合的方式去做任何事情的自由。"见霍布斯，《利维坦》，黎思复、黎廷弼译，商务印书馆，1985，第97页。"每个个体应竭力以保存其本身，不顾一切，只有自己，这是自然的最高的律法与权利。所以每个个体都有这样的最高的律法与权利，那就是，按照其天然的条件以生存与活动。……个人（就受天性左右而言）凡认为于其自身有用的，无论其为理智所指引，或为情欲所驱迫，他有绝对之权尽其可能以求之，以为己用，或用武力，或用狡黠，或用吁求，或用其他方法。因此之故，凡阻碍达到其目的者，他都可以视之为他的敌人。"见斯宾诺莎，《神学政治论》，温锡增译，商务印书馆，1963，第212页。

功利层面。①

　　尽管权利政治与法家政治都具有自然的和功利的特点，但从价值的角度看，权利政治透显出法家政治所不具备的理性价值。这也是权利政治不同于儒家道德政治的现代特质之所在。一般认为，现代政治和社会体制是对所谓"霍布斯问题"的应对，亦即，"既然人们都有情感，并且都试图以理性的方式来追求情感，那么，在有着许多人互相关联地行动着的社会处境中，是否可能以理性的方式去追求情感呢？或者在什么条件下才是可能的呢"（帕森斯，2003：104；特纳，2003：35~36）？此种沿着人的生理本性和经验认知、依循理性方式来思考和对治人际利益冲突的现代发展路径，虽然如法家政治一样侧重于自然、功利和世俗领域，并不触及道德世界，但因为自然权利这一出发点而彰显出鲜明的人文价值。自然权利以及自由意志，排除了宗教的或超验的世界观，而将根本落实于自然世界和人本身，由此个人的自然本性和价值得到高度认可，个人的尊严和能力受到充分尊重，个人被认为生而具有权利，人的身体、生命、尊严、权利、自由从而亦成为现代政治和法律制度的基本价值。正是此种价值维度，使得权利政治不像法家政治那样只成为功利政治和权力政治，而是将世俗功利与权利价值、政治权力与自然权利巧妙地糅合在一起，以此避开了法家政治的价值缺失弊病。同时，虽然权利政治与道德政治皆具价值取向，但二者并不完全相同，而是呈现出理性价值与道德价值的差异。权利政治更多地与人的认知理性相联系，它主要表现为对经验世界的情感、欲望和利益等做合乎经验的认知以及合乎逻辑的判断、比较、计算和推理等能力（阿巴拉斯特，2004：42）。不同于道德理性，基于认知理性而形成的保障人权、无害他人等价值准则，虽然也可能产生具有一定道德意义的实际效果，但它与基于不计得

---

① "现代思想的出发点是个人的权利，并认为国家的存在是为了确保个人发展的条件，而希腊思想的出发点是国家的自治和自立的权利，个人则被认为要促进国家的那种存在状态。"见巴克，《希腊政治理论：柏拉图及其前人》，卢华萍译，吉林人民出版社，2003，第36~37页。"前现代的自然法学说教导的是人的义务；倘若说它们多少还关注一下人的权利的话，它们也是把权利看作本质上是由义务派生出来的。就像人们常常观察到的，在17和18世纪的过程中有了一种前所未有的对于权利的极大重视和强调。可以说重点由自然义务转向了自然权利。"见施特劳斯，《自然权利与历史》，彭刚译，三联书店，2003，第186页。关于自然权利的现代意义及其在现代政治中的基础地位，参见施特劳斯，《霍布斯的政治哲学：基础与起源》，申彤译，译林出版社，2001，第118、186~190页。

失的道德理性而衍生出的道德价值仍有差别。而且，权利政治通常持有较为明显的非道德化立场，拒斥对道德的政治强制以及法律道德主义，①以此避开了传统的教会统治或道德政治对人的生理本性的适当抑制。

　　就权利取向和理性价值而言，权利政治也可被称为理性政治。"政治理性"（political reason）、"政治合理性"（political rationality），或者，使政治权力的运行合乎理性、合理化，这是权利政治在价值维度上的独特表现。在权利政治中，政治权力获得合理性主要是沿着保护自然权利的路径展开的。自然权利，既为政治权力提供了存续的必要性和正当性，也对政治权力提出了组建原则和运行规范。因此，合理安排政治权力结构，规范和限制政治权力，使政治权力始终围绕保护人权和公民权利的政治目标行使，成为权利政治的精要所在。如果说自然权利得到常规保护为权利政治造就价值合理性，那么，遵循经验规律科学构设的足以有效保障人权和公民权利的政治权力体系，则为权利政治造就形式合理性。质言之，权利政治具有通过机构配置和法律制度严格限制和规范政治权力以防止其损害自然权利的民主向度，而这在历史上的法家政治和儒家政治中都未得到充分拓展。中国传统政治尽管对君权亦有一定程度的约束，但总体缺乏对君权的刚性限制，更缺乏通过诸如选举、集会、游行等民权活动来制约君权和行政权力的法律形式。与传统政治不同的是，权利政治下，一方面对政治权力的规范和约束得以严格化、法律化和科学化，另一方面对人的生理本性的道德强制得以消解。此外，权利政治对极权政治、民粹政治和道德政治皆有所排斥，显现出一定的"反政治"倾向。由于民权政治活动形式的开通以及独立司法体系的建立，权利政治为政治表达和民权诉求提供了理性的法律形式和国家层面的中立救济渠道，在很大程度上避免了政治的大型暴力化和非理性化，特别是在政权更迭时期。总体上，从人的生理本性和自然权利出发，依循经验规律和科学原理，通过合理配置和严格规范政治权力有效保障自然权利，

① "处在自由主义中心的是这样一种看法，即国家不应使用其强制力把善良生活观念强加给个人"，见 Christopher Berry Gray（ed.），*The Philosophy of Law：An Encyclopedia*，New York：Garland Publishing，1999，p. 506。边沁亦曾将"个人判断的权利"视为现代社会中人们所珍视的一切东西的基础，认为个人"把自己的判断力从权威的束缚中解放出来"，"更多地相信自己的能力，而少相信那些名声显赫的人物的一贯正确"，见边沁，《政府片论》，沈叔平译，商务印书馆，1995，第106、236页。关于"道德的法律强制"的争论，还可参见哈特，《法律、自由与道德》，支振锋译，法律出版社，2006。

这是权利政治的主要逻辑。虽然权利政治所包容的政治理性在理论上亦受到批判性审视,[1] 但与法家政治和儒家政治相比,权利政治在民主向度上对人权和公民权利的保障以及对政治权力的有效制约仍表现出明显的理性价值。

作为现代形态,权利政治既在逻辑上对法家政治有所深化,也在价值上表现出对儒家政治的不同甚至反动。从自然与道德的关系看,权利政治与法家政治同属自然政治,主要在人的自然本性层面以及经验或理性认知领域展开,有别于以超越的道德系统为前提的儒家道德政治。从逻辑与价值的关系看,权利政治、法家政治与儒家政治各自侧重于"权利""功利""道德"。[2] 其中,权利政治包含有功利要素,并将其统合于权利价值之中,由此形成政治理性,避免政治成为专制政治或极权政治;儒家政治亦不完全排除功利要素,而是将其融通于道德价值之中,力图使政治表现出政治德性;唯有法家政治只在治理逻辑与功利目标之间建立连接,而于价值构建上显出不足。从政治与行政的关系看,历史上的法家政治和儒家政治都还只停留在行政层面,而只有权利政治从行政层面上升到了民主和民权意义上的政治层面。此外,从政治关系的角度看,法家政治将人际关系主要构建为法律关系和利害关系;儒家政治将人际关系主要构建为道德关系,同时涵容有法律关系;权利政治则将人际关系主要构建为较为客观、理性的权利关系和法律关系。与之相应,在政治责任观念上,儒家的道德政治透显出较强的道德责任,一个表现是,因为社会混乱或民众受损,不良行政官吏遭受惩处,君主对自己公

---

① 关于政治理性及其批判,参见 Michel Foucault, "Governmentality", in Graham Burchell, Colin Gordon, and Peter Miller (eds.), *The Foucault Effect: Studies in Governmental Rationality*, London: Harvester Wheatsheaf, 1991; Michel Foucault, "Omnes et Singulatim: Toward a Critique of Political Reason", in Michel Foucault, *The Essential Foucault: Selections from the Essential Works of Foucault, 1954 – 1984*, edited by Paul Rabinow and Nikolas Rose, New York: New Press, 2003. 福柯指出,"人类的所有行为都通过合理性(rationality)而被安排和规划。在制度、行为和政治关系中都存在逻辑。甚至最残暴的行为中也存在合理性。暴力中最危险的就是它的合理性。当然,暴力本身是很可怕的。但是,暴力最深刻的根源以及暴力的持续来自于我们所使用的合理性形式。如果我们生活在理性的(reason)世界,我们就能消除暴力,这种想法是极端错误的。暴力与合理性并非两相对立。我的问题不是要审判理性,而是要搞清楚这种合理性与暴力竟然如此地相容"。见 Michel Foucault, *Foucault Live: Collected Interviews, 1961 – 1984.* New York: Semiotext (e), 1996, p. 299。

② 关于"功利""道德""权利"在学理上的差异辨析,参见德沃金,《认真对待权利》,信春鹰、吴玉章译,中国大百科全书出版社,1998,第 197、228~229、255 页。

开谴责；权利政治则透显出较强的政治责任和法律责任，这集中表现在执政者因为履职不当而依法承担的政治和法律后果上；而从法家政治，难以看到君王对民众的道德责任以及因政治失败而承担不利的明文法律后果。人的道德责任和道德本性，不仅在法家政治中不受重视，在权利政治中也要么被明显淡化，要么脱离超越的道德系统而只在经验和理性范围予以权衡。这体现出古今政治在价值基点上从仁义道德朝自然权利的转向。在此过程中，权利政治在基于人性的不完善而构造科学有效的政治和法律体制，从而使政治更加理性化的同时，也在一定程度上在国际和国内层面表现出政治行为的道德价值缺失以及对政治行为的道德限制的乏力。

综上所述，权利政治发展出了权利取向、理性价值和民主维度，这些现代特点在传统法家政治和儒家政治中未得到充分展开。尽管如此，但是并不适合基于现代立场，将法家政治与儒家政治完全视为衰朽落后的历史形态，或者，将政治发展简单地确定为从法家政治到儒家政治，再到权利政治的历史必然过程。对于现代政治仍处发育过程中的中国来说，在"古今中外"的历史背景下，法家政治、儒家政治和权利政治，更宜被作为各有其普遍学理根基和特定生发领域的政治形态来对待。尤其是，鉴于传统道德政治所蕴含的政治德性与现代权利政治所彰显的政治理性之间的差异和侧重，努力将政治德性与政治理性融通起来形成更为全面合理的政治价值，当为现代中国政治发展的重要方向。

四　迈向政治德性和政治理性

近代以来，中国的政治发展经历着从传统向现代的历史转型。在此过程中，道德政治日渐式微是一个明显趋势，而新崛起的政治价值以及相应的政治构建也在不断发生变化，在不同的历史时期展现出不同的延伸方向。

19 世纪后期，在现代政治产生之前，中国曾出现"中学为体，西学为用"的政治改革努力。从"中学为内学，西学为外学，中学治身心，西学应世事"（张之洞，2002：71）看，其时关于"中学"的理解也存在通向以道德系统为内核的心性之学的可能性。然而，从现实的政治构建看，"中学"显然更多地被搁置于知识层面的"名教"和制度层面的

"礼制",君主政制和三纲五常实际成为"体"的要义所在。因之,在政治价值上,这一时期的政治改革终究表现出对"民权"和"男女平权"的批判和抵制(张之洞,2002:12/19)。[①] 20 世纪早期,此种政治倾向得以彻底扭转,政治改革被政治革命所取代,首先呈现出来的是从传统道德政治向现代权利政治的转向,"民权"成为政治构建的新基点。这一时期以民族、民权、民生"三民主义"为指导的政治尝试,具有更强的现代立场,力图"顺应世界潮流,去实行民权,走政治的正轨"(孙中山,1981:763)。在此朝向现代的政治努力中,"中学"因素并没有被完全割舍。在政治价值上,一方面,在"学欧美之所长"得到强调的同时,"恢复……(中国)固有的道德、知识和能力"也受到重视(孙中山,1981:688~689),这在一定程度上使"民权"话语得以与"民生主义"并立;另一方面,关于"民权"的理解实际受到中国语境的限制,"民权"话语因之未在"个人自由"或"自然权利"的西学意义上被使用,而是与"民族主义"糅合在一起。与西方权利发展历程不同的是,民权、个人自由在中国近代生发的过程中,时常发生为国权、国家自由所替换的现象。在晚清,就有"惟国权能御敌国,民权断不能御敌国,势固然也"(张之洞,2002:21)的看法;在民国,仍存在这样的政治观念:"自由这个名词……万不可再用到个人上去,要用到国家上去。个人不可太过自由,国家要得完全自由。到了国家能够行动自由,中国便是强盛的国家。要这样做去,便要大家牺牲自由。"(孙中山,1981:722~723)历史地看,自然权利在西方崛起之初通常伴有政治动荡,而在随之发生的民族国家构建和发展过程中,依循权利政治的逻辑,自然权利与国家权力在西方社会实际呈现出相互加强的态势。[②] 尽管自然权利在引入中国时也适逢时局混乱,但后来的政治构建实际上并没有严格按照权利政治的逻辑开展,个人权利和自由在相当长的历史时期事实上要么受到抑制,要么被转向国权或群体利益。

由于摆脱国家积贫积弱的政治企图以及连绵不断的内外战争和政治斗争的阻碍,近代中国并没有充分获得以自然权利或个人自由为基点构

---

① "知君臣之纲,则民权之说不可行……知夫妇之纲,则男女平权之说不可行","民权之说,无一益而有百害"。

② 此种状况曾被称为"权力与快乐的持续螺旋",参见 Michel Foucault, *The History of Sexuality*, *Volume 1: An Introduction*, New York: Vintage Books, 1980, pp. 45–47。

建现代权利政治的历史机会，政治发展道路也随着现实政治力量的兴衰而不时中断和转向。在国家层面，构建专制或强权国家的倾向几度出现，民主宪政进程被不断打乱或推迟，国家正规建设也一直面临政治运动的冲击。在社会层面，政治革命深入到社会革命，非国家形式的政治势力通过发动民众得以迅速壮大，一种以"唤起民众""施仁政于人民内部""保护人民利益"（毛泽东，1991：1472，1476）为特点的政治发展模式在革命实践中逐渐形成。这是一种大众政治模式或人民民主政治模式，对中华人民共和国的政权建设，特别是头三十多年的政治实践具有长期而深刻的影响。从政治价值的角度审视，这种以民众为本位、看上去具有浓厚价值色彩的政治模式，既有别于历史上的法家政治和儒家政治，也不同于源于西方的现代权利政治，很难纯粹地归入其中的某一政治类型。如同法家政治能够通过利益驱动调动和整合社会力量一样，这种政治模式也能通过广泛深入地动员民众产生强大的政治力量效果，但与法家政治中君权与民众存在较大裂缝不同的是，大众政治模式在价值维度上以不脱离民众为典型特征，以融入民众为生发渠道，甚至需要做到以利益大众为其生命线。如同道德政治认定"人皆可以为尧舜"（《孟子·告子下》），并倡导"廓然而大公"（《河南程氏粹言·心性篇》）、不斤斤计较、不避趋祸福的道德规范一样，诸如"大公无私""毫不利己、专门利人""六亿神州尽舜尧""民本""仁政""公仆"之类的话语也一度流行于大众政治模式中，但与以道德系统和心性之学为前提的道德政治不同的是，这种政治模式并不以道德形而上学或形而上的道德理论为必要，而更多地依赖于经验和理性层面的政治动员、政治教育或政治意识形态。此外，与权利政治对权利路径、国家形式、法律渠道的依赖以及由此所形成的理性化和形式化特点相比，大众政治模式的政治化色彩更为浓厚。在其发展的早期，特别是在"文革"期间，这种政治模式在很大程度上表现出将政治力量凌驾于国家和法律之上的特点，国家和法律问题时常被政治化或大众化，而政治问题的国家化、法律化解决渠道以及形式化、程序化的权利表达和诉求机制，在较长时期内没有得到充分发展。

尽管人民民主政治模式在历史上表现出生命力，在现实中亦能产生明显政治功效，但在改革开放条件下，随着现代化进程的深入和社会文明程度的提升，它事实上也在不断得到改革、调整和优化。总体上，稳妥安顿源于民众的政治势力与道德价值、权利渠道、法律形式以及国家体制之间的关系，可谓完善此种政治模式的关键。从政治价值的角度看，在继续动态地通过顺民意、促民生等实践方式维护、稳固政治正当性的同时，平行开通并拓展政治德性和政治理性的生发道路，使政治具有更大的道德正当性、权利正当性和法律正当性，避免陷入单纯的利益政治或功利政治，是人民民主政治模式可供选择的发展方向。在政治德性方面，尽管大众政治模式呈现出传统政治中诸如"民本"等特点，但中国文化传统在相当长的历史时期，至少在 20 世纪 90 年代以前，基本上没有得到自觉传承，而是反复遭受来自"文化运动"或"文化革命"的激荡乃至破坏，这在很大程度上阻碍了政治德性赖以寄居的道德系统的延展。进入 21 世纪，对中国文化传统的自觉和自信日益明显，在此条件下，达成百年新文化与千年文化传统的融会贯通，从文明重构的高度重新审视中国政治发展道路，在政治实践中自觉传承并发扬中国文化独特而又具有穿透古今中外的普遍特点的道德价值，具有更大的历史可能。结合历史而言，于现代政治语境下重启道德认知和道德系统，不应也不会再走由仁道入礼制的形式化老路，毋宁说，政治领袖和行政官员的道德人格、民众意愿的道德合理性、政治行为的道德限制以及经济、法律和社会行为的道德价值，乃至个人心性的明觉，是政治德性在现代彰显的主要表现。在政治理性方面，尽管大众政治模式呈现出人民民主特点，但就历史上的"大民主"实践教训而言，现代民主政治实践需要通过国家和法律体制来使之形式化，而且也需要通过权利表达和诉求机制来使之合理化，以避免政治被过度政治化或长期运动化。事实上，民主政治的国家化、法律化和权利化，是改革开放特别是 20 世纪 90 年代以来，中国政治日渐加深的特点和趋向。这集中体现在"依法治国"被确立为基本治国方略以及"人权"入宪等事件上。从学理上讲，人权为现代政治设置价值底线，权利为现代政治奠定价值起点，国家和法律则为现代政治提供可持续发展的必要形式。依凭这些因素，现代民主政治可以循着法治轨道、通过理性方式得以平稳而经常地展开，在尊重人民主体政治地位的同时使个人权利和自由得到有效保障，由此彰显政治理性。

　　由于政治理性立足于人的经验和理性认知以及生理本性，而政治德性立足于人的道德认知和道德本性，开拓中国的政治价值，需要注意道德与权利、道德价值与理性价值之间可能的张力。重要的是，应并列开通人的经验认知、理性认知和道德认知途径，消解传统与现代性、新文化与传统文化的针锋相对，使人的生理本性和道德本性得到共同发展，避免以一种认知形式抑制或堵塞其他认知形式，避免对权利发展的过度道德批判，也避免权利和法律立场对道德价值和实质理性的漠视或排斥。这在现代条件下并非毫无可能，宋明时期诸如"虽终日做买卖，不害其为圣为贤"（王守仁，1992：1171）等话语，其实已直接指出此类兼容智慧。大体而言，在人的经验、理性和道德认知平行开通、同具合法性的前提下，将道德价值重新融入政治系统，更适合采取沿着个体生发扩展的方式，而不宜采取国家或法律强制的方式，而对人权和公民权利的保护则适合深入到政治和法治的各个环节。此外，作为一个发展中国家，中国应利用其后发展优势，充分吸纳法家政治、儒家政治和权利政治的长处，避免只以一种逻辑或价值将各类政治极端对立起来。其中，法家政治的治理逻辑在受制于现代民主政治的前提下，适合沿着形成基本社会秩序和维护公民权利的渠道，应用于行政领域；为法家政治和权利政治所共同蕴含的、立足人的生理本性的法治逻辑，亦值得特别提炼出来，贯彻到人权保障和规范制约政治权力上。而且，从行政与政治相区分的角度看，中国政治终究需要突破以行政统合政治的传统格局，实现从以自上而下治理为特征的传统行政大国，向以自下而上的民权表达和诉求合法化、常规化并由此对治权形成有效制约为特征的现代政治大国的历史跨越。在这一点上，以权利为导向的政治理性是中国政治尤须张扬的重要方面。总而言之，在政治现代化的道路上，中国需要同时构建并彰显政治德性和政治理性，使道德价值、权利价值、法治逻辑在政治和行政层面互不抵触地平行发展，开拓一种民主法治下的民本治道。

参考文献

阿巴拉斯特，2004，《西方自由主义的兴衰》，曹海军等译，吉林人民出版社。

边沁，1995，《政府片论》，沈叔平译，商务印书馆。

陈淳，1983，《北溪字义》，中华书局。

陈沣，2012，《东塾读书记》，上海古籍出版社。

陈启天，1936，《中国法家概论》，中华书局。

德沃金，1998，《认真对待权利》，信春鹰、吴玉章译，中国大百科全书出版社。

哈特，2006，《法律、自由与道德》，支振锋译，法律出版社。

毛泽东，1991，《论人民民主专政》，载《毛泽东选集》第 4 卷，人民出版社。

帕森斯，2003，《社会行动的结构》，张明德、夏遇安、彭刚译，译林出版社。

钱穆，2005，《国史新论》，生活·读书·新知三联书店。

钱穆，2010，《政学私言》，九州出版社。

斯宾诺莎，1963，《神学政治论》，温锡增译，商务印书馆。

施特劳斯，2001，《霍布斯的政治哲学：基础与起源》，申彤译，译林出版社。

施特劳斯，2003，《自然权利与历史》，彭刚译，生活·读书·新知三联书店。

特纳，2003，《社会理论指南》，李康译，上海人民出版社。

孙中山，1981，《三民主义》，载《孙中山选集》，人民出版社。

王守仁，1992，《传习录拾遗》第 14 条，载《王阳明全集》，上海古籍出版社。

谢无量，1932，《韩非》，中华书局。

徐复观，2001，《两汉思想史》第 2 卷，华东师范大学出版社。

张之洞，2002，《劝学篇》，上海书店出版社。

章太炎，2003，《国故论衡》，上海古籍出版社。

Michel Foucault, 1980, *The History of Sexuality*, *Volume 1*：*An Introduction*. New York：Vintage Books.

Michel Foucault, 1996, *Foucault Live*：*Collected Interviews*, *1961 - 1984*. New York：Semiotext（e）.

第三单元

海峡两岸暨香港实现公平与
发展经验的比较与启示

经济成长之外：台湾包容性发展的挑战

张玉芳

（台湾暨南国际大学国际企业学系助理教授）

古允文

（台湾大学社会工作学系暨研究所教授）

摘　要： 在 20 世纪的发展中，东亚四小龙（中国台湾、韩国、中国香港与新加坡）的兴起曾经是个国际研究的典范，首先，它们见证了从贫穷到富足、从落后到发展的可能性；其次，它们兴起的期间与所采用的发展策略，具有某种程度的共通性；再次，这四个经济体若非属于华人社会（中国台湾、中国香港与新加坡），就是受中华文化影响颇深（韩国）；最后，它们已逐渐扮演起更积极的角色，催化着东南亚各国，乃至中国经济的开放与发展。为什么东亚在战后年代中能够获致快速的成长，进而脱离大众贫穷的处境？有多种理论试图解答这个重要问题，并借此为其他后进国家提供可能的发展出路。而理论解释则集中强调国家在这个过程中所扮演的积极角色，或可统称为"发展性国家论"（the developmental state thesis）。然而，全球化盛

行的 21 世纪却对此一发展模式产生挑战，台湾正处在这个转型
的关键时刻，核心的问题是我们究竟是要选择过去的发展模式，
还是新时代的发展道路？"行政院"在"中华民国建国一百年
社会福利政策纲领"，以"迈向公平、包容与正义的新社会"
作为台湾未来社会发展的愿景，蕴含着对新的发展道路的思考。
"包容"（inclusion）概念首次在台湾的政策文件中被提升到重
要的地位。多元接纳、尊重差异、减少社会排除等均是"包
容"的核心要素，相当程度上也反映出台湾民主化以来的社会
趋势与价值。这篇论文检视台湾过往偏重经济成长之发展模式
所面临的挑战，讨论"包容性发展"概念的形成与内涵，最后
结论认为一个有能的政府必须让经济成长能够转化成就业机会
与薪资所得，同时对劳动市场的边缘人口提供福利的保障。

　　　关键词：社会包容　社会排除　发展模式　政策　台湾

一　前言

迈向 21 世纪第二个十年的台湾，正处在亟须转型的关键时刻，一方
面 20 世纪 90 年代以来的民主化已经根本地改变了台湾的政治生态与社
会氛围，成为华人社会的民主化典范；另一方面则是台湾的发展步伐似
乎已逐渐被往日我们的竞争对手所超越，"国家发展委员会"管中闵
"主委"一席东亚四小龙只剩下三小龙的谈话，直接而尖锐地点出台湾
今日发展的困境。然而更关键的问题是，台湾能够重返过去发展的荣景
吗？而我们究竟是要选择过去的发展模式，还是新时代的发展道路？这
篇论文检视台湾过往偏重经济成长之发展模式所面临的挑战，讨论"包
容性发展"概念的形成与内涵，最后结论认为一个有能的政府必须让经
济成长能够转化成就业机会与薪资所得，同时对劳动市场的边缘人口提
供福利的保障。

二　20 世纪以经济成长为核心的发展途径

在 20 世纪的发展中，东亚四小龙（中国台湾、韩国、中国香港与新

加坡）的兴起曾经是个国际研究的典范，首先，它们见证了从贫穷到富足、从落后到发展的可能性；其次，它们兴起的期间与所采用的发展策略，具有某种程度的共通性；再次，这四个经济体若非属于华人社会（中国台湾、中国香港与新加坡），就是受中华文化影响颇深（韩国）；最后，它们已逐渐扮演起更积极的角色，催化着东南亚各国，乃至中国经济的开放与发展。

为什么东亚在战后年代中能够获致快速的成长，进而脱离大众贫穷的处境？有多种理论试图解答这个重要问题，并借此为其他后进国家提供可能的发展出路。而理论解释则集中强调国家在这个过程中所扮演的积极角色，或可统称为"发展性国家论"（the developmental state thesis）。"发展性国家论"强调国家介入市场运作的过程，在其眼中，市场机制并非如同自由经济论者所强调般不可干预，相反地，透过国家力量与政策的引导，可以有效防止市场失灵的可能性，使资本累积的过程更加顺畅。虽然有些学者认为这样的观点始自 Chalmers Johnson（1982）对日本案例的研究，而后扩及对东亚四小龙的分析（如 Weiss and Hobson，1995；So and Chiu，1995），但其实它甚至可以回溯到 19 世纪德国的历史学派，尤其是 Friedrich List 在比较英国与德国的发展之后，强烈主张国家引导是后进国家所必须的（White and Wade，1988；Landreth and Colander，1989）。无论如何，强调国家干预角色的理论观点确实充斥在东亚发展的研究文献上，诸如 Thomas Gold（1986）对台湾案例的分析、Alice Amsden（1989）对韩国的探讨、Stephan Haggard（1990）与 Robert Wade（1990）对东亚四小龙的整体描述，以及其他大量的文献等。

虽然论述的方式有些不同，但它们几乎都同意东亚的发展性国家具有如下的共同特征（Weiss and Hobson，1995：149）。

一、将经济成长与生产（而不是消费与分配）置于国家行动的根本优先目标。

二、以能力为考虑招募具有高度才智与凝聚力，而且服从纪律的经济官僚。

三、具备一贯行政能力的政策指导机关，担负起发展工业的任务。

四、将行政精英与企业精英透过制度化的方式结合在一起，以促进信息交换与共同合作，构成有效的决策基础。

五、使决策过程免于临时性的、特别的利益团体压力影响，而能着重于长期的发展。

六、透过制度化的政府－产业网络与政府对主要资源（如资金）的控制，有效推动发展性政策。

易言之，所谓的"发展性国家"乃是系统地运用国家权力，以增加该国可用于投资的资源；确保这些资源又多投入到国境内的生产性活动；将投资引导到具高附加价值的产业并维持未来工资的成长；但这样的国家行动并非保护性的，而是使这些方案计划必须禁得起国际竞争的压力（Weiss and Hobson，1995：149）。也正因如此，诸如"管理的市场"（governing market）（Wade，1990）、"纪律的市场"（disciplined market）（Amsden，1989）、"引导的市场"（guided market）（White and Wade，1988）之类的概念，仍被引用来描述东亚各国中国家与市场之间的关系。

虽然"发展性国家论"在某种程度上阐明了东亚各国政府角色在经济发展过程中的重要性，不过却也流于过度简化之虞。它隐含着一个假设，其他各国只要政府积极介入市场机制中，即可能获得类似于东亚的发展成果。职是之故，Manuel Castells（1992：56）提醒我们：

> 只有当一个国家将其合法性的原则建立在其促进与维持发展的能力上，了解到发展乃是融合着稳定高度的经济成长与生产体系的结构变迁，包括国内的，以及其与国际经济之间的关系，如此它才能被称为是发展性的。

这段话指出了"发展性国家"的另两个面向，即它在意识形态上必须是倾向于经济成长的，而且在国家能力上能够达到前述的目标。然而民主化的结果却同时影响到发展性国家这两个理论核心，一方面，民主化后的台湾必须追求更广泛的合法性基础，而不能单纯立基在快速经济成长之上，民众对发展成果分配合理性的期待尤甚于以往；另一方面，由于民粹式政策的影响，政府推行政策的能力受到限制，直接形成政府的财政危机与治理危机。与此同时，社会变迁带来的改革压力却未曾稍减，近十年台湾社会经历重大的政治、经济、社会、人口变动，与欧洲国家相似，我们也面临改革社会福利与社会保障体系的巨大压力。在快速且持续的经济成长后，全球化下劳动市场的转变导致失业率增加、工作贫困家户（working poor）增多、贫富差距拉大等问题；但在这同时，小家庭、核心家庭与日渐增高的离婚率，不可避免地弱化家庭提供社会保障和经济支持的能量，尤其是在家庭成员面临经济困难时。因此，"贫穷"的图像在今日台湾已经有了根本的转变，它意味着产业的转型、劳动的弹性化与非典型化、家庭福利能力的衰退，以及既有福利制度的不再有效。更重要的是，"贫穷"不再局限在我们刻板认知的弱势团体（如老人、身心障碍者、儿童、低技术劳工……），而是一种跨阶级的风险，甚至是生命历程中一段普遍存在的过程！

三　21 世纪台湾社会面临的新挑战

观察全球金融风暴下高科技产业的裁员与无薪休假风波，这样的认知应该更为深刻。随着 2008 年底全球金融风暴的来临，台湾为因应快速经济波动所引发的贫穷问题，尤其是为弥补既有社会救助的不足，紧急推出"马上关怀急难救助"与"工作所得补助方案"。然而，在缺乏整体规划的情况下，光靠这些临时性的应急措施或许可解燃眉之急，但恐无法解决结构性问题，尤其是台湾贫富差距不断扩大的问题。虽然第二次世界大战之后，台湾经济在高度成长之余，也维持了相当平等的所得分配，因此被部分学者（Fei et al.，1979）誉为"公平成长"（growth with equity）的经济奇迹，但这样的奇迹在近 20 年来则有日益褪色的疑虑。

首先，随着经济成长的走缓，失业问题日益恶化。在 20 世纪 90 年代初，台湾尚能维持 1.50% 左右的低失业率，但近年来失业率已经倍数成长到 5% 上下。尤其必须注意的是，这种失业问题的恶化并非来自劳动力市场的季节性调节或个人生涯转换的因素，而是由于大量工作场所的歇业或关闭。因这个原因而失业的比例，从 20 世纪 90 年代初的 16% 左右，到最近则差不多维持在半数，表明工作机会的消失是台湾失业问题恶化最重要的原因；当工作机会消失与失业所造成的劳动剩余人口不断增加时，对工作机会的竞争将加剧，这也意味着失业之后要再找到一个新的工作会更加困难，由平均失业周数的增加，我们可以看出过去失业劳工只要花费两个多月即能找到新的工作，而今却需要半年以上的时间。其次，当失业劳工平均需要半年以上的时间才找得到新工作时，所得中断的问题随之而生，劳工若没有累积足够家庭使用半年以上的积蓄，其落入贫穷处境的可能性即会增加。即使在实际中人们并未真正跌落在官方所定的贫穷线水平以下，但面对日益艰难的生活处境，心中主观的不确定感与贫穷感将应运而生！

也正是在此种氛围之下，2012 年迫于大选的压力，"国民幸福指数"得以被编撰并成为马英九的政见并于选后责成由"行政院"主计总处推动。然而，幸福是什么，却是一个难解的议题！有时候为方便讨论，它会被转化成更具体的问题：金钱能够买到幸福吗？早在 1974 年，美国宾州大学一位经济学者 Richard Easterlin 即针对此提出著名的"伊斯特林矛盾"（Easterlin Paradox），他发现人们的幸福感并不会随着经济成长而成等比例地发展，这也意味着幸福的客观（如金钱物质）与主观因素之间的复杂辩证关系。其中最困难的挑战之一就在于幸福究竟是一种客观存在的衡量？抑或是一种主观的心理感受？若是前者，随着经济物质条件的改善，人们的幸福感理应不断增加，如此就不该会有"伊斯特林矛盾"；而若是后者，在经济物质条件匮乏的情况下，人们有可能会充满幸福感吗？有人可能会举不丹作为支持主观幸福感的重要例证，但不可否认的是，因为贫穷所带来的种种社会问题，依然是各国际组织企图解决的首要之恶。

在传统上，社会政策主要着眼于人类社会贫穷问题的解决，而首要的解决方式则是致力于经济物质条件的改善。东亚社会政策研究网络（The East Asian Social Policy Research Network，EASP）是东、西方学者2004 年于英国创立的学术网络社群，其宗旨在于促成东亚社会政策的学术研究与交流，并搭建一个研究者与研究机构间讨论相关议题的积极平台。其 2013 年年会于北京师范大学举行，主题是"管理快速的社会变迁与歧异增长：东亚社会政策响应与治理改变"（Managing Rapid Social Change and Growing Diversity：Social Policy Responses and Changing Governance in East Asia），而邀请到的主题演讲者之一为牛津大学的 Robert Walker 教授。他的演讲聚焦在贫穷所带来的负面心理效应——羞耻（shame）之上，在比较了乌干达、印度、中国大陆、韩国、英国与挪威等国的都市与乡村地区后，Robert Walker 发现随着贫穷而来的羞耻感几乎是全世界各种文化普遍的现象，而这样的羞耻感除了来自个人无法实现社会所期待的角色与责任，引发的自我责备与挫折之外，更大的原因则是来自社会其他资源较丰富者的轻视，而在中国大陆与韩国，这样的轻视甚至内化成为社会救助体系的运作逻辑之一，让贫穷者承受沉重的羞耻感。这个主题演讲开启了诸多的讨论，更传达出一个重要的信息：在经济物质条件匮乏的情况下，贫穷者心里面的羞耻感恐怕更多于幸福感，而这样的现象具有相当程度跨文化的共同性。

在 Robert Walker 教授演讲之后，来自韩国西江大学的 Jin Young Moon 教授做了题为《幸福感的研究：金钱能够买到幸福吗?》的研究报告，针对 OECD 国家幸福感差异进行了比较。虽然从 Robert Walker 的演讲中可以发现幸福感需要经济物质层面的支持，但 Jin Young Moon 强调经济物质层面的支持不是越多越好！他以 OECD 的资料检证"伊斯特林矛盾"，发现 OECD 国家的民众幸福感呈现不一致的现象，在经济发展的初期阶段，幸福感确实会直接随所得的改善而增加，但到了一个阶段之后，即使国民所得还是不断上升，幸福感却没有相应地成长。Jin Young Moon 教授指出这在韩国尤其明显，虽然韩国这几年经济发展相当不错，但民众不快乐，甚至自杀的情况并没有明显地改善。

所以，Robert Walker 与 Jin Young Moon 这两位教授都同意，固然经济物质条件不可免，但一味地增加福利给付的社会政策，并不会为民众带来最终的幸福感，这也为未来的社会政策取向提供思考的起点。那么未来追求幸福感的社会政策究竟应该是什么模样呢？英国肯特大学的 Peter Taylor-Gooby 教授在另外一场研讨会上提出了他的看法。

继北京的第十届 EASP 年度研讨会之后，中国社会学学会社会政策专业委员会与复旦大学紧接着在上海联合主办"中国社会学学会社会政策专业委员会 2013 年学术年会暨第九届社会政策国际论坛和系列讲座"，这个论坛强调在当前和未来中国的社会建设与社会发展中，社会公平的价值将越来越重要，而社会政策在推动社会公平发展中具有不可替代的重要作用。因此将论坛主题定调为"朝向更加公平的社会政策"，一方面是要进一步提升中国社会政策本身的公平性水平，构建一个更加公平的社会政策体系；另一方面是要全面提升社会政策在中国社会建设中的重要地位，以及社会政策对全国和各地经济与社会发展中各项决策的影响。

也就是在这样的背景之下，英国的 Peter Taylor-Gooby 教授（2013）受邀前来针对金融危机下欧洲福利发展经验，发表主题演讲。他首先强调进入 21 世纪的欧洲正遭逢新的社会风险（new social risks），而这新的社会风险主要来自过去旧有的经验与政策，已经难以解决我们当前的社会问题，导致欧洲各国陷入难以挣脱的泥淖中。在普遍财政紧缩的情况下，欧洲各国已经无法负担不断增加现金给付的传统福利政策，必须思考政策转向的其他可能性，而一个能够有效增加民众幸福感的社会政策，Peter Taylor-Gooby 教授认为，其关键在于能否提供更多更好的工作机会（more and better jobs），因此对家庭、教育与职业训练的社会投资策略仍是必要的，即使从目前的经验来看尚未获得全面的成功。

在 Peter Taylor-Gooby 教授之后，则由笔者以《弭平落差：民主治理与其对台湾社会政策的意涵》（Ku，2013）为题进行主题演讲。立基在台湾独特的发展经验上，民主化一直是台湾社会引以为傲的政治社会成就，然而，台湾民主政治的发展从 20 世纪 90 年代威权统治的转型至今，依然存在结构性的问题而无法有效响应新型的社会风险与危机。从更深层来看，民主政治的发展与巩固不仅是表面民主民选制度与政党轮替，而且需要公民社会与政治社会间的联盟与相对自主性的发展，透过权力再分配和透明政治，建构多层次治理（multi-levels governance）的社会，达到结构、文化与人民行为与态度的转化。当今台湾当局的治理随着全球化动力和社会内部的种种压力（人口老化与少子化、政府"国债"赤字加上年金制度引发的财政危机、白热化的媒体传播与政府沟通），呈现出市场失序、家庭失能与政府失责的"三失"状况，究其根本在于民主发展之深化和巩固出现落差，素以经济发展挂帅的逻辑牺牲社会发展和生态的永续发展，埋下"三失"的结果。复因后工业社会的进程，社会结构与工作模式重组的结构，整体生产模式走向工作极化、技术极化、薪资极化导致社会分化与冲突，以及贫穷与社会排除深化，环境、人口结构、婚姻与家庭等各新型的社会风险与危机都成为政府治理的压力与挑战。结果台湾就陷入一个尴尬而矛盾的局面，一方面我们看到政府投入在社会福利的支出越来越多，但另一方面民众对政府的满意度与信心越来越低。

综观近几年来台湾社会福利预算的编列情形（见图 1），社会福利预算呈现逐年增加的趋势。特别是从 2012 年开始，"中央政府"社会福利预算大幅增长，社会福利预算占岁出比例也首度超越"教育科学文化支出"，成为台湾最主要的预算项目，占整体岁出预算比例高达 21.8%，创下社会福利预算的历史新高。而"行政院"所通过的 2013 年"中央政府"总预算案中，社会福利支出仍高达 4390 亿新台币，占所有岁出预算的 22.6%，较前一年度更多。

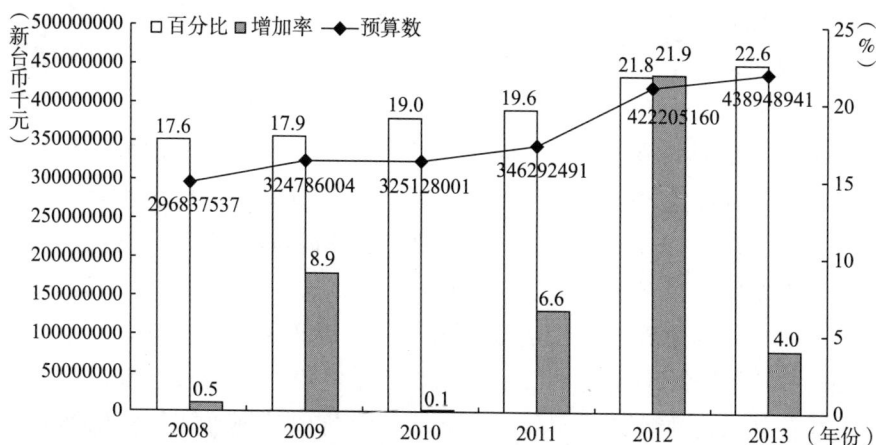

图 1　台湾社会福利预算呈现增加的趋势
资料来源："行政院"主计总处。

　　然而以 2013 年的社会福利预算为例（见表 1），所有支出中以社会保险最多，高达约 2970 亿新台币，超过整个社会福利预算的一半（67.7%），且占了总预算的 15.3%。长久以来，在政治力高度介入社会福利政策的情形下，台湾各种社会保险并未建立所谓的"财务责任制度"，导致将近一半的社会福利支出是用在填补各种社会保险的亏损，以及公、劳、农、全民健保等各种保费的补助上，尤其是政府对于农民保险的过度补贴，不仅造成政府财政上的沉重负担，而且使得名义上的社会福利预算虽大幅增加，但由于配置失当，并不能真正体现社会福利的实质意义。

表 1　2013 年台湾广义社会福利预算分配情形一览

单位：新台币千元，%

科目名称	经常门	资本门	合　计	百分比
社会保险支出	296731570	299454	297031024	67.7
社会救助支出	10974070	15489	10989559	2.5
福利服务支出	108117031	1257747	109374778	24.9
国民就业支出	1995296	117771	2113067	0.5
医疗保健支出	18311635	1128878	19440513	4.4
合　计	436129602	2819339	438948941	100.0

资料来源："行政院"主计总处。

　　社会保险支出比例过高，亦意味着在资源有限的前提下，其他项目的预算容易遭到排挤，如国民就业、社会救助以及福利服务等，不仅所占比例偏低，历年来预算成长亦相当有限，长此以往，将无法因应人口老化、少子（女）化、经济不景气等所引发的一连串社会问题，以及弱势人口不断增加的福利需求。因此，福利预算在数字上的增加，并不等同于政府福利政策"质"的提升，相反，若干被掩盖在数字背后所潜藏的问题，才是政府最迫切，也是最需要积极去面对的挑战与危机。

　　那么，民众对幸福感的期待究竟是什么？或许我们可以从笔者参与的一个研究计划中看出些许端倪（詹火生等，2010）。我们2010年接受"行政院"研考会委托的一个研究揭露了许多信息（詹火生等，2010）。当时马英九政府执政将近两年，民众对社会价值的观感如何？根据我们的电话民调，竟有49.5%的民众不认为马英九政府上台后，台湾社会的公平正义较以往进步。"社会公平正义是什么？"这是个严肃的哲学问题！我们没办法这么大哉问地直接去问民众，而必须转换成庶民的经验与语言，简单讲，就是"你觉得幸福吗？快乐吗？"一个可以让民众觉得幸福快乐的社会，不论经济发展程度高低，就是一个公平正义的社会！而这样的幸福感又可以来自几个层面："政治上，是不是有可以发声与参与的管道？""经济上，是不是有适当的工作与所得？""社会上，能不能保障弱势者的权益？""司法上，能不能铲奸除恶、保护好人？"有趣的是，在经济与司法方面，民众的评价普遍较低，政治与社会方面则较高。

　　这样的结果究竟蕴含着什么意义呢？虽然政治上的蓝绿对抗令人厌恶，但开放的民主社会也是台湾民众珍惜而且引以为傲的资产；社会福利的发展是民主化之外的重要成就，逐步撑起了台湾的社会安全网。然而，如果有适当的工作机会与所得，没有人想靠社会福利维生，甚至还想有能力去帮助有需要的人，但这是薪资阶层心中的最痛，反映在失业率与非典型就业的升高，以及薪资的冻结（甚至减少）上；另外，诸多贪腐案件让民众的相对剥夺感更甚，但司法的响应是缓慢的，对于因贫犯罪的案例，民众则有着更多的同情。这些矛盾交织的结果，在我们的调查中也得到了反映。当我们问到台湾近一年的公平正义是否较以往进步时，多数民众陷入两难的判断中，即使扣掉无反应者与抽样误差的可能性，持负面看法的民众还是较多。

　　这不是个令人意外的结果，改革的缓慢正在侵蚀民众的耐心，而为了促进经济成长所采取的一系列税赋优惠措施，反而更加恶化了政府执行福利政策的财务能力，而一般薪资阶层的相对剥夺感更甚，这些都逐渐累积成对政府的不信任。产业与财税政策过去的偏颇，壮大了特定的产业，一般薪资阶层却无法分享到合理的经济发展成果，这已经成为台湾社会的隐忧。民众对因贫犯罪者的同情，在某种程度上也意味着自身对未来的害怕，担心自己落入类似的处境中；对未来的担忧更影响到生育下一代的意愿，政府不思从根本上解决问题，天真地期待发津贴来诱发生育行为，终究成效有限。其实民众要求得不多，只要有一份稳定的工作与可以预期逐年成长的薪资，以及一个可以真正保护好人民的司法体系，民众的幸福感就会有全然不同的结果。

　　回顾 20 世纪末，过度强调经济取向的国民党虽然带领台湾度过了1997 年的东亚金融风暴，但依旧在 2000 年黯然下台；而 21 世纪初期民进党的社会民主大梦却禁不起现实的考验。因此不论"经济优先"还是"福利优先"都无法满足民众的期待，一个有能的政府必须让经济成长能够转化成就业机会与薪资所得，同时对劳动市场的边缘人口提供福利的保障，这将是政府未来不可回避的挑战。

　　因此，"行政院"于 2012 年大选正酣时，颁布"中华民国建国一百年社会福利政策纲领"，并以"迈向公平、包容与正义的新社会"作为台湾未来社会发展的愿景，其中蕴含着对新的发展道路的思考。其中，"包容"（inclusion）概念首次在台湾的政策文件中被提升到与传统的"公平"和"正义"同等重要的地位，纲领中对"包容"是这么定义的：

　　　　包容的新社会在于消除一切制度性的障碍，保障所有"国民"参与社会的权利。政府应积极介入，预防与消除"国民"因年龄、性别、种族、宗教、性倾向、身心状况、婚姻、社经地位、地理环境等差异而可能遭遇的歧视、剥削、遗弃、虐待、伤害与不义，以避免社会排除。尊重多元文化差异，为不同性倾向、族群、婚姻关系、家庭规模、家庭结构所构成的家庭形态营造友善包容的社会环境。为达上述目标，政府应结合社会福利、卫生医疗、民政、户政、劳动、教育、农业、司法、营建、原住民等部门，加强跨部会整合与绩效管理，俾利提供全人、全程、全方位的服务，以增进资源使用的效率。

从这个定义可以发现，多元接纳、尊重差异、减少社会排除（social exclusion）等均是"包容"的核心要素，相当程度上也反映出台湾民主化以来的社会趋势与价值。

四　从社会排除到社会包容

"包容"（inclusion）并不是台湾本土的概念，而是发展自欧洲联盟（European Union）、相对于"排除"（exclusion）的重要政策理念。欧盟对社会排除的重视主要是源自对贫穷与经济安全的关心，究其根本即是要预防贫穷问题的产生。至于什么是社会排除呢？不妨从欧盟对它的官方定义开始谈起。1994年欧洲社会政策白皮书对社会排除做了以下的界定（European Commission，1994：49）：

> 排除过程的本质是动态的而且是多面向的，它们不只是和失业与/或低所得有关，同时也和住宅条件、教育与机会水平、健康、歧视、公民权，以及与地方小区的整合有关。结果，预防与打击社会排除也就需要动员所有的努力，以及经济与社会措施双方面的结合。在欧洲层次而言，这也意即联盟所有政策架构中，应着重社会排除问题。

就这个定义而言，"多面向"（multidimension）其实是延续自前面两个观点所建立起来的基础，也就是贫穷现象并非单指物质的或经济上的问题，还包括心理、价值与社会参与等问题；而"动态的"（dynamic）本质则进一步彰显出社会排除观点的特色，它不只是一个静态的描述而已，还要探索一个人或团体之所以在其生命周期中逐渐沦入贫穷的动态过程（Oppenheim and Harker，1996：156）。因此，贫穷问题不仅是相对的，而且是会累积的，虽然会有天生贫穷的情形，但其根源可能是其上一代无法累积足够的资源来支持与协助其下一代的地位维持；而即使现在这一代人已有足够的资源，可是也有可能随着社会经济环境的变动而逐渐耗空，特别是那些较缺乏经济机会与社会参与的人群，其受到社会排除的效果也更加明显。

社会排除观点的提出与现代社会安全制度的特性有关，也与社会经济结构的变动有关。现代社会安全制度（特别是德国模式）大多采用就业相关体系（employment-related system）（Social Security Administration, 1997：ix－x），即透过参与劳动市场加入到社会安全之中，这种体系要能发挥其经济安全保障的功能，至少必须立基在三个假设之上：首先，由就业而来的薪资必须足以维持就业者本身与其家人适当的生活水平，尤其必须提供其下一代学习社会技能所需的资源；其次，在工作期间所累积下的资源必须足够其退休后的生活所需；最后，充分就业的目标必须尽可能维持，否则过多的失业人口将会耗尽社会安全的财务（Hantrais, 1995：146－147）。

然而，这样的制度设计在社会经济环境的变动下却不尽适用，失业问题的恶化使得人们不易在其工作期间累积到足够的资源，贫穷问题乃凸显出来，而且并不限于那些我们印象中的弱势（如残障）团体，甚至往一般有工作能力的人群，乃至白领劳动力扩张，于是有了"新贫"（new poverty）概念的出现，意指依赖社会救助者数目的增加、失业与不确定就业情形的增长、负债与财务困境的上升、单亲家庭数目的增加以及游民问题的恶化等（Room, 1990）。事实上，"新贫"的出现并不意即"旧贫"的消失，而会交互作用使得旧贫团体更加雪上加霜。在一个连有正常工作能力的人都不易找到工作的社会里，低生产力或不具备完全工作能力的弱势团体必然更加困难，进而影响到其经济与社会参与的机会，随后渐渐被排除到社会主流之外，而且这样的效果会往其下一代延伸，成为"低层阶级"（the underclass）形成的部分原因（Morris, 1994）。

社会排除观点的运用相当广泛，它所指涉的社会排除现象可以出现在单一的个人身上，但也可以指涉一个大的地区或国家。因此，社会排除的面向包括了性别（如女性贫穷的问题）、团体（如残障团体的经济与社会机会问题）、种族（如少数民族的歧视或工作机会被替代的问题）、年龄（如老年经济安全的问题）、小区或地区（如教育优先区的问题），乃至国家（如国家竞争力与资本主义全球化的问题）（Jordan, 1996）。在这个新观点下所提出的社会政策，必须更具巨视的角度，不但要涵盖人的生命周期（life-span），同时也要了解全球化（globalization）

过程中，国内劳动力市场的变化，如此才能较妥善地因应新社会里的经济不安全与贫穷的问题。

　　进一步的问题是，虽然社会排除已经成为欧盟重要的政策研究观点，但政策的目标是要打击社会排除，因此不能采用"社会排除"作为政策目标，而必须采用相对的概念，于是"社会包容"就成为欧盟的共同政策目标，2000 年的里斯本峰会（Lisbon Summit）是重要的转折点。

五　包容性发展的政策取向

　　2000 年的里斯本峰会将贫穷与社会排除置于欧盟社会政策核心，次年欧盟执行委员会被欧盟部长级会议要求检验各国政策是否能抵抗社会排除，于是在尼斯（Nice）订定指标并要求会员国提出促进社会包容的行动计划。当时设定以下四个政策目标（Levitas et al.，2005：19 - 20）：

　　一、促进参与就业以及所有获得资源、权利、物资与服务的管道；

　　二、预防遭受排除风险；

　　三、协助最脆弱族群；

　　四、动员所有相关的单位来克服排除问题。

　　随着"包容"理念受到重视，不只是欧盟，联合国发展方案（United Nations Development Programme，UNDP）也开始倡议"包容性的发展"（inclusive development），用以调整过去过度强调经济单一面向发展所可能导致的贫富差距不断扩大的社会问题。UNDP 在官网上强调许多人由于他们的性别、种族、年龄、性向、伤残或者贫穷而被从发展中排除，加深了全球性的不平等，最恶劣的 50% 的人只拥有百分之一的财富，而最富有的 10% 的人却拥有八成五的财富。因此 UNDP 认为发展可以是包容的，也就是能减少贫穷，创造机会给所有的人，让他们能分享发展的好处，并且参与政策制定。而为了实现包容性发展，各国政府应该致力于创造有生产力和正式工作的机会，对不太可能工作或无法赚取足够收入的人，必须提供有效的社会安全保护，而政府支出应该被引导到修建学校、强化饮水、卫生、运输和医院等公共服务上，并训练老师和医生等人才作为公共服务的基础人力资源。而妥善设计的政府财政政策与制度（用以收集与有效运用公共资源），则可以在刺激成长与减少贫穷上扮演重要角色。①

这段叙述在相当程度上是对 20 世纪 80 年代以来新自由主义的反思，"大市场、小政府"不再是主要的改革目标，即使政府不该不当地干预市场的运作，但也不意味着政府应该无所作为，就业与安全应该是政府必须努力的政策领域，更是减少贫穷与社会排除的关键政策。Levitas（2005）进一步分析归纳出三种社会包容的政策取向，各有不同因果模式与政策干预方向：

一、再分配取向（redistributive discourse, RED）：缺乏物质资源往往是社会排除的根本原因，当个人、家庭与团体缺乏在他们所属社会中，获得饮食、参与活动、拥有社会条件……的资源时，就能被视为贫穷与社会排除。他们的资源比平均家庭与个人严重短少，因此被从一般生活模式、习惯与活动中排除。政策干预的重点在提供社会安全给付与资源上。

二、社会整合取向（social integrationist discourse, SID）：此取向以就业为核心，在欧盟与英国都是主流。强调有酬工作的重要性，认为人们所拥有的就业管道应先于取得资源的管道，而不只是物质而已。政策干预的重点在于强化社会服务（尤其是健康与教育）可近性、进入劳动市场与社会参与机会。

三、道德底层阶级论述取向（moral underclass discourse, MUD）：此取向聚焦在遭遇社会排除者的行为与态度特征，经常被归咎于其个人缺点。政策干预的重点因而被置于强化个人的就业动机与正向态度。

这三个社会包容的政策取向可进一步形成一个政策架构来结合福利、就业、教育，乃至贫穷与社会参与之间的关系。教育与训练是促进人们整合到劳动力之中的重要途径，进而获得适当的所得以增进社会参与，包括年老退休之后的阶段。而如果进入劳动力市场有困难（不论是失业还是就业能力较低的弱势人口），除了再教育与再训练之外，社会安全措施即是

---

① http://www.undp.org/content/undp/en/home/ourwork/povertyreduction/focus_areas/focus_inclusive_development/.

保障所得与社会参与的重要机制。这构成一个基本的政策链，更是动态的思考脉络，让我们厘清不同政策之间的连动关系（connectives）。

六 结论

"英格兰，充满了财富，它所生产的各式各样产品能供应人类所有的需要；但英格兰逐渐衰竭于空虚之中……"，这是苏格兰哲学家卡莱尔于1840年代唱衰英格兰的一段话。当时，英国国势正旭日东升，成就了19世纪日不落帝国的美号，敢说这句话的人，不是对局势的无知，就是英国的宿仇（刚好卡莱尔是苏格兰人）。但事实上，卡莱尔发现工业革命所创造的财富日益集中，失业、低薪与贫穷的蔓延，逐步侵蚀了社会稳定的基础。韦布夫妇（英国费边社成员，主张推动社会福利改革）深受卡莱尔的启发，喟叹"在这样的环境下将难以避免酗酒、放荡、疾病、犯罪等问题的产生"。

于是，许多一百多年前的英国社会改革家们发现，原来最安全的环境不在于高耸的城堡，而是让社会底层的人们都能享有文明健康的生活，唯有如此，我们才不必担心人们之间的接触是否带有不平、恶意、疾病或是细菌。这是个政治问题，考验政府治理风险社会的能力，更是社会问题，试探人际信任、关怀与互助的深层社会结构，构成当代福利政治的核心议题。

随全球化而来的竞争压力与新贫的产生，已逐渐侵蚀了社会稳定的基础，除非我们能以更全面与宽广的视野去面对与思考我们社会未来发展的问题。我们需要在思维上彻底地超越过去经济成长与福利发展的两难，使社会政策不再仅是福利议题，而且也要成为广义的经济政策，甚至是国家发展政策的一环。而一个有效的福利体系，必须透过制度化的方式将幸运者与不幸者、生产者与依赖者、年轻者与年老者紧密凝聚在一起，如此，一个多元包容的社会才能成为国家发展的稳固基石。

参考文献

詹火生、黄德福、古允文、林昭祯、陈攸玮，2010，《民众对公平正义的看法》，"行政院"研考会委托计划。

Amsden, A. , 1989, *Asia's Next Giant: South Korea and Late Industrialization*. New York: Oxford University Press.

Berghman, Jos, 1997, "The Resurgence of Poverty and the Struggle against Exclusion: A New Challenge for Social Security in Europe?" *International Social Security Review* 50 (1): 3 – 21.

Castells, M. , 1992, "Four Asian Tigers With a Dragon Head: A Comparative Analysis of the State, Economy, and Society in the Asian Pacific Rim," in R. P. Appelbaum and J. Henderson (eds.), *States and Development in the Asian Pacific Rim*, pp. 33 – 70. Newbury Park. CA: Sage.

European Commission, 1994, *European Social Policy: A Way Forward for the Union*, Brussels: Office for Official Publications of the European Communities.

Fei, J. C. H. , G. Ranis and S. W. Y. Kuo, 1979, *Growth with Equity: The Taiwan Case*, New York: Oxford University Press.

Gold. T. , 1986, *State and Society in the Taiwan Miracle*. New York: M. E. Sharpe.

Haggard, S. , 1990, *Pathways from the Periphery: The Politics of Growth in the Newly Industrializing Countries*, Ithaca. NY: Cornell University Press.

Hantrais, Linda, 1995, *Social Policy in the European Union*, Basingstoke: Macmillan.

Johnson, C. , 1982, *MITI and the Japanese Miracle: The Growth of Industrial Policy, 1925 – 1975*. Stanford. CA: Stanford University Press.

Ku, Yeun-wen, 2013, "Bridging the Gap: Democratic Governance and Its Implication for Social Policy in Taiwan," *Keynote Speech Delivered at the 9th International Symposium and Lectures on Social Policy "Towards a More Equitable Social Policy."* Fudan University. Shanghai. pp. 14 – 15.

Landreth, H. and D. C. Colander, 1989, *History of Economic Theory. 2nd edition*. Boston. MA: Houghton Mifflin.

Levitas, R. et al. , 2005, *The Multi-Dimensional Analysis of Social Exclusion*, Bristol: University of Bristol.

Moon, Jin Young, 2013, "A Study of Happiness: Can Money Buy Happiness," *Paper Presented at the EASP 10th Annual Conference "Managing Rapid Social Change and Growing Diversity: Social Policy Responses and Changing Governance in East Asia."* Beijing Normal University. pp. 11 – 12.

Morris, Lydia, 1994, *Dangerous Classes: The Underclass and Social Citizenship*. London: Routledge.

Oppenheim, Carey and Lisa Harker, 1996, *Poverty: The Facts*, Revised and Updated 3rd Edition. London: CPAG.

Room, Graham, 1990, *"New Poverty" in the European Community*, Basingstoke: Macmillan.

So, A. Y. and S. W. K. Chiu, 1995, *East Asia and the World Economy*, Thousand Oaks. CA:

Sage.

Social Security Administration, 1997, *Social Security Programs Throughout the World – 1997*. Washington, DC.

Taylor-Gooby, Peter, 2013, "The Big Squeeze on Welfare State Spending in Europe: The Partial Success of Social Investment in Addressing New Social Risks," *Keynote Speech Delivered at the 9th International Symposium and Lectures on Social Policy "Towards a More Equitable Social Policy,"* Fudan University. Shanghai. pp. 14 – 15.

Wade, R. , 1990, *Governing the Market: Economic Theory and the Role of Government in East Asian Industrialization*, Princeton. NJ: Princeton University Press.

Walker, Robert, 2013, "East Asia's Contribution to the Shame of Poverty", *Plenary Speech Delivered at the EASP 10th Annual Conference "Managing Rapid Social Change and Growing Diversity: Social Policy Responses and Changing Governance in East Asia. "* Beijing Normal University. pp. 11 – 12.

Weiss, L. and J. M. Hobson, 1995, *States and Economic Development: A Comparative Historical Analysis*. Cambridge: Polity.

White, G. and R. Wade, 1988, "Development States and Markets in East Asia: An Introduction," in G. White (ed.), *Developmental States in East Asia*, pp. 1 – 29. Bas-ingstoke: Macmillan.

中国教育获得性别不平等的
城乡差异研究[*]

——基于 CGSS2008 数据

吴愈晓

（南京大学社会学院副院长、教授）

黄　超

（南京大学社会学院博士研究生）

摘　要：关于中国城乡居民教育获得的性别不平等问题，大多数已有的研究将城镇和农村居民作为一个统一的整体进行探讨，从而忽略了中国城镇和农村社会的高度异质性对教育获得性别不平等模式所造成的巨大影响。使用 2008 年"中国综合社会调查"（CGSS2008）数据，本研究着重探讨中国城镇和农村居民在教育获得性别不平等的程度、变化趋势以及不平等来源等方面的差异。研究发现，城镇居民教育获得性别不平等程度较小，而且呈现逐渐缩小的趋势，近年来已经基本消失。而

---

* 本文原文首发于《国家行政学院学报》2015 年第 2 期。

农村居民的教育获得性别不平等程度非常大，虽然也显示出逐渐缩小的趋势，但缩小的幅度很小；直至最近，性别不平等仍然非常显著。另外，通过对影响教育获得的各要素的贡献率进行分解的方法，我们发现超过一半（52%）的城镇居民教育获得的性别差异可以被年代、家庭背景（包括父亲的职业地位、文化资本和政治资本）、兄弟姐妹人数等因素解释；而且，控制了这些因素之后，教育获得的性别差异已经没有统计显著性。而在农村地区，以上因素对教育获得的性别差异几乎没有任何解释力，它们的总和贡献率甚至是负的（-18.5%），即加入了这些因素之后，性别不平等反而增大了。基于以上发现，我们认为当前中国教育获得的性别不平等主要发生在农村地区，而造成农村居民教育性别差异的因素是因父权制（或传统的性别角色观念）所导致的性别歧视。

关键词：教育获得　性别不平等　城乡差异　父权制文化　性别角色观念

一　导言

无论是新马克思主义分层理论家还是新韦伯主义分层理论家，他们大都把教育视为阶层划分的一个重要标准，较高的教育程度一般而言意味着更高的社会阶层地位（Wright，1985；Lockwood，1989）。因此在进行阶层结构测量时，学历（或受教育年限）通常是一个不可或缺的操作化指标（Duncan，1961；陆学艺，2002）。社会阶层本质上是对占有不同社会资源的社会成员、社会群体的分类框架。当教育成为社会分层的其中一个标准时，意味着它是一种在不同社会成员、社会群体间存在差异的社会资源。在长期父权社会的影响下，男性相较于女性往往能够优先获得教育资源，换言之，教育获得存在着性别不平等现象。

由于女性的教育机会或教育成就与她们的劳动参与率和职业成就直接相关，女性教育获得的改善有助于她们社会经济地位的提升。因此，教育获得的性别平等可以促进两性平等，而推动两性平等有助于提升社会公义，最终惠及整体的社会及经济发展。由此看来，探讨教育获得的性别差异模式及其影响因素具有非常重要的学术意义。

　　大量已有的研究显示，随着社会现代化程度的提高，各国教育获得的性别不平等日趋下降，即男性在教育资源获得中的优势地位不断下降，最终达到性别平等的状态。国际上许多经验研究基本证实了这一变化趋势（Gerber & Hout，1995；Goldin et al.，2006；Buchmann et al.，2008）。与国际社会的情况相一致，中国居民教育获得的性别不平等自 20 世纪 50 年代以来也呈现下降趋势，最近甚至开始出现女性超过男性的现象。例如 Lavely 等人（1990）发现，基础教育机会的增加提高了女性的受教育程度。韩怡梅和谢宇的研究表明，尽管性别平等化的趋势和程度与不同时期政治环境有关，但是从总体趋势看，无论是在基础教育还是在中等教育中，女性的入学机会都呈现上升趋势（Hannum & Xie，1994）。吴晓刚等人发现，在高等教育扩张的背景下，女性获得了更多的教育机会，性别不平等持续下降，并且 2005 年的人口抽样调查数据显示女性的高等院校入学率甚至超过了男性（Wu & Zhang，2010）。由此看来，在各阶段教育中，中国的教育获得性别不平等都是下降的。

　　现代化理论对这一现象进行了解释。现代化理论家们认为，一个社会的工业化程度越高，诸如性别、种族等先赋性因素对教育获得的影响越小，而个人努力对教育获得的影响越大（Treiman，1970）。而具体到微观的家庭教育决策方面，从该理论衍生出来的观点则认为经济条件越好的家庭，对子女教育投资的性别（男性）偏好越不明显，因此教育获得的性别差异越小（Hannum，2005）。对于中国这种经历市场转型的国家而言，教育获得性别平等化除了来自现代化的贡献外，也不能忽略在国家社会主义制度中，执政者自上而下推行的政策、制度等结构性因素的影响。例如，有关男女平等观念的制度保障有效提高了女性的入学机会（Hannum & Xie，1994），高等教育的扩张显著降低了性别不平等（Wu et al.，2010；李春玲，2010），以及计划生育政策背景下的生育率下降对降低性别不平等的贡献（叶华、吴晓刚，2011）等。

　　中国教育获得的性别差异问题，吸引了众多研究者的关注。李春玲（2009）从家庭背景方面探讨了教育地位获得的性别差异，她认为家庭背景因素对女性的教育地位获得的影响明显大于对男性的影响，即，女性的受教育机会更易于受到家庭背景的局限，出身于较差的家庭环境（特别是生长于农村或来自农民家庭）的女性的受教育机会明显少于其他人。叶华与吴晓刚（2011）从生育率下降方面探讨了男女教育的平等化趋势。他们的研究表明，兄弟姐妹越多的家庭，女性的受教育年数越低，尤其是在她们有兄弟的情况下。因此，随着生育率的下降，中国年青一代的性别间教育不平等相对老一代降低了。吴愈晓（2012）主要从宏观上分析了城乡居民教育获得的性别差异，经过数据验证得出农村户口居民的性别不平等程度高于非农户口居民，同时父亲的职业地位指数、父母的受教育水平以及兄弟姐妹数都显著地影响着男性与女性的教育获得。另外，还有一些学者专门探讨了农村或者城镇居民教育获得的性别差异。王金玲（2009）以浙江农村为例，探讨了农村妇女的教育地位，认为城乡差距远远大于性别差距。董强、李小云等（2007）探讨了农村教育领域的性别不平等和贫困，他们认为传统的观念、传统劳动分工模式和社会安全保障体系的缺乏等因素影响了农村教育的性别模式，贫困也是影响教育性别不平等的重要因素。

从以上综述我们看出，已有的研究一方面大多将城镇和农村居民当作一个统一的整体进行探讨，而忽略了中国城镇和农村社会的高度异质性对教育获得性别不平等模式所造成的巨大影响，另一方面将研究视角针对特定的地区或群体，很少关注教育获得性别不平等的城乡差异。当前，很多因素都会对城乡居民教育获得性别不平等的模式产生影响。城镇地区的现代化、工业化以及信息化的水平都高于农村地区，从而导致城镇地区的性别角色观念更加开放，更加注重性别平等。不同的家庭结构（家庭子女的数量）也会影响城乡居民教育获得的性别不平等的模式，相比较而言城镇地区的计划生育政策执行得更加彻底，大多数都是独生子女家庭，而农村由于经济水平低下、社会保障的不完善以及传统的性别角色观念的影响，很多家庭更倾向于选择生养男孩，同时家庭子女的数量也相对较多，从而影响了家庭资源在子女之间的分配，使女性在教育获得方面处于更加不利的地位。城乡教育资源的差异也会影响城乡居民教育获得性别不平等的模式，城镇地区由于经济发展水平较高，福利待遇以及硬件设施更加完善，因此更能吸引师资力量，教育资源更加丰富；农村地区受经济发展水平以及交通条件的限制，教育资源要比城镇地区稀少，不利于农村居民子女的教育获得。

我们认为，由于中国的城镇地区和农村地区在社会、经济和文化观念等诸多方面的巨大差异，城乡之间的教育获得性别不平等模式和变化趋势可能会有较大的差异。如果将农村居民和城镇居民混合在一起进行分析研究，我们的研究结果可能无法充分体现城乡之间的差异模式，甚至有可能得出误导性的结论。基于这方面的考量，本研究将城镇和农村居民作为两个相互独立的群体进行分析，并致力于回答以下问题：城镇和农村居民教育获得性别不平等的程度有何差异？城镇和农村居民教育获得性别不平等的变化趋势有何区别？城镇和农村居民教育获得性别不平等的影响因素（来源）有何不同？

二　理论解释及研究假设

早期关于教育性别差异的研究表明，男性和女性在不同学科领域的认知和学习能力存在差异，主要表现为女性更擅长于学习语言（读和写等），而男性则在数学和物理科学等领域优于女性（Maccoby & Jacklin，1974）。但是，一些较新的经验研究结果显示，女性在数学、生物和化学等科学领域的学习能力和成就开始逐渐缩小其与男性的差距，甚至出现超越男性的趋势（Gallagher and Kaufman，2005；Xie and Shauman，2003）。另外，国外许多经验研究的结果表明，在各个教育阶段（从幼儿园到大学阶段），女生在学习态度和学习的行为习惯等许多方面优于男生（Buchmann et al.，2008）。由此看来，我们观测到的教育获得的性别不平等，并不能简单地归因为男性和女性在认知能力、学习能力和学习行为方式等方面的差别，而更可能是社会因素导致的。或者可以更确切地说，社会中存在的性别歧视，导致男性和女性接受教育的机会存在不平等。

教育获得的性别不平等一定程度上可以被看作家庭教育资源在男性和女性之间的分配问题，而父权制文化或传统的性别角色观念可能会直接影响家庭教育资源的性别分配。基于经验研究发现，吴愈晓（2012）认为，在中国，父权制文化或传统的性别角色观念对不同性别群体的教育获得有非常重要的影响。父权制文化对教育获得的性别不平等的影响主要体现在三个方面。首先，父权制文化有直接的女性歧视，认为女性在家庭和社会中处于附属的地位，没有必要接受教育，其任务是照顾好男性家庭成员。其次，父权制文化往往与较强的生育观念紧密相关，从而导致家庭子女的数量比较多。在家庭的教育资源和人力资源较为有限的情况下，家长更可能倾向于让儿子有更好的教育机会，而让女儿更早参加劳动。最后，父权制观念会影响孩子的社会化过程，降低女孩的教育期望。因为父母是孩子的第一任老师，父母的观念和行为往往会对孩子产生非常重要的影响，在父权制观念较强的家庭中，母亲的角色往往是照顾孩子，做好家务，从而影响女儿的教育期望，使其认为女性只要照顾好家庭就可以了，没必要读太多书。因此，在父权制文化影响较大的地区或社会群体当中，家庭的教育资源更可能会向男性成员倾斜，从而导致教育获得的性别不平等更加严重。Danke Li 等人（2003）的研究也发现，在中国北方的一些农村地区，父权制文化或传统的性别角色观念是影响当地教育性别不平等的最主要因素之一。

如前所述，由于长期以来中国的城乡"二元社会"格局，城镇和农村之间在经济、社会和文化等各方面发展得非常不平衡。正因如此，我们认为父权制文化或传统性别角色观念的影响也会存在城乡差异。城镇地区的工业化与现代化水平比较高，教育资源雄厚，使得城镇居民的受教育水平相对于农村居民来说较高，文化观念更加开放，受到外来文化的影响也更大，所以城镇地区受父权制观念的影响比较弱。而在农村地区，经济文化水平相对较低，居民的平均受教育水平较低，宗族观念比较强大，而且很多农村地区处于边远地点，受到外来文化的影响程度较小。虽然改革开放以来农村地区的父权制文化观念呈现一定程度的减弱趋势，但是在许多农村地区和农民群体中仍然有很大的影响。

如果父权制文化是影响中国教育获得性别不平等的主要因素，而父权制文化的影响力在农村大于城市，那么几乎可以肯定农村地区教育获得的性别不平等程度要高于城镇地区。另外，众所周知，在城镇地区，计划生育政策比较严格，执行力度较大，而且实施的效果也更为显著。而在农村地区特别是一些少数民族聚居的农村地区，计划生育政策较为宽松。另外，农村地区违反计生政策多生孩子的情况经常发生。亦即是说，计划生育政策实施以来，生育率的下降程度有城乡差异，城市大于农村。叶华和吴晓刚（2011）的研究发现，生育率的下降有助于降低教育获得的性别不平等，那么城市地区教育性别平等化的趋势应该较农村地区更为明显。基于以上讨论，本文提出以下研究假设：

假设1：农村地区教育获得的性别不平等比城镇地区更严重；

假设2：教育获得的性别平等化趋势在城镇地区更加明显；

假设 3：父权制文化对教育获得性别不平等的影响，农村地区大于城镇地区。

三　数据、变量与方法

本文使用的数据来自 2008 年"中国综合社会调查"（简称 CGSS2008）[①]。采用多阶段随机抽样方法，CGSS2008 在中国内地的城市和农村地区抽取了一个 6000 人的全国代表性的样本，其中城市和农村的样本量分别为 3982 人和 2018 人。这次调查收集了详细的关于家庭背景以及教育程度等方面的信息。本研究将受访者限定在 1950～1989 年出生的群体。本研究依据户口来划分城镇居民和农村居民（有过农转非经历者以 14 岁以前的情况来确定），实际使用样本为 4852 个。

本研究的因变量是受访者的受教育年限，自变量包括性别、年龄、民族、父亲的政治面貌、父母的受教育年限、14 岁时父亲的职业地位指数以及兄弟姐妹数。本文主要研究的是教育获得的性别不平等城乡差异，所以性别是本文的一个核心自变量，在所有的统计模型中，性别是一个虚拟变量（女性 =1，男性 =0）。探讨教育获得的性别差异离不开分析家庭背景因素，因为教育获得的性别差异最直观的体现仍然是一个家庭教育资源分配问题。在家庭背景的因素中，本文首先考虑了受访者父亲的政治面貌因素，在本文的统计模型中，政治面貌因素是一个虚拟变量（党员 =1）。受访者 14 岁时父亲的职业地位指数是转化生成的一个新变量，根据教育分层研究的惯例，本研究使用被访者 14 岁时父亲的职业地位作为家庭社会经济地位的测量指标，因为 14 岁是一个关键的年龄段，此时的家庭情况对子女的教育前景尤为重要。CGSS2008 使用"1988 年国际标准职业分类代码"（ISCO88）记录被访者及其家庭成员的职业类型，笔者依此转化为"标准国际职业社会经济地位指数"（ISEI）。它是一个连续变量，用以衡量被访者家庭的社会经济地位。已有的研究表明，父母的受教育程度对子女教育的获得有重要的作用，父母的受教育程度越高，相对来说社会经济地位可能更高，能够为子女的教育提供更好的

[①] CGSS2008 数据由中国人民大学"中国调查与数据中心"（NSRC）负责收集。关于该数据的详细资料请参考 NSRC 官方网站：http://www.chinagss.org/。

物质文化资源，从而促进子女教育成就的获得。CGSS2008 问卷中并没有直接询问父母的受教育年限，而是问的父母的受教育程度，为了研究的方便，根据父母的受教育程度对变量进行了赋值，[①] 因此在本研究中父母的受教育年限是一个连续变量，由父母双方中受教育程度较高者的受教育年限表示。根据"资源稀释"理论（resource dilution theory），家庭或父母能够提供给子女的教育资源（包括经济资源与时间投入等）是有限的，因此，子女的数量越多，资源分配至每一个孩子的量就越少，因而子女的教育成就越低（Blake，1981）。很多研究都证实了兄弟姐妹数对教育获得性别差异的影响（叶华、吴晓刚，2011；吴愈晓，2012），本文也考虑了这个因素，在统计模型中，兄弟姐妹数是一个连续变量。年龄是一个连续变量，本研究根据被调查者出生年份将他们分为四个同期群，分别是 1950～1959 年出生、1960～1969 年出生、1970～1979 年出生以及 1980～1989 年出生。由于我国不同时期的教育政策有着很大的不同，而且一直以来教育持续扩张，因此本研究将同期群（因为不同年代出生的人受正式教育的时间也有差异）作为控制变量。同时由于我国大多数的少数民族都居住在比较偏远的农村，那里基础设施建设不完善，经济发展比较落后，文化观念相对比较传统，使得少数民族的平均受教育年限低于汉族，男女教育获得也存在非常大的差异（李春玲，2010）。因此本研究在考察的时候将民族作为一个控制变量（汉族 = 1，少数民族 = 0）。

　　本研究的数据分析由三部分组成，第一部分是描述统计分析，主要目的是比较城镇和农村各变量的差异。第二部分使用多元线性回归模型分析教育获得的性别效应及其城乡差异，并以嵌套模型的建模方式（逐步递加变量）分析性别效应如何受各因素的影响。第三部分，通过使用 Blinder-Oaxaca 分解法（Oaxaca，1973；Jann，2008），得出各要素对教育获得性别不平等的贡献率，进一步分析各因素对教育获得不平等贡献率的城乡差异，进而得出教育获得性别不平等来源的城乡差异。

----

① CGSS2008 问卷资料中测量父母教育的指标是被访者父母的最高教育程度，分析过程中需要进行换算，参照惯例，换算方式是：从未受过任何教育 = 0 年，私塾 = 2 年，小学 = 6 年，初中 = 9 年，高中 = 12 年，职高、中专、技校 = 13 年，大学专科（成人高等教育）= 14 年，大学专科（正规高等教育）= 15 年，大学本科（成人高等教育）= 15 年，大学本科（正规高等教育）= 16 年，研究生 = 19 年。

四　数据分析结果

(一) 均值以及性别差异 (变量的描述统计)

表 1 报告了本研究关注的各个变量的描述统计结果 (分性别和城乡)。首先我们可以看出,无论男性还是女性,城镇居民的平均受教育程度均高于农村地区。城镇男性的平均受教育年限为 11.33 年,远高于农村地区男性的平均 8.48 年;城镇女性的平均受教育年限为 10.92 年,亦远远高于农村女性的平均 7.15 年。其次,教育获得的性别不平等有城乡差异:在城镇地区,女性的平均受教育年限比男性的平均受教育年限要少 0.41 年 (双变量 t - 检验的结果在 0.01 的水平显著)。农村地区女性的平均受教育年限比男性的平均受教育年限要少 1.33 年 (在 0.001 的水平上显著)。由此可见,也正如我们预期的那样,农村地区教育获得性别不平等的程度确实要高于城镇地区。另外,从 14 岁时父亲的 ISEI 看,城镇地区要远远高于农村地区,具体到城镇地区内部女性要比男性少 1.85 个单位 ($p < 0.05$),而农村地区内部女性要比男性高 1.29 个单位 ($p < 0.01$)。从父母的受教育年限来看,城镇地区要高于农村地区,但是城镇地区内部男性与女性父母受教育年限并没有显著的差异,在农村地区女性要比男性高 0.38 年 ($p < 0.05$)。从兄弟姐妹数来看,城镇地区要少于农村地区,在城镇地区内部女性比男性要多 0.29 个单位 ($p < 0.001$),而在农村男性与女性没有显著的差异。父亲的政治面貌、民族无论是在农村还是城镇男性与女性之间都没有显著的差异。

表 1　各变量的均值及其性别差异

变量	城镇			农村		
	男性	女性	差异	男性	女性	差异
受教育年限 (年)	11.33	10.92	- 0.41 **	8.48	7.15	- 1.33 ***
14 岁时父亲的 ISEI	42.84	40.99	- 1.85 *	27.32	28.61	1.29 **
父母受教育年限	7.90	7.68	- 0.22	4.63	5.01	0.38 *
父亲是党员身份	0.23	0.21	- 0.02	0.12	0.12	0.00
兄弟姐妹人数	2.16	2.45	0.29 ***	3.16	3.26	0.10
民族 (汉 =1)	0.96	0.95	- 0.01	0.92	0.91	- 0.01

变量	城镇			农村		
	男性	女性	差异	男性	女性	差异
同期群（cohort）						
1950～1959 年	0.22	0.27	0.05 *	0.25	0.20	- 0.05 ***
1960～1969 年	0.28	0.27	- 0.01	0.32	0.31	- 0.01
1970～1979 年	0.26	0.26	0.00	0.27	0.31	0.04 **
1980～1989 年	0.23	0.19	- 0.04	0.16	0.18	0.02

注：* $p < 0.05$，** $p < 0.01$，*** $p < 0.001$（双尾 T 检验）。

资料来源：CGSS2008，1950～1989 年出生的群体。

（二）教育获得性别不平等程度与变化趋势的城乡差异

图 1 显示的是 1950～1989 年出生的被调查者平均受教育年限的城乡差异及其变化趋势，从图中可以看出，城镇户口居民的平均受教育年限始终高于且远高于农村户口的居民，表明教育获得的城乡不平等非常严重。虽然随着时间的推移，有轻微逐渐缩小的趋势，即出生越晚的群体平均受教育年限的城乡差异越小，但是即使是 20 世纪 80 年代出生的群体，教育获得的城乡差距仍然非常大。

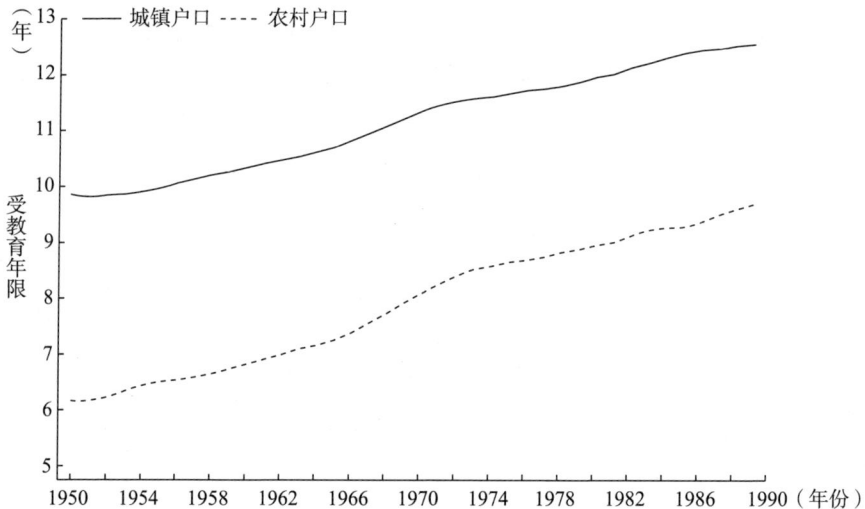

图 1　教育获得的城乡差异及其变化

资料来源：CGSS2008，1950～1989 年出生的群体。

　　图 2 显示的是 1950～1989 年出生的被调查者平均受教育年限的性别差异及其变化趋势，从图中可以看出，越晚出生的群体平均受教育年限的性别差异越小。表明随着经济社会的发展，男性与女性的平均受教育年限都有较大程度的增长。但从图 2 也可以看出，如果将城乡居民放在一起来比较的话，虽然教育获得的性别不平等随着时间的推移有逐渐缩小的趋势，但是男性的平均受教育年限始终高于女性，而且缩小的幅度较小。

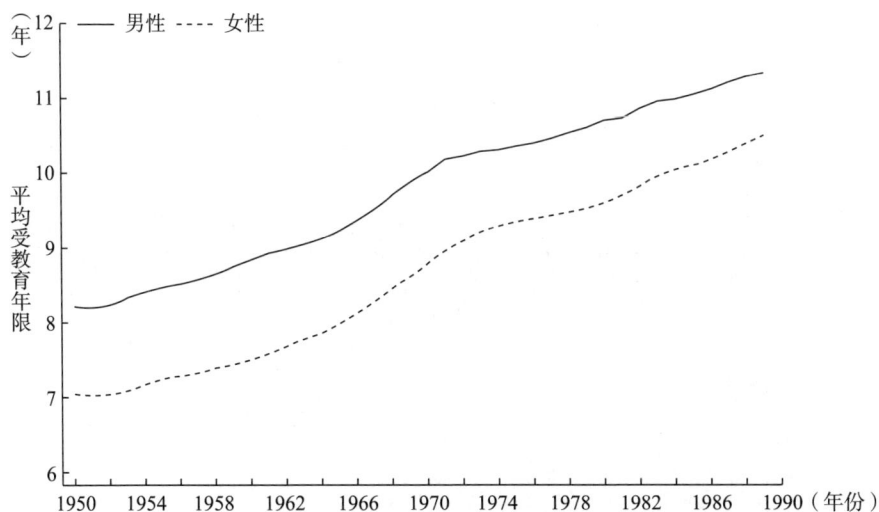

图 2　教育获得的性别差异及其变化

资料来源：CGSS2008，1950～1989 年出生的群体。

　　图 3a 和图 3b 分别描述了 1950～1989 年出生的城镇户口居民与农村户口居民教育获得性别不平等及其变化趋势。从图 3a 中我们可以看出，在城镇地区出生越晚的群体平均受教育年限的性别差异越小，1989 年出生的群体，女性甚至已经与男性持平，表明随着经济社会的发展，虽然城镇地区男性的平均受教育年限有较大提升，但是女性平均受教育年限的增长幅度更大，因此性别不平等明显缩小，甚至有女性反超男性的迹象。在农村地区，虽然女性的平均受教育年限增长幅度也比较大，但是与男性的平均受教育年限相比仍然有一定的差距，性别不平等下降的幅度非常小（见图 3b）。通过这两幅图的对比以及表 1 对城镇户口居民和农村户口居民平均受教育年限的性别比较，我们可以看出，农村地区教育获得的性别不平等的程度比城镇地区更严重。虽然城镇户口居民与农

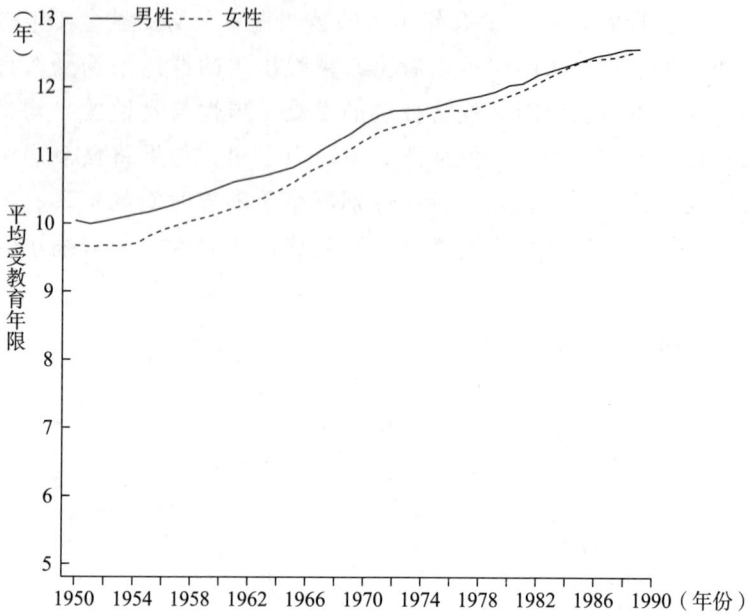

图 3a 城镇户口居民

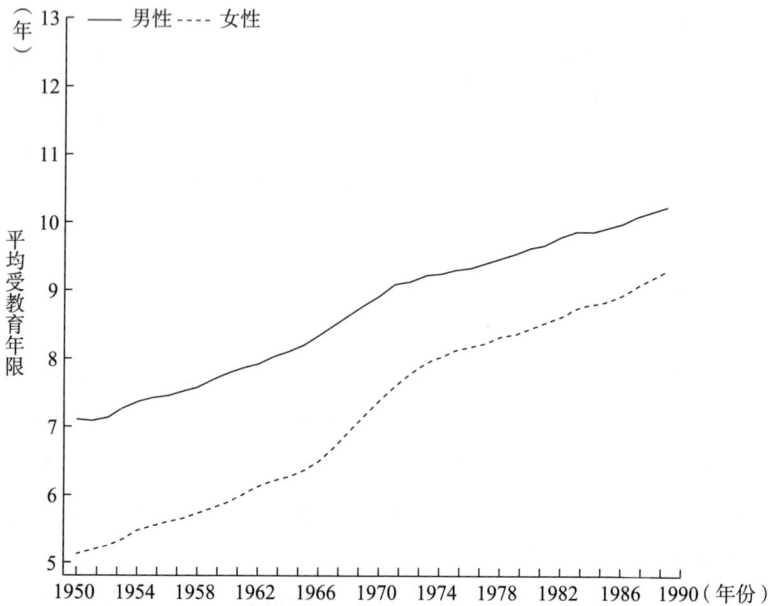

图 3b 农村户口居民

图 3 （分城乡）教育获得性别不平等及其变化趋势

资料来源：CGSS2008，1950～1989 年出生的群体。

村户口居民平均受教育年限都有一定程度的增长，但是教育获得的性别平等化趋势在城镇地区更加明显，在农村虽然男性与女性的平均受教育年限的差距在缩小，但是二者之间仍有比较大的差距。所以，从描述统计的结果来看，我们的假设 1 与假设 2 都得到了验证。

（三）教育获得性别不平等影响因素的城乡差异

为了估计性别对教育获得的效应以及这种效应如何受其他因素的影响，我们使用嵌套模型的方式建立六个 OLS 模型：首先是基准模型，单独估计性别的效应，在接下来的五个模型累计加入控制变量（民族与同期群）、14 岁时父亲的 ISEI、父母的受教育年限、父亲的政治面貌以及兄弟姐妹数变量，以观察性别效应（系数）的变化。模型的因变量是受访者的受教育年限。我们对城镇和农村分别建构模型。表 2 显示了我们模型建构的结果。表 2 的左半部分阐释了城镇的情况，模型 1（基准模型）性别系数为 -0.405，而且在 0.01 的水平上是显著的。加入了民族和同期群两个变量之后（模型 2）性别系数上升为 -0.269（$p < 0.05$），这表明约 34% $[(-0.405 + 0.269)/-0.405 = 0.34]$ 的性别不平等来源于男女年龄以及民族的差异。模型 3 显示，加入 14 岁时父亲的 ISEI 这个因素之后，性别系数从模型 2 的 -0.269 上升至 -0.212，这表明约 21% $[(-0.269 + 0.212)/-0.269 = 0.21]$ 的性别效应来源于 14 岁时父亲 ISEI 的差异（而且可以发现，加入了这个变量之后，性别变量的系数在统计上不具有显著性，即性别不平等消失了）。模型 4 显示，加入父母受教育年限这个因素后，性别的系数从模型 3 的 -0.212 下降到 -0.248（$p < 0.1$），即性别不平等的程度反而上升了，这说明加入了父母的受教育年限这个变量后，性别的不平等程度扩大了约 15% $[(-0.248 + 0.212)/-0.248 = 0.15]$。模型 5 显示，加入父亲的政治面貌这个因素后，性别的系数从模型 4 的 -0.248 上升到 -0.237，表明约 4% $[(-0.248 + 0.237)/-0.248 = 0.04]$ 的性别效应来源于父亲政治面貌的差异。模型 6 显示，在加入兄弟姐妹数这个变量后，性别的系数从 -0.237 上升到 -0.193，性别效应下降了约 19% $[(-0.237 + 0.193)/-0.237 = 0.19]$，而且没有了统计学的显著性。这表明年龄、民族、兄弟姐妹数是城镇地区教育获得性别差异的重要来源。

表 2 的右半部分解释了农村的情况，模型 1（基准模型）的性别系

数为 - 1.334，在 0.001 的水平上显著。在加入民族、同期群两个变量之后（模型 2），性别系数下降为 - 1.567 （p < 0.001），这说明加入民族、同期群两个变量后，农村居民教育获得的性别不平等的程度扩大了 15% [（ - 1.567 + 1.334）/ - 1.567 = 0.15]，这主要是因为在我们研究的样本中女性在民族、同期群的分布上比男性占优势。模型 3 显示，在加入 14 岁时父亲的 ISEI 这个变量后，性别系数从模型 2 的 - 1.567 下降到 - 1.635，表明在加入 14 岁时父亲的 ISEI 后，农村居民教育获得的性别不平等的程度扩大了约 4% [（ - 1.635 + 1.567）/ - 1.635 = 0.04]。模型 4 显示在加入父母受教育年限这个变量后，性别系数从模型 3 的 - 1.635 上升到 - 1.632，扩大了约 0.2% [（ - 1.635 + 1.632）/ - 1.635 = 0.002]。模型 5 显示，在加入父亲的政治面貌这个变量后，性别系数从模型 4 的 - 1.632 上升到模型 5 的 - 1.625，表明父亲之间政治面貌的差异大约解释了 0.4% [（ - 1.632 + 1.625）/ - 1.632 = 0.004] 的教育获得性别不平等。模型 6 显示在加入兄弟姐妹数这个变量后，性别的系数上升到了 - 1.580，表明约 3% [（ - 1.625 + 1.580）/ - 1.625 = 0.03] 的性别效应来源于兄弟姐妹数的差异。显然，在农村地区教育获得性别不平等有很少一部分来源于父母的受教育年限、父亲的政治面貌以及兄弟姐妹数的差异。总之，表 2 的结果表明，在城镇大多数的性别的负面效应可归因于同期群、民族、父亲的政治面貌、兄弟姐妹数以及 14 岁时父亲的职业地位指数。而在农村性别的负面效应只有非常小的一部分可以归因于父母的受教育年限、父亲的政治面貌以及兄弟姐妹数，而绝大部分的负面效应是不能被这些变量解释的，说明在农村，教育获得的性别歧视仍然十分严重。为了更好地比较各因素对教育获得影响的城乡差异以及性别差异，笔者构建了多元线性回归模型，如表 3 所示。

表 2　各要素对性别效应（回归系数）的直接影响（分城乡）

	城镇户口			农村户口		
	性别系数	T 值	R^2	性别系数	T 值	R^2
模型 1：性别（女性 = 1）	- 0.405	- 2.72 **	0.004	- 1.334	- 9.12 ***	0.028
模型 2：性别 + 控制变量（民族、同期群）	- 0.269	- 1.98 *	0.172	- 1.567	- 11.72 ***	0.193
模型 3：性别 + 控制变量 + 14 岁时父亲 ISEI	- 0.212	- 1.59	0.202	- 1.635	- 12.48 ***	0.228

续表

	城镇户口			农村户口		
	性别系数	T 值	R²	性别系数	T 值	R²
模型 4：性别 + 控制变量 + 14 岁时父亲 ISEI + 父母受教育年限	- 0.248	- 1.94 [+]	0.276	- 1.632	- 12.91 [***]	0.281
模型 5：性别 + 控制变量 + 14 岁时父亲的 ISEI + 父母受教育年限 + 父亲政治面貌	- 0.237	- 1.86 [+]	0.280	- 1.625	- 12.88 [***]	0.285
模型 6：性别 + 控制变量 + 14 岁时父亲的 ISEI + 父母受教育年限 + 父亲政治面貌 + 兄弟姐妹数	- 0.193	- 1.53	0.294	- 1.580	- 12.57 [***]	0.293

注：$+p < 0.1$，$*p < 0.05$，$**p < 0.01$，$***p < 0.001$（双尾检验）。
资料来源：CGSS2008，1950～1989 年出生的群体。

　　表 3 报告了我国居民教育获得的回归模型，对城镇和农村地区，我们分别报告三个模型：所有样本模型（等同于表 2 的模型 6）、女性样本模型以及男性样本模型。这样我们便能准确地比较各因素对教育获得影响的性别差异和城乡差异。

表 3　估计教育获得的影响因素的 OLS 模型（分城乡、分性别）

变量	城镇户口			农村户口		
	所有样本	女性样本	男性样本	所有样本	女性样本	男性样本
性别（女性 = 1）	- 0.193	—	—	- 1.580 [***]	—	—
	(0.126)	—	—	(0.126)	—	—
同期群[a]						
1960～1969	- 0.029	0.066	- 0.132	1.494 [***]	1.871 [***]	1.144 [***]
	(0.179)	(0.237)	(0.269)	(0.175)	(0.246)	(0.246)
1970～1979	1.125 [***]	1.310 [***]	0.902 [**]	1.949 [***]	2.187 [***]	1.808 [***]
	(0.196)	(0.260)	(0.297)	(0.188)	(0.257)	(0.275)
1980～1989	1.609 [***]	1.708 [***]	1.458 [***]	2.939 [***]	3.622 [***]	2.212 [***]
	(0.229)	(0.312)	(0.339)	(0.235)	(0.317)	(0.349)

续表

变量	城镇户口			农村户口		
	所有样本	女性样本	男性样本	所有样本	女性样本	男性样本
民族（汉 = 1）	− 0.216	− 0.446	0.076	1.103 ***	1.376 ***	0.799 *
	(0.298)	(0.383)	(0.467)	(0.223)	(0.297)	(0.333)
14 岁时父亲 ISEI	0.011 **	0.019 ***	0.005	0.029 ***	0.033 ***	0.024 **
	(0.004)	(0.005)	(0.005)	(0.005)	(0.007)	(0.009)
父母受教育年限	0.185 ***	0.176 ***	0.192 ***	0.234 ***	0.255 ***	0.204 ***
	(0.016)	(0.022)	(0.023)	(0.018)	(0.024)	(0.027)
父亲政治面貌	0.484 **	0.386 +	0.593 **	0.907 ***	0.712 *	1.135 ***
	(0.160)	(0.227)	(0.226)	(0.205)	(0.276)	(0.303)
兄弟姐妹数量	− 0.262 ***	− 0.349 ***	− 0.192 **	− 0.210 ***	− 0.278 ***	− 0.141 *
	(0.043)	(0.060)	(0.062)	(0.038)	(0.051)	(0.056)
常数项	9.389 ***	9.312 ***	9.267 ***	4.704 ***	2.578 ***	5.264 ***
	(0.403)	(0.511)	(0.617)	(0.324)	(0.438)	(0.472)
样本量	1815	892	923	2894	1556	1338
R^2	0.294	0.339	0.255	0.293	0.330	0.215

注：a 参照组为 1950 ~ 1959 年。

$+ p < 0.1$，$* p < 0.05$，$** p < 0.01$，$*** p < 0.001$（双尾检验）；括号里的数字为标准误。

从表 3 我们可以看出在控制了其他变量的基础上城镇男性与女性的受教育年限并没有显著的差异，而在农村地区女性的受教育年限要比男性少 1.58 年。从出生的同期群看，总体上无论是城镇还是农村，出生年代越晚，受教育年限越长。从民族看，城镇地区男性与女性的受教育年限没有明显的民族差异，而农村地区汉族居民的受教育程度要高于少数民族居民。从 14 岁时父亲的 ISEI 看，在城镇地区女性样本的系数是 0.019（$p < 0.001$），男性的样本系数是 0.005，不具有统计显著性，表明在控制了其他变量的基础上 14 岁时父亲的 ISEI 仅对城镇女性的教育获得有显著的正面影响。农村地区女性样本的系数是 0.033（$p < 0.001$），男性样本的系数是 0.024（$p < 0.01$），表明农村女性的教育获得对 14 岁时父亲的 ISEI 的影响更敏感。从父母的受教育年限看，城镇地区女性样本的系数是 0.176（$p < 0.001$），男性样本的系数是 0.192（$p < 0.001$），表明在控制了其他变量的基础上，城镇男性的教育获得对父母受教育年限的影响更敏感。农村地区女性样本的系数是 0.255（$p < 0.001$），男性样本

的系数是 0.204 （p<0.001），表明在控制了其他变量的基础上农村女性的教育获得对父母受教育年限的影响更加敏感。从父亲的政治面貌看，城镇地区女性的样本系数是 0.386 （p<0.1），男性样本的系数是 0.593 （p<0.01），表明在控制了其他变量的基础上城镇男性教育获得对于父亲政治面貌的影响更敏感。农村地区女性的样本系数是 0.712 （p<0.05），男性样本的系数是 1.135 （p<0.001），表明在控制了其他变量的基础上，农村男性教育获得对父亲政治面貌的影响更加敏感，这与城镇地区是一致的。最后，在控制了其他变量的基础上，兄弟姐妹数对城乡男性和女性的教育获得都有负面效应：在城镇样本中，女性样本的系数是 -0.349 （p<0.001），男性样本的系数是 -0.192 （p<0.01），表明城镇女性的教育获得对兄弟姐妹数的影响更敏感；在农村样本中，女性样本的系数是 -0.278 （p<0.001），男性样本的系数是 -0.141 （p<0.05），表明农村女性的教育获得对兄弟姐妹数的影响更敏感。无论是城镇还是农村，之所以兄弟姐妹数对女性教育获得的影响大于男性，主要是因为我国现在仍然是一个男权社会，在家庭资源有限的情况下都会首先保证儿子的教育获得。从表 3 我们可以看出，不同的变量对男性与女性的教育获得以及城乡居民的教育获得发挥的作用有很大的不同，为了更清楚地发现不同变量的作用，笔者对教育获得的性别不平等进行了分解，如表 4 所示。

本研究所使用的分解法主要参考了 Oaxaca （Oaxaca，1973） 以及 Jann （Jann，2008） 研究中使用的方法。根据这种方法，教育获得的性别差异主要由两部分组成：一部分是被可观察到的因素解释的部分；另一部分是不能被可观察到的因素解释的部分 （理论上，这一部分可以被认为是性别歧视）。

从表 4 中我们可以看出，在城镇样本中，有超过一半 （52.1%） 的教育获得性别差异可以被出生同期群、14 岁时父亲的 ISEI、父母的受教育年限、父亲的政治面貌以及兄弟姐妹数等变量解释。其中兄弟姐妹数的贡献率最高，为 18.8%，同期群的贡献率是 15.6%，父母受教育年限贡献率是 10.1%，14 岁时父亲的 ISEI 以及父亲政治面貌的贡献率分别为 5.2% 和 3.5%。在农村样本中，所有因素对教育获得性别差异的贡献率是 -18.5%。其中，同期群的贡献率是 -10.9%，民族的贡献率是 0.5%，14 岁时父亲 ISEI 的贡献率是 -2.8%，父母受教育年限的贡献率

是 - 6.7%，父亲政治面貌的贡献率是 - 0.2%，兄弟姐妹数的贡献率是 1.6%。

表 4　各因素对教育获得性别不平等的贡献率（分城乡）

	城镇样本		农村样本	
	差异及组成	贡献率	差异及组成	贡献率
总体性别差异	0.405		1.334	
未被解释的部分	0.194	47.9%	1.581	118.5%
被解释的部分	0.211	52.1%	- 0.247	- 18.5%
同期群（cohort）	0.063	15.6%	- 0.145	- 10.9%
民族	- 0.003	- 0.7%	0.007	0.5%
14 岁时父亲 ISEI	0.021	5.2%	- 0.037	- 2.8%
父母受教育年限	0.041	10.1%	- 0.090	- 6.7%
父亲政治面貌	0.014	3.5%	- 0.003	- 0.2%
兄弟姐妹数	0.076	18.8%	0.021	1.6%

　　从以上分析，我们可以得出现超过一半（52%）城镇居民教育获得的性别差异可以被年代、家庭背景（包括父亲的职业地位、文化资本和政治资本）、兄弟姐妹人数等因素解释；而且，控制了这些因素之后，教育获得的男女差异已经没有统计显著性。而在农村地区，以上因素对教育获得的性别差异几乎没有任何解释力，它们的总和贡献率甚至是负的（- 18.5%），即加入了这些因素之后，性别不平等反而增大了。如果我们将不能解释的部分认作是性别歧视的话，那我们得出结论说农村居民教育获得性别不平等的主要来源是性别歧视。基于以上发现，我们认为当前中国教育获得的性别不平等主要是发生在农村地区，而造成农村居民教育性别差异的因素是因父权制（或传统的性别角色观念）所导致的性别歧视。这也验证了我们的假设 3。

五　总结与讨论

　　本文主要讨论的是我国居民教育获得性别不平等的城乡差异，通过对 2008 年 CGSS 数据的分析可以看出，城镇居民教育获得性别不平等程度较小，而且呈现逐渐缩小的趋势，近年来已经基本消失。而农村居民的教育获得性别不平等程度一直以来都非常大，虽然随着经济社会的发展，性别差异有所缩小，但是幅度很小；直至最近，不平等程度仍然非常显著。从导致城乡居民教育获得性别不平等的因素来看，城乡之间也有非常大的差异。城镇居民教育获得的性别差异可以被家庭背景（包括父亲的职业地位、文化资本和政治资本）和兄弟姐妹人数等因素解释，而农村居民教育获得性别差异的主要原因是父权制（或传统性别角色观念）造成的严重的性别歧视。

教育获得性别不平等的城乡差异模式表明，在中国农村地区，虽然随着工业化和现代化的进程，居民的生活水平得到了很大的提高，对子女教育的投入也越来越多，但教育投入的性别偏好仍然广泛存在。根据我们的数据分析和推理，农村地区的性别不平等主要来源于父权制文化和传统性别角色观念。这种观念导致家庭将更多的教育机会或资源提供给男性家庭成员，从而导致农村地区教育获得的性别不平等。由于教育是决定个体社会经济地位的重要因素，因此，在中国农村地区，要实现性别平等仍然有很长的路要走。

另外，虽然城镇地区教育获得的性别不平等已经开始消失，但许多经验研究的结果表明，性别不平等仍以其他方式存在，例如，在求职过程中，女性经常遭遇性别歧视或不公正对待；另外，职业晋升的过程中，"玻璃天花板"的现象仍然存在，而且职业收入的性别不平等仍然存在。总而言之，要实现真正意义的性别平等仍然任重而道远。

参考文献

董强、李小云、杨洪萍、张克云，2007，《农村教育领域的性别不平等与贫困》，《社会科学》第 1 期。

方长春，2009，《从 GPI 看教育发展过程中的性别差异》，《妇女研究论丛》第 1 期。

李春玲，2009，《教育地位获得的性别差异——家庭背景对男性和女性教育地位获得的影响》，《妇女研究论丛》第 1 期。

李春玲，2010，《高等教育扩张与教育机会不平等——高校扩招的平等化效应考查》，《社会学研究》第 3 期。

陆学艺，2002，《当代中国社会阶层研究报告》，社会科学文献出版社。

王金玲，2009，《农村妇女教育地位：城乡差距大于性别差距——以浙江农村妇女为例》,《内蒙古师范大学学报》(哲学社会科学版) 第 5 期。

吴愈晓, 2012,《中国城乡居民教育获得的性别差异研究》,《社会》第 4 期。

叶华、吴晓刚, 2011,《生育率下降与中国男女教育的平等化趋势》,《社会学研究》第 5 期。

Blake, Judith, 1981, "Family Size and the Quality of Children," *Demography* (18): 421 - 442.

Buchmann, Claudia, Thomas A. DiPrete, and Anne McDaniel, 2008, "Gender Inequalities in Education," *Annual Review of Sociology* (34): 319 - 37.

Duncan, Otis Dudley, 1961, "A Socioeconomic Index for All Occupations," in A. J. Reiss (ed.), *Occupations and Social Status*. New York: Wiley.

Gallagher A. M. and Kaufman J. C. (eds), 2005, *Gender Differences in Mathematics: An Integrative Psychological Approach*, Cambridge, UK: Cambridge University Press.

Gerber, Theodore and Michael Hout, 1995, "Educational Stratification in Russia During the Soviet Period," *American Journal of Sociology* (101): 611 - 660.

Goldin Claudia, Lawrence F. Katz, and Ilyana Kuziemko, 2006, "The Homecoming of American College Women: The Reversal of the College Gender Gap," *Journal of Economic Perspectives* 20 (4): 133 - 156.

Hannum, Emily and Yu Xie, 1994, "Trends in Educational Gender Inequality in China: 1949 - 1985," *Social Stratification and Mobility* (13): 73 - 98.

Hannum, Emily , 2005, "Market Transition, Educational Disparities, and Family Strategies in Rural China: New Evidence on Gender Stratification and Development," *Demography* (42): 275 - 299.

Jann, Ben, 2008, "The Blinder-Oaxaca Decomposition for Linear Regression Models," *The Stata Journal* 8 (4): 453 - 479.

Lavely, William, Xiao Zhenyu, Li Bohua, and Ronald Freedman, 1990, "The Rise in Female Education in China: National and Regional Patterns," *The China Quarterly* (121): 61 - 93.

Li, Danke and Mun C. Tsang, 2003, "Household Decisions and Gender Inequality in Education in Rural China," *China: An International Journal* (2): 224 - 228.

Lockwood, David, 1989, *The Blackcoated Worker: A Study in Class Consciousness*, Oxford: Oxford University Press.

Maccoby, E. E. and Jacklin C. N. , 1974, *The Psychology of Sex Differences*, Palo Alto, CA: Stanford University Press.

Oaxaca R. , 1973, "Male-female Wage Differentials in Urban Labor Markets," *International Economic Review* (14): 693 - 709.

Shavit, Yossi and Hans-Peter Blossfeld, 1993, *Persistent Inequality: Changing Educational Attainment in Thirteen Countries*, Boulder, CO: Westview Press.

Treiman, Donald J. , 1970, "Industrialization and Stratification," *In Social Stratification:*

Research and Theory for the 1970*s*, Edited by Edward Laumann. Indianapoli, IN: Bobbs-Merrill.

Wright, Eric Olin, 1985, *Classes*, London: Verso.

Wu, Xiaogang & Zhuoni Zhang, 2010, "Changes in Educational Inequality in China, 1990 – 2005: Evidence from the Population Census Data," *Research in the Sociology of Education* (17): 123 – 152.

Xie, Yu and Shauman K. A., 2003, *Women in Science: Career Processes and Outcomes*, Cambridge, MA: Harvard University Press.

内地经济发展为港台社会带来的机遇和挑战：民意角度的评析

郑宏泰

（香港中文大学香港亚太研究所助理所长）

尹宝珊

（香港中文大学香港亚太研究所研究统筹员）

引　言

　　两岸三地的交往互动无疑曾经沧海，20 世纪 80 年代以还，由于改革开放政策的推动，中国内地经济持续高速发展，日趋频繁的商贸往来，加上民间互动，为港台两地带来了前所未见的机遇与挑战。改革开放之初，得力于港台及海外华人的资金、技术及市场资讯，内地的经济从虚弱中逐步恢复，然后走向繁荣昌盛，人民整体生活水平获得巨大提升；同时，港台及海外华人投资者亦近水楼台，分享成果。

　　进入 21 世纪，改革开放不断深化，三地的融合亦踏上新里程。内地的经济发展动力仍然强大，但港台民众与内地接触的强弱则有不同，对三地融合交往和对内地经济发展的看法发生变化，当中牵动情绪、影响观感的原因，明显与发展过程的成果能否共享有关。经济欣欣向荣但贫富差距日益悬殊，揭示社会公平问题亟须正视。诚然，正如收入分配不均对社会经济发展是好是坏仍无定论，贫富差距亦可被视为公正或不公。如 Sen（2000：60）所言，民众对实际收入分配的判断端视乎：一是他们对道德正确和公平公正的价值观念，二是他们套用此等规范准则的现实情况。但认为收入差距过大的民众，通常抱有怎样才算是公正或公平收入分配的规范性观念（Lübker，2005：1）。

　　本文主要根据 2013 年港台共同进行的随机抽样电话调查所得资料，从主观感受的角度，一方面了解港台民众与内地接触交往的频密程度，另一方面探讨其对内地经济发展前景的评估，进而检视两地民众在家庭经济状况及社会贫富差距问题上，如何因应内地的经济发展而发生变化，从而展示个别社会阶层与群体因未能共享经济发展成果而滋生不公平感的问题，为当前两岸三地沟通往来中面临的各种阻力或困难，提供实证数据的分析和参考。

一　促进经济发展与强调社会公平的轻重舍取

　　在人类史上，发展经济从来都被放在关系国家民族存亡的重要位置上，而儒家经典《论语》中"不患寡而患不均，不患贫而患不安"的思想，亦早已成为后世治国安邦的指导核心（李振宏，2005），可见促进经济发展与强调社会公平之间，从来都需要同时兼顾，不能偏废——当然，在不同时代背景及社会环境下，优先次序可做出调整。举例说，20世纪 70 年代末，为摆脱"文革"导致生产力凋敝与人民难以温饱的困境，以邓小平为领导核心的中央政府提出了改革开放政策，全力投入经济建设以提升人民生活水平，就算衍生了一些不公平现象，亦暂时被搁置一旁，便是最好的说明。这种以发展为优先考虑的"摸着石头过河"策略，就算到了 90 年代初改革开放已取得一定成果，人民生活水平已明显改善，但为巩固发展成果，深化改革进程，仍高举"发展才是硬道理"的旗帜，坚持将发展经济放在优先地位（厉以宁，1989；王小强，1996）。

　　但是，若仅追求经济增长，必然会产生一连串不容低估的社会问题，其中备受关注的是经济发展所带来的财富，往往只积聚在极少数人手上，令贫富悬殊状况日趋严重，公平正义不断受损，甚至酿成贪污腐化、道德沦丧及环境破坏等恶果；这样的发展格局，难免会滋生各种矛盾和怨怼，动摇社会稳定的基石。针对这种现象，进入新千禧世纪后，由于察觉问题已到了必须正视的地步，中央政府因而调整了发展优先次序。习近平主席掌政以来的连番重大政策出台，清楚显示中央政府在处理社会公平问题上的决心；十二届全国人大二次会议闭幕后，李克强总理于回答记者提问时的应对，则能具体说明，他说："我们不片面追求 GDP，但是我们还是需要贴近老百姓的 GDP，提高质量效益、节能环保的 GDP"，并提出"保基本、兜底线、促公平"三项政府工作重点，"促公平"的内涵为："让就业、求职机会公平，让创业有公平竞争的环境，特别要注重起点公平，也就是教育公平。"（人民网，2014）

若我们沿上文思想脉络，分析两岸三地商贸往来和民间互动过程，亦不难看到，早年的政策优先，亦放在促进经济发展层面上，背后的主要思维，则与三地社会曾有一段不短时间的各自为政、单打独斗有关。远的不说，新中国成立后，在冷战格局下的贸易禁运，曾令内地与港台之间的接触交往几乎陷于断绝，商贸活动戛然而止。然而，一如不少实证研究清楚指出，两岸三地间的经济，既相互依存，亦互补不足（Cheung and Yuen，2004；Sung，2005；Nicolas，2012），更不用说在文化上的同根同源与本来同属一家的历史背景，显示融合互动既符合三地人民渴求放下矛盾分歧、谋求和平共处与发展的共同愿望，亦揭示可带来巨大经济发展潜力，有助提升竞争力，并可改善人民生活的事实。

正因如此，当内地推行改革开放政策而两岸三地又刚恢复往来之后，在其他境外投资者对内地仍缺乏信心、举棋不定之时，港台及海外华人则甘冒各种巨大风险，率先回到内地做开荒牛。① 他们不但投入资本，在内地购地设厂，还引进机械设备和生产技术。与此同时，他们又利用本身的营商网络和市场信息，将各种工业制品向外推销。难怪中外社会一致认为，港台及海外华商乃内地改革开放取得丰硕果实的重要支持者

---

① 港台资本在改革开放政策推出后进入内地的时间和程度，其实颇为不同。香港可说是最先进入的"外资"，台湾则相对较晚，原因是台湾当局实施"三不政策"，唯不少台湾资本采取迂回路线，避过各种法律限制投资内地（高承恕，2012）。到了 20 世纪 80 年代，因应内地经济及社会的进一步发展，台湾当局做出政策调整，之后又放弃"三不政策"，同意与内地进行直接商贸往来，令海峡两岸的商贸及民间互动趋向频繁。虽然港台与内地间的往来互动有时间及程度上的差异，为便于讨论和表达，本文将港台与内地的互动等视之。

和推动者（Kemenade，1997）。

两岸三地恢复交往，并全力投入发展经济之初，其特点是港台企业及资本涌向内地，设厂生产，然后将商品倾销全球，协助内地经济走上工业化道路。到了 20 世纪 90 年代，当改革开放已取得一定成果，并推行国企改革后，部分企业（包括国营、半国营及民营）则获得机会，率先可以"走出去"，向外开拓（厉以宁，2000），而作为区域金融中心的香港，则成为那些企业上市集资或设立地区总部的不二之选。这个过程又反过来给香港金融市场及经济体系注入更强大动力，支持其经济及社会的多元化发展。当然，由于台湾的金融和经济那时并不向内地的企业和资本开放，所受影响乃显得微不足道（郑宏泰、陆观豪，2013）。

进入 21 世纪，一方面是内地经济持续增长，并成为带领世界经济前进的火车头，另一方面则是两岸三地的融合迈向新的历史里程。后者不但表现出商贸往来和民间互动更趋频繁，更展示互动内涵上的重大改变。具体而言，其一，此前的互动基本上是港台居民及资本返回内地，甚少内地的居民及资本可以自由到港台活动；其二，港台居民及企业在内地受到欢迎，亦带领其经济及企业前进，但甚少内地企业在港台发挥巨大影响力；其三，在此前内地经济较依赖港台支援，但自此之后则转为港台依赖内地经济的带动（郑宏泰、尹宝珊，2014）。最突出的例子，莫如港台与内地之间先后签订加强双向商贸往来及服务互动协议后，① 引伸出来的一连串重大发展，其中的内地居民赴港台个人游（俗称"自由行"），更成为近年来传媒报道的焦点。

从区域融合的角度看，"自由行"的特殊安排，虽大大提升两岸三地人民的全方位接触与交往，亦推动旅游、饮食、零售及交通运输等行业的发展，有利提升普罗大众的就业机会，但同时亦激化不少社会矛盾，尤其是有港台民众感到经济成果未能共享，相关的社会成本反需要他们共同承担，付出代价，因而触发港台部分民众的不满，甚至示威抗议。

为何不少港台民众在大量内地旅客涌到，旅游业一片兴旺之时，要求减少内地旅客甚至干脆停止"自由行"政策呢？为何两地社会冒现要求关起大门抗拒融合的声音呢？导致这种特殊现象背后的原因无疑十分

---

① 　如《内地与香港关于建立更紧密经贸关系的安排》（CEPA）于 2003 年 6 月 29 日签署，《海峡两岸经济合作框架协议》（ECFA）于 2010 年 6 月 29 日签署。

复杂，亦不可能是单一因素或任何一方举措所能轻易造成。至于促进经济发展的过程中未能让普罗大众共享成果，反而产生愈趋严重的社会不公平问题，明显应是其中一项必须正视的问题症结。

若我们概括分析两项最能反映经济发展与社会公平的客观指标——人均本地生产总值（GDP per capita）和基尼系数（Gini coefficient），则不难看到当前部分港台民众抗拒与内地融合与继续发展的一些原因所在。

长久以来，人均本地生产总值的起落，被认为最能综合反映民众平均生活水平的升降。[①] 图 1 是中国香港、台湾及大陆于 1951 至 2013 年人均本地生产总值的变化。从中我们可清楚看到，港台经济自 20 世纪 70 年代相继起飞，而内地则在 80 年代改革开放政策发挥效果后才逐步增长。其中亦可让人察觉到港台经济差距自 70 年代末不断扩大的趋势，香港除因 80 年代初主权谈判一度令经济表现呆滞外，在 1997 年前一直保持强劲增长。1997 年至 2003 年间，港台经济同样出现波折，并在 2003 年底重拾动力，高速增长，而香港经济的发展动力又明显高于台湾。相对而言，内地的经济则没港台般大起大落，而是持续增长，进入新千禧世纪以来的发展步伐尤其巨大。

对于两岸三地先后工业化并令民众生活水平发生变化的问题，我们不妨以人均本地生产总值达至 500、1000、5000、10000 及 15000 美元五个主要阶段做出说明。1962 年，香港的人均本地生产总值率先突破 500 美元，台湾在 1972 年，而内地则迟至 1995 年。之后的 1971、1980、1988 及 1991 年，香港的人均本地生产总值依次达到 1000、5000、10000 及 15000 美元水平，台湾达至这四个水平则为 1976、1987、1992 及 2004 年，而内地则在 2001 及 2011 年达至 1000 及 5000 美元水平，距离 10000 及 15000 美元则仍有长路要走。

以上数据可粗略说明，虽然香港要花九年时间才能由人均本地生产总值 500 增长至 1000 美元，而台湾只花四年，即初期的增长步伐较香港快，但自此要达至 15000 美元的步伐，则明显较香港慢，而且差距在扩

---

① 虽然此指标存在令人诟病的问题，例如核算范围不包括不支付报酬的生产活动（如家务劳动）、没有单位控制的自然活动（如野生动植物的增长）、未观测的经济活动等，或是没有衡量经济增长的社会成本（如消耗资源的代价），或是难以反映贫富、城乡生活之别，或是经济规模大小之间因差异巨大而难以相提并论等，但人均所得确实有重大指标作用，我们乃以之作为基本的比较准则。

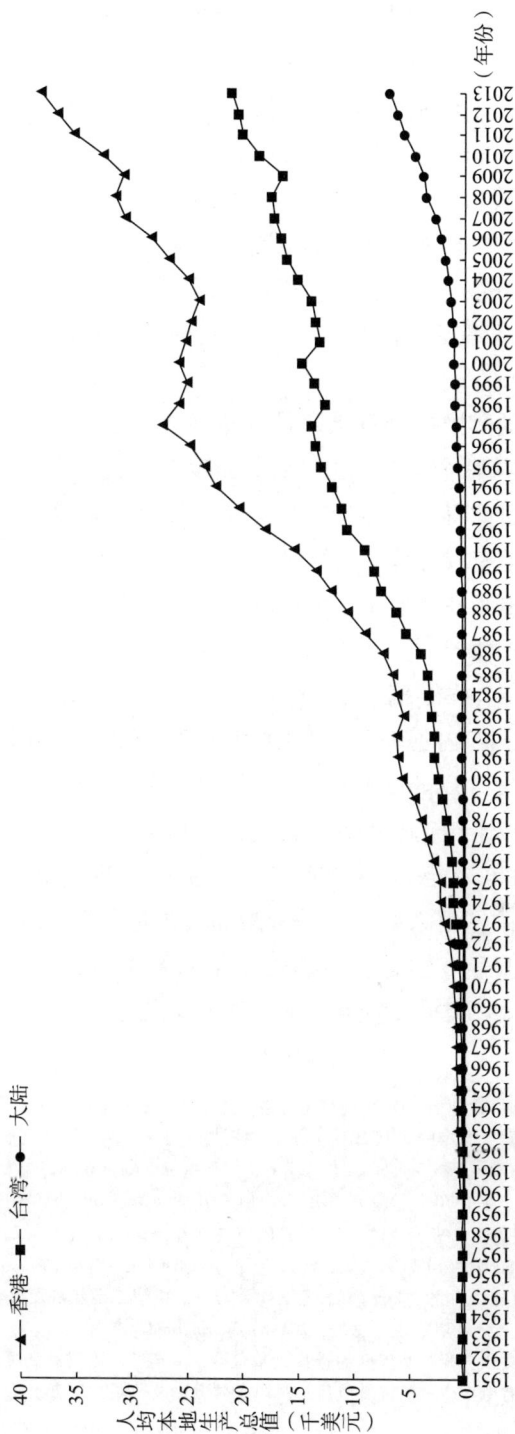

图1　中国香港、台湾与大陆人均本地生产总值的变化（1951~2013年）

资料来源：台湾"行政院"主计总处（2014a）；World Bank（2014）。

大。当然，内地要达至人均本地生产总值 500 美元水平的日子，远较港台晚，唯由 500 增长至 1000 美元的时间，则只花六年，时间上虽比台湾略长，但短于香港，说明那时期的内地经济发展动力不容低估，至于由 1000 增至 5000 美元的时间，亦只用了 10 年，与港台相近，进一步说明规模庞大的内地，其内在经济动力其实十分巨大。按此推断，内地走向 10000 及 15000 美元的水平，应该并非遥不可及。从以上的经济发展状况中，我们可看到，香港的经济动力在 20 世纪 90 年代前较台湾及内地巨大，而内地虽然经济体庞大，但自 90 年代起的持续增长，则将港台比了下去。①

现代经济理论的其中一个重点，是竞争乃经济动力之本（Aghion and Griffith，2008），但从社会达尔文主义者的角度看，竞争只是适者生存、弱肉强食的代名词。由此得出的结论，则是经济发展愈急速，必然是强者愈强、弱者愈弱，暗示有权有势、人脉网络强大者，愈能利用竞争之名积聚财富，弱势群体则更难在社会中立足，因而产生资源分配不均等社会不公平问题。事实上，收入差距扩大是全球性的趋势（OECD，2008；Milanović，2011），"技能偏向的技术转变"（skill-biased technological change）是最被广泛接受的解释，即新技术导致对更高学历和技能的人力需求不成比例地增加（Esping-Andersen，2007；Mosher，2007）。若我们细看两岸三地在过去数十年基尼系数的转变，② 则能看到当中的蛛丝马迹。

图 2 是三地 1976 年至 2013 年间基尼系数的转变。此图可让人一目了然，其一，目前的基尼系数，以香港最高，内地居次，而台湾则最低。其二，最近的数据显示，内地及台湾的基尼系数渐见回落，唯香港则仍在继续攀升。其三，过去 30 多年间，三地的基尼系数基本上持续上升，

---

① 1978 至 2013 年间，内地的 GDP（按当年价格计算）由人民币 3645.2 亿元增加至 568845.2 亿元（国家统计局，2014b）。从 2010 年起，中国取代日本成为仅次于美国的世界第二大经济体。若以港台 GDP 总额占内地 GDP 总额的比例作指标，则可看到三者发展步伐快慢转变的一些微妙之处。在 1970 年，港台 GDP 占内地 GDP 的 4% 及 6%，1980 年上升至 15% 和 22%，而 1990 年更达 22% 及 46%；之后，随着内地经济迈出急速发展的步伐，所占比例乃逐步下滑至 2000 年的 14% 及 27%，2010 年进一步收缩至 4% 及 7%。到了 2013 年，港台 GDP 更只占内地 GDP 的 3% 及 5% 而已。由此可见，两岸三地经济发展动力的此消彼长，十分明显（台湾"行政院"主计总处，2014a；World Bank，2014）。

② 基尼系数是测量收入分配公平程度的指标，数值介乎 0 与 1，数值愈高反映住户收入差距愈大。此系数没有考虑住户的成员数目、在职人数，以及成员的年龄分布、健康状况和教育程度等差异。

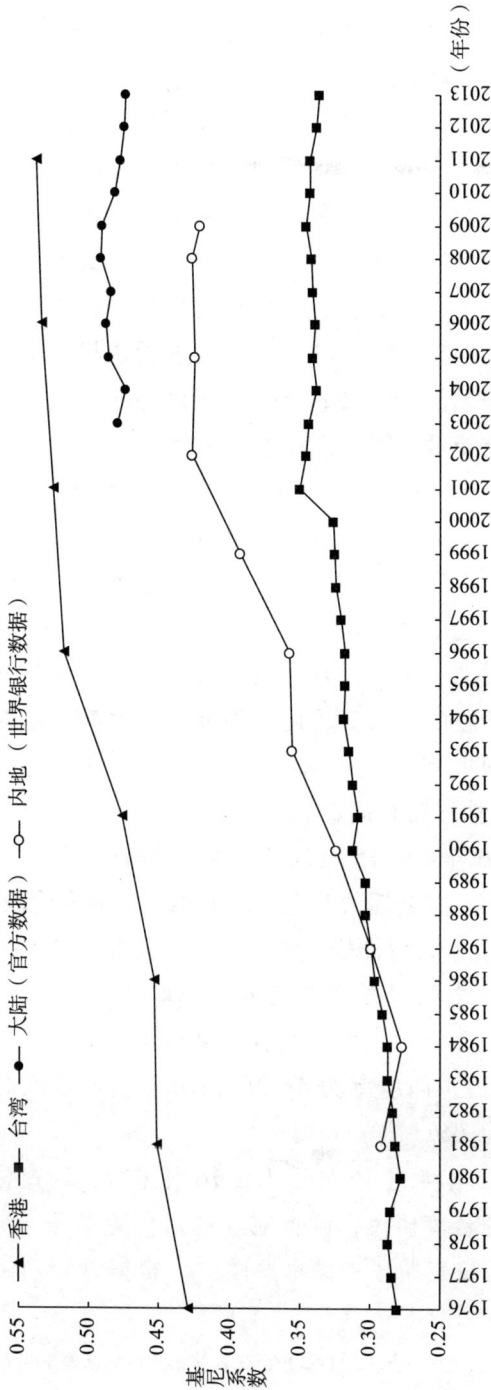

图2　中国香港、台湾与大陆基尼系数的变化（1976~2013年）

资料来源：香港财政司司长办公室（2012）；国家统计局（2013，2014a）；台湾“行政院”主计总处（2014b）；World Bank（2014）。

而发展较为急速的时期，基尼系数的上升又一般较快，显示香港及内地的贫富悬殊问题日趋尖锐，台湾方面则相对没那么严重。

若我们结合图 1 及图 2 两项客观统计数据的转变，再思考当前港台不少民众对两岸三地融合心存芥蒂，应可找到当中的一些内在联系，而较为粗糙直接的推论，当然是经济发展成果难以全民共享，甚至出现分配不均或损害社会公益等问题，因而容易滋生社会矛盾和不公平感，给区域融合、经济持续发展与社会稳定带来威胁，这或者正是李克强总理所说"我们不片面追求 GDP，但是我们还是需要贴近老百姓的 GDP"的问题所在，目的是要让普罗大众分享经济发展的成果。至于深入了解港台民众对以上这些问题的看法及感受，掌握民心向背喜忧，自然能让我们更有效地梳理社会矛盾，减少施政时的误判。

二　研究方法

要进一步说明上述推论和假设，我们必须要有实证数据作支持，以科学方法搜集民情民意，了解民众对发展经济、社会公平，以及加强两岸三地接触交往等问题的看法。为此，香港中文大学香港亚太研究所与台湾中研院社会学研究所组成团队，在 2013 年 4 月同步进行一项有关"中国效应"的随机抽样民意调查。

香港调查于 2013 年 4 月 15 至 30 日进行，调查总体是年满 18 岁、操粤语或普通话、家中装有电话的香港居民。调查采取两阶段的概率抽样：1. 以最新的住宅电话号码为抽样框架，再以电脑辅助电话访问（CATI）系统随机抽出号码（末两码采取随机方式选取）；2. 成功接触住户后，再按"最近度过生日原则"抽取一名合资格人士作为访问对象。调查成功访问了 1006 位居民，回应率为 44.2%（95% 信赖水准时，抽样误差的理论值及最大值为 ±3.1%）。①

台湾调查于 2013 年 4 月 16 日至 5 月 16 日进行，调查总体是年满 18 岁、家中装有电话的台湾居民，调查地区包括台湾本岛、澎湖县、连江县与金门县。调查采取三阶段的概率抽样：1. 根据 2012 年 6 月的人口统

---

① 回应率根据美国民意研究学会（AAPOR）公式计算，只包括已确定为有合资格受访者的住户。

计资料计算 22 个县市人口数，以等比例原则计算各县市所需抽取的人数；2. 利用电话资料库以等距抽样原则抽取所需电话号码数（末三码采取随机方式选取）；3. 依洪氏户中抽样法抽取受访对象。调查成功访问了 1243 位居民，回应率为 40.6%（95% 信赖水准时，抽样误差的理论值及最大值为 ±2.8%）。

这项调查的涵盖面相当广，包括两岸三地民众接触交往的频密程度、对两岸三地政府治理及民主发展的评价、对内地经济如何影响港台民生的感受、对三地社会未来发展的信心，以及对传媒和互联网运用有否受到外部力量影响的看法等，本文聚焦于经济发展与社会公平问题，尤其集中讨论港台民众对两岸三地加强融合之后所产生的各种冲击与影响。

三　个人与内地的接触

一般来说，亲身接触有助减少刻板印象或成见，从而拉近社会距离，减少隔阂和歧视，并建立互信的基础。因此，两岸三地人民的直接交流或许有助于增进相互了解，甚至促进互利合作。

由于历史和政治因素，港台与内地关系曾一度几乎陷于断绝，加上山河海峡的阻挡，民众接触交往自难言紧密畅顺。但到了今天，两岸三地关系无疑进入截然不同的阶段。[①] 到底港台民众与内地的接触交往达到何种程度呢？调查中，我们从两个层面入手，借以了解港台民众与内地之间的多方互动。

首先，我们询问港台受访者"在去年（2012 年）有没有去过内地？如果有，去过多少次？"结果显示，港台民众回答从未去过内地的比例悬殊，各为 2.3% 及 50.8%；在受访前一年，没有去过内地的，各为

---

① 香港人赴内地的人次由 1976 年的 0.8 百万人次，持续增加至 2012 年的 73.2 百万人次（Census and Statistics Department，1986：136；香港政府统计处，2013：FA2）；内地旅客访港于 1998 年是 2.7 百万人次，2003 年 7 月 28 日实施赴港"自由行"，翌年的旅客人次已达 12.2 百万人次，2013 年是 40.7 百万人次（香港旅游发展局，2014：8）。台湾于 1987 年批准居民赴内地探亲，1993 年施行《台湾地区人民进入大陆地区许可办法》，一般民众赴内地不再受事由限制，台湾人前往内地的人次从 1995 年的 1.5 百万人次，增加到 2013 年的 5.2 百万人次（台湾"行政院"大陆委员会，2014）。海基会与海协会于 2008 年签署和实施《海峡两岸关于大陆居民赴台湾旅游协议》，放宽内地人民赴台观光（包括于 2011 年开放个人游），2013 年，中国访台旅客达 2.3 百万人次，六年累计 7.3 百万人次（台湾"行政院"大陆委员会，2012，2014）。

26.8% 及 35.3% ；到访至少 1 次的，各为 62.4% 及 13.8% ；另外，各有
8.5% 和 0.2% 表示记不清楚去过内地多少次（见表 1）。明显地，香港民
众与内地的亲身接触，远较台湾民众频密，重要原因不难理解：一来，
香港与内地山水相连，而台湾与内地毕竟有台湾海峡的阻隔；二来，香
港已回归中国，接触交往畅通无阻，台湾则仍与内地分隔而治、尚未
统一。

表 1　个人与内地的亲身接触

单位：%

	香港	台湾
从未去过内地	2.3	50.8
受访前一年去过内地		
0 次	26.8	35.3
1 次	14.2	8.4
2 次	10.8	3.0
3 次	8.3	0.6
4 次	3.5	0.4
5 次	5.0	0.6
6 次	1.7	0.2
7 次及以上	18.9	0.6
记不清几次	8.5	0.2
(N)	(1006)	(1243)

　　由于港台民众到访内地的频密程度差距极大，为便于比较和分析，
我们按两地各自状况分为"没有"、"间中"及"频密"三个类别，[①] 香
港的比例依次是 31.8% 、45.7% 和 22.5% ，台湾则是 50.9% 、35.4% 和
13.7% 。交互表列（cross-tabulation）的分析结果显示，不同社经背景人
士亲赴内地的频密稀疏情况，亦有显著的差异，但两地的差异模式是同
中有别（见表 2）。

---

①　在香港，"没有" = 受访前一年或从未到访内地，"间中" = 受访前一年到访内地 1 至 5
　　次，"频密" = 受访前一年到访内地 6 次及以上。在台湾，"没有" = 从未到访内地，"间
　　中" = 受访前一年没有到访内地（即过去曾去过），"频密" = 受访前一年到访内地至少
　　1 次。

表 2　按社经背景划分个人与内地亲身接触的频密程度

单位：%

	香港			台湾		
	没有	间中	频密	没有	间中	频密
总计	31.8	45.7	22.5	50.9	35.4	13.7
性别						
男性	**25.6**	**45.0**	**29.5**	52.2	33.1	14.7
女性	**37.6**	**46.3**	**16.2**	49.6	37.8	12.6
年龄						
18~29 岁	**40.1**	**48.6**	**11.3**	**75.3**	**17.8**	**6.8**
30~49 岁	**33.1**	**41.0**	**25.8**	**52.0**	**36.2**	**11.9**
50 岁及以上	**27.1**	**48.3**	**24.6**	**42.9**	**39.6**	**17.5**
出生地						
香港	**37.5**	**41.8**	**20.7**	—	—	—
非香港	**19.9**	**53.6**	**26.5**	—	—	—
婚姻状况						
已婚	**26.9**	**45.9**	**27.2**	47.7	37.5	**14.8**
未婚/离婚/丧偶	**41.3**	**45.0**	**13.8**	57.5	31.0	**11.5**
学历						
小学及以下	40.6	41.7	17.7	**56.0**	**33.0**	**11.0**
中学及预科	30.0	48.6	21.3	**57.1**	**32.9**	**10.0**
大专及以上	31.6	43.3	25.1	**45.1**	**37.9**	**17.0**
职业						
工人	25.8	49.2	25.0	**64.8**	**27.5**	**7.7**
文员、服务及销售人员	33.6	45.0	21.5	**58.0**	**33.9**	**8.2**
经理、行政及专业人员	26.5	43.2	30.3	**33.6**	**44.0**	**22.4**

注：经卡方检定（χ^2 test），达统计显著水平（$P<0.05$）的差异以粗体标示。下同。

　　在香港，男性、中年和年长、非香港出生，以及已婚人士，均较频密到访内地；女性、年轻、香港出生，以及非已婚者，没有亲赴内地的比例则相对偏高。如年轻人中，高达 40.1% 于受访前一年从未到访内地，中年和年长者的相关比例是 33.1% 和 27.1%。不同学历和职业者到访内地的频密程度，则基本相若。

　　在台湾，年长、已婚、高学历，以及经理、行政及专业人士，"频密"或"间中"到内地的比例显著较高；年轻、非已婚、低和中等学历，以及工人、文员、服务及销售人员，从未到访内地的比例均明显偏高。如经理、行政及专业人士中，只有33.6%从未亲赴内地，文员、服务及销售人员是58.0%，工人更高达64.8%。只有不同性别人士与内地的亲身接触频密程度，没太大差别。

除个人与内地的亲身接触，我们还进一步了解两地在职、已婚（或两者皆是）受访者"本人或配偶目前工作的机构有否在内地投资"，借以了解他们在工作层面的接触状况，并发现港台民众本人或配偶工作机构"从来没有"在内地投资的比例为53.2%及66.7%；"从前有，现在没有"的占5.5%及3.1%；"现在有"的占30.5%及19.4%；另各有10.8%及10.7%提供其他答案，如受访者和配偶当时均没工作、不知道或拒答等（见表3）。换言之，港台民众工作的机构在内地有投资者，各约占三成及两成，香港的比例大幅高于台湾。

我们继而询问两地受访者"内地市场对你本人或配偶目前的工作是否重要"，借以了解内地投资、市场及经济对港台民众工作层面的影响，并得出如下回应：港台受访者回答不重要的各为58.8%及76.6%，表示重要的则各占30.3%及21.9%，余下各有10.9%及1.5%回答诸如受访者和配偶当时均没工作、不知道或拒答等（见表3）。也即是说，虽然多数港台民众觉得内地市场对受访者或其配偶的工作并不重要，但香港民众觉得重要的比例，还是明显地高于台湾。

表3 个人或配偶与内地的工作接触

单位：%

	香港	台湾
本人或配偶工作机构有否在内地投资		
从来没有	53.2	66.7
以前有、现在没有	5.5	3.1
现在有	30.5	19.4
其他	10.8	10.7
（N）	(822)	(1127)
内地市场对本人或配偶的工作是否重要		
不重要	58.8	76.6
重要	30.3	21.9

续表

	香港	台湾
其他	10.9	1.5
（N）	（822）	（1046）

注：只询问在职、已婚或两者皆是者。

诚然，在职者或其配偶的工作机构有否在内地投资，或内地市场对其工作是否重要，跟两地民众本身与内地接触交往之间，不一定有直接或因果关系。这些数据主要在于说明，港台和内地之间的融合交往，已实在地深入各个层面，除个人观光、省亲或游学外，工商企业的日常运作，亦达到颇高程度的交往互通，这与20世纪80、90年代前的阻隔重重、欠缺深入，实在不可同日而语。当然，香港与内地的多方面融合程度，又远比台湾高，而且盘根错节，难分你我。

四　对两岸三地经济发展及关系的评估

对于内地经济发展，以及与港台的关系，改革开放之初，无疑是后两者给予前者重要支援，甚至成为其摸索前进的"盲公竹"。但是，到了20世纪90年代中后期，庞大的内地市场及经济持续发展动力，又反过来成为港台经济的最大依托，[①] 而这样的经济动力或关系逆转，必然成为港台社会的重大挑战，甚至竞争对手。更不用说当香港碰到各种经济及社会冲击时（例如亚洲金融风暴、"非典"疫症及全球金融海啸），需要内地直接和间接的支持及协助，才能走出困境。

到底港台民众如何理解当前内地的经济发展格局呢？调查中，当我们询问"有人认为内地经济会一直维持快速发展，你是否同意这种说法"时，表示同意的香港民众高近八成（79.1%），台湾亦超过六成

---

① 如香港金融业，2013年，以市值计算，是亚洲第二大和全球第六大证券市场，香港股市上市公司共1643家，内地企业占797家，其市值和成交金额各占港股总市值和总成交金额的57%和72%（香港交易所，2014；香港贸易发展局，2014）。台湾对内地的经济依赖程度也朝香港的步调走，如台湾核准对内地投资的资金占总海外投资高约六成（台湾"经济部"投资审议委员会，2014）；在ECFA签订前后，这发展格局曾引起激烈的争议（台湾智库，2010；吴荣义，2010；罗致政，2010）。

（62.2%），① 可见港台民众大多对内地经济的发展势头相当看好，香港民众持肯定态度的比例，明显较台湾高（见表4）。

表4 对内地经济维持快速发展的评估

单位：%

	香港		台湾	
	同意	不同意	同意	不同意
总计	79.1	20.9	62.2	37.8
与内地亲身接触的频密程度				
没有	**71.7**	**28.3**	63.7	36.3
间中	**83.7**	**16.3**	61.3	38.7
频密	**80.5**	**19.5**	59.1	40.9

若按民众与内地亲身接触的频密程度，比较"没有"、"间中"和"频密"接触三组人士的观感，不难看到两地的微妙差异。简单来说，在香港，与内地接触较多者，较倾向同意内地经济会维持快速发展；然而，在台湾，与内地愈少接触者，反愈倾向同意这种说法，三组人士的看法差异，虽未达统计显著水平，但值得关注其发展。

既然多数港台民众认同内地经济仍会维持快速发展的势头，那么他们又如何理解这种势头与本地经济长期发展之间的关系呢？在回答"你认为目前内地与本地经济关系的发展，对本地整体经济的长期发展有好还是坏影响"时，我们可看到，多数港台民众认同当前关系对本地经济长期发展有好的影响，持这种看法的港台民众，各占72.0%及60.3%；认为会产生坏影响的，各为25.0%及37.9%；认为没有影响的，仅各有3.0%及1.8%。也即是说，较多两地民众觉得与内地发展经济关系，可为本地经济长期发展带来好的影响，香港民众同意的比例，又明显较台湾高（见表5）。

同样地，若按民众与内地亲身接触的频密程度进行比较，我们可看到，与内地接触愈多者，愈倾向认同与内地发展经济关系，有助于本地经济的长期发展，港台民众的看法基本一致。如与内地没有接触的港台民众，各有67.0%和55.7%认为与内地发展经济关系，对本地经济长期

---

① 为便于交互表列分析，这里的数据，剔除了回答其他、不知道或拒答的人士，下同。

发展有正面效益；与内地有较频密接触者的相关比例，则各占74.6%和68.3%。

表5　与内地发展经济关系对本地整体经济的影响评估

单位：%

	香港			台湾		
	好影响	没有影响	坏影响	好影响	没有影响	坏影响
总计	72.0	3.0	25.0	60.3	1.8	37.9
与内地亲身接触的频密程度						
没有	**67.0**	**3.0**	**29.9**	**55.7**	**2.2**	**42.2**
间中	**74.2**	**2.3**	**23.6**	**64.2**	**1.2**	**34.6**
频密	**74.6**	**5.3**	**20.1**	**68.3**	**1.8**	**29.9**

　　无论是对内地经济发展速度和持续性的评估，还是对本地与内地发展经济关系会产生好坏影响的评估，港台民众的观感都相对正面，而与内地有较多亲身接触者，均明显持有较正面的观感。这种态度取向，可以作为支持两岸三地交往互动与区域融合的重要注脚或凭据。

五　对两岸三地未来发展的信心

　　虽然多数港台民众认同内地经济可维持高速发展，并对双方经济发展关系抱正面看法，那么其对两岸三地的未来发展又是否同样充满信心呢？

　　首先，据调查所得，港台民众对内地未来发展的确充满信心，台湾民众的信心更高于香港，前者表示有信心的比例为78.3%，后者则为73.2%。值得指出的是，若按民众与内地亲身接触的频密程度进行比较，可看到与内地接触愈多者，对内地未来发展的信心愈高；港台二组别人士的差异模式基本一致，在香港，"没有"、"间中"和"频密"与内地接触者，对内地未来发展有信心的比例为64.3%、74.9%及79.9%；在台湾，三组人士的比例为74.1%、82.2%及83.2%（见表6）。

　　其次，我们尝试了解港台民众对对方社会——香港民众如何评估台湾，而台湾民众如何评估香港——未来发展的信心，并得出如下图像：两地民众对对方社会的发展前景，均以乐观者居多；然而，香港民众对台湾未来发展有信心的比例（72.9%），却大幅高于台湾民众对香港未来发展有信心者（57.4%）。若同样按民众与内地亲身接触的频密程度进行比较，虽可看到香港民众与内地接触愈多者，对台湾未来发展信心愈低，而台湾民众与内地接触愈多者，对香港未来发展的信心却愈高，但这种态度上的差异，并未达统计显著水平（表6）。

表6　对两岸三地未来发展的信心

单位：%

	香港		台湾	
	有信心	没有信心	有信心	没有信心
对内地未来发展				
总计	73.2	26.8	78.3	21.7
与内地亲身接触的频密程度				
没有	**64.3**	**35.7**	**74.1**	**25.9**
间中	**74.9**	**25.1**	**82.2**	**17.8**
频密	**79.9**	**20.1**	**83.2**	**16.8**
对台/港未来发展				
总计	72.9	27.1	57.4	42.6
与内地亲身接触的频密程度				
没有	77.2	22.8	55.9	44.1
间中	72.5	27.5	58.1	41.9
频密	66.9	33.1	60.9	39.1
对本地未来发展				
总计	49.4	50.6	47.1	52.9
与内地亲身接触的频密程度				
没有	45.0	55.0	45.4	54.6
间中	50.8	49.2	48.6	51.4
频密	51.0	49.0	50.0	50.0

　　最后，我们询问港台民众对本地社会未来发展的信心，结果显示，两地民众对本地社会的信心，均不如对内地社会未来发展的信心般强烈，悲观者的比例更略高于乐观者：香港民众对本地社会未来发展有信心和没有信心的比例为49.4%和50.6%，台湾的相关比例则为47.1%和52.9%。换言之，港台民众对本地社会的前景，多不表乐观，若与内地

社会相比，更显得"信心不足"。同样地，若按民众与内地亲身接触的频密程度进行比较，则可看到，虽然港台民众与内地接触愈多者，愈倾向对本地社会未来发展抱有信心，但三组别人士的态度差异，同样未达统计显著水平（表6）。

单从港台民众对两岸三地社会未来发展的信心而言，他们无疑对内地仍然充满信心（与内地有较频密亲身接触者，对内地社会的信心尤其强烈），对本地社会则较悲观，甚至出现没信心者略多于有信心者的情况，显示港台民众对于本地社会的发展前景，其实较缺乏自信。还有一点值得注意，港台民众在评估对方社会未来发展时，给予了较大信心，香港民众对台湾的信心尤高，比例上与对内地的信心相若，唯台湾民众对香港的信心，则不如香港民众对台湾般乐观，原因何在值得日后深入探讨。当然，总体的格局仍是港台民众对本地社会的未来发展信心不足，对他方社会的未来发展则颇有信心。

六　对家庭经济及贫富差距的观感

发展经济的主要目的，在于改善普罗大众的家庭经济，而加强两岸三地的经济关系和社会融合，同样是为了提升社会各方生活水平和条件。到底港台民众如何理解当前本地经济与内地经济之间的发展，对于本身家庭经济的影响呢？在两岸三地经济关系愈趋密切下，本地社会的贫富差距到底是收窄了抑或是扩大了呢？

调查中，当港台受访者被问到"你认为目前内地与本地经济关系的发展，对你家庭的经济状况有好还是坏影响"时，两地民众表示有好影响的比例（55.3% 和 38.5%），均高于认为有坏影响者（26.0% 和 32.9%），亦有部分民众回答没有影响（18.7% 和 28.5%）。明显地，香港民众肯定本地与内地发展经济关系有助于其家庭经济的比例，大幅高于持同样看法的台湾民众（见表7）。

若按民众与内地亲身接触的频密程度进行比较，可清楚看到港台民众与内地接触愈多者，都愈倾向觉得本地与内地发展经济关系，可为本身家庭经济带来好的影响。在香港，"没有"、"间中"和"频密"与内地接触者，认同其家庭经济受惠的比例为48.3%、56.6% 及 62.8%，认为有坏影响者只有30.5%、23.5% 及 23.9%；在台湾，这三个组别觉得

家庭经济受惠的比例为 33.6%、41.7% 和 49.4%，认为受损者则各占
38.4%、30.1% 及 19.5%。

表7　与内地发展经济关系对家庭经济和贫富差距的影响评价

单位：%

	香港			台湾		
本身家庭经济	好影响	没有影响	坏影响	好影响	没有影响	坏影响
总计	55.3	18.7	26.0	38.5	28.5	32.9
与内地亲身接触的频密程度						
没有	**48.3**	**21.2**	**30.5**	**33.6**	**28.0**	**38.4**
间中	**56.6**	**19.9**	**23.5**	**41.7**	**28.2**	**30.1**
频密	**62.8**	**13.3**	**23.9**	**49.4**	**31.1**	**19.5**
本地贫富差距	收窄差距	没有影响	扩大差距	收窄差距	没有影响	扩大差距
总计	17.0	4.9	78.2	15.7	3.9	80.3
与内地亲身接触的频密程度						
没有	14.1	4.0	81.9	**13.9**	**2.4**	**83.7**
间中	17.5	5.4	77.1	**16.9**	**5.1**	**78.1**
频密	20.5	6.5	73.0	**20.0**	**6.9**	**73.1**

　　随着港台与内地交往互动的不断提升，无论是整个社会还是个别家
庭的经济，似乎都倾向改善，但同时亦出现社会财富分布愈趋不平均的
现象，前文提及的基尼系数持续高企甚至攀升，是最好的说明。到底港
台民众如何理解这种情况呢？调查中，当两地受访者被问到"你认为内
地和本地经济愈来愈密切会扩大还是收窄本地社会贫富差距"时，绝大
多数的答案是扩大贫富差距，香港和台湾民众持有这种看法的比例各高
达 78.2% 和 80.3%，觉得会收窄贫富差距的各只占 17.0% 及 15.7%，另
外各有 4.9% 及 3.9% 的受访者表示并没影响（见表7）。

　　然而，若按民众与内地亲身接触的频密程度进行比较，可看到两地
之间，实呈现轻微的分别。简单来说，无论在香港还是在台湾，都是与
内地接触愈少者，愈倾向认同与内地发展经济关系，会导致本地社会的
贫富悬殊问题恶化，唯只有台湾民众的态度差异，达统计显著水平。

　　由于香港民众与内地亲身接触的频密程度，大幅高于台湾民众与内
地的接触，而香港民众觉得本身家庭经济因香港与内地经济愈趋紧密而

受惠的比例，又明显高于台湾民众在这方面的印象，我们或可粗略推断，加强与内地经济的关系，有助于提升民众本身的家庭经济。但是，若再看民众对与内地经济关系日趋密切所带来的财富分配问题，则让人看到，港台民众都忧心忡忡，台湾民众觉得会扩大贫富差距的感受，略较香港悲观，暗示若进一步加强港台与内地的经济关系，台湾民众觉得贫富悬殊问题将进一步加剧的情况，可能比香港强烈。为何港台民众对与内地经济关系及本地社会财富分配之间，有如此一面倒的负面观感呢？谁人获利？谁人受害？经济发展过程中的社会公平是否遭到蚕食，令发展利益只落到少数人手中，普罗大众难以分享成果等问题，是值得关注和探讨的方向。

七　结论

若我们回到如何在经济发展与社会公平之间取得平衡的问题上，思考当前两岸三地融合进程中所产生的各种问题，则不难察觉内地经济的持续发展，以及与港台社会融合不断深化的过程，虽给这两个社会带来前所未有的机遇，但同时亦带来不少挑战。综合本文的调查所得，这些机遇和挑战，基本上可归纳在如下多个层面：

（一）港台与内地的接触交往无疑已相当频密，并已不再局限于个人层面，而是深入到工作和投资等范畴。当然，就各方面的接触交往程度和深度而言，香港民众与内地的接触明显大幅高于台湾。

（二）港台民众对内地经济维持高速发展的势头颇为肯定，亦倾向认同与内地发展经济关系有利于本地经济长期发展；香港民众持乐观看法的比例较台湾高，与内地接触较频密者，更相对乐观。至于对内地社会未来发展的信心，港台民众亦表现得充满信心，台湾民众表示有信心者，更比香港为高，而两地民众与内地接触愈多者，对内地前景的信心便愈高。

（三）港台民众对本地社会未来发展的信心反而相对较弱，甚至出现没有信心的比例较有信心者略高的情况。然而，港台有别的现象是，香港民众对台湾颇具信心，台湾民众对香港的信心，则不及香港民众，原因何在值得再作探讨。两地民众与内地接触多寡，与其对港台社会前景的信心，则未见显著的关系。

（四）对于本地与内地发展经济关系如何影响个人的家庭经济，持负面观感的港台民众不属多数。香港民众觉得有好影响的比例，倍高于认为有坏影响的，与内地接触愈多者，觉得家庭经济受惠的比例便愈高；台湾民众觉得有好影响的比例，亦高于坏影响的，并同样是与内地接触愈频密，愈倾向认同有助于家庭经济。

（五）在评估与内地经济关系愈趋密切会对本地社会财富分配有何影响时，绝大多数港台民众均预期贫富悬殊问题恶化。台湾民众与内地接触愈少者，觉得会扩大贫富差距的比例明显愈高；香港民众与内地接触愈少者，虽然觉得问题会恶化的比例亦愈高，但三组别人士的态度差异，未达统计显著水平。

从理论上说，社会主义与资本主义之所以壁垒分明，甚至曾经水火不容，其中的意识形态之争，在于前者追求社会公平，力求消除阶级之别，不允许财富分配不均；后者则着眼于让个人按其能力（背景）追求和积累财富，借以推动经济不断发展。然而，历史的发展经验清楚说明，片面强调平均主义，容易削弱个人的劳动意愿和投资诱因，导致发展停滞，甚至民不聊生，令社会无从发展；而片面追求经济发展，忽略社会公平，又会产生有人富可敌国，有人贫无立锥之地的局面，不利于社经稳定发展。① 从这个角度看，任何只是偏向一方的发展模式均不可取，新中国成立以来，所走过的曲折道路，恰好说明了只有兼顾经济发展和社会公平的模式，才能获得普罗大众的支持，才能保障可持续发展。至于两岸三地的融合，明显亦需兼顾经济发展与社会平等的两大原则，不可偏废。

两岸三地过去数十年的发展路途，无疑充满戏剧性，大家由原来的各自为政、甚少接触，到增加互动、强化交往，再到深化合作，令无论商贸往来，还是民间交往均急速发展，现时甚至已到了密不可分且互相紧密牵引的程度，其主要目标和推动力，是大家均相信这样的模式，既

---

① 愈来愈多研究显示收入分配过于不均，除影响基层民众的生活质素和机会、浪费人力资源外，也会加剧社会矛盾和分化，导致社会问题丛生、民粹主义上扬、经济成本增加、政治风险扩大等后果（World Bank，2005；OECD，2008）。联合国于 2010 年引进"不平等调整后人类发展指数"（Inequality-adjusted HDI），并对 139 个成员国进行评估，结果发现"人类发展成就的损失主要是由于健康、教育、收入方面的不平等而造成……人类发展指数的平均损失大约为 22%"（United Nations Development Programme，2010：86 – 87）。

有助于推动经济发展、改善民生，同时又可消弭彼此间的矛盾与隔阂，从而缔造和平共存的环境。正因如此，在强调发展与合作的过程中，两岸三地的经济迎来爆炸性的历史性增长，GDP 不断攀升，以及内地居民前往港台"自由行"大幅上扬，是其中一些重要指标。

但是，经过一段不短时期的发展，就以内地为例，随之而来的，则是各种诸如人口、环保、贪腐、"三农"等社会问题和矛盾的复杂纠缠和不断恶化（王尚银，2005），贫富悬殊问题同样正在加剧，并成为这个发展过程中必须正视的警号。至于近年香港出现的"驱蝗"或"光复上水"等行动，或是台湾的"反服贸"运动，则相信与部分民众觉得融合和发展的成果难以共享，反而一些由此而来的社会代价，① 则要由他们承担有关，因而宣泄不满情绪。

进一步说，无论是经济发展的进程，还是两岸三地的融合进程，两者明显按照共同内部逻辑，或是沿着相同轨迹前进。简单来看，无论是经济发展初期，还是进入区域融合初期，其所产生的成果，较多能够"与民共享"，亦即可产生较明显的均富效果（World Bank，1993），而民众一般亦会较能容忍发展初期的社会问题，一方面应是觉得进一步发展后问题可得到改善，另一方面则应是预期日后可分享成果。但是，当进入深化阶段，或需进一步提升产业或区域合作的层面时，若重视资源分配的社会公平原则没有得到同步加强，则容易令"与民共享"的效果不断减弱。至于那些在发展或融合初期未能分享成果的民众，更容易产生相对剥夺感，进而滋生社会不满，影响社会稳定（Gurr，1970）。当然，其他原因例如随着产业升级或区域合作的强化，会令消费及劳动市场等出现汰弱留强的现象，而不同市场开始出现垄断和不公平竞争等，亦会令社会矛盾和不满不断被激化。

就以两岸三地先后进入工业化的发展阶段而言，当经济结构由第一级生产主导，进入第二级生产主导时，制造业的急速扩张，自然令劳动市场出现求才若渴的局面——不但向高学历、高技术及专业人士敞开胸怀，就算是对低学历、低技术及体力劳动者，亦需求巨大。至于经济持续增长的过程，又带动了实质工资不断上升，成为普罗大众改善生活的

---

① 如香港民众感到商铺租金攀升引致物价上涨、零售商店格局愈趋单一、乘搭公共交通比较拥挤（香港立法会秘书处，2014），以及资源侵占（如产妇床位、小学学位、大学宿位）、价值冲突等问题。

重要依靠。但是，当经济发展出现转型，尤其是当第二级生产持续萎缩，第三级生产变得更吃重时，劳动市场无可避免地出现重大调整，其中最大特点是可供低学历、低技术及体力劳动者从事的岗位愈来愈少，实质薪金因而易跌难升；而对于高学历、高技术及专业人士的需求则愈来愈殷切，令其薪酬待遇不断上升；至于愈来愈多行业出现不同形式的垄断，以及以花红奖励管理层制度的大行其道，则令社会的薪酬收入结构出现了两极化现象，基尼系数随之持续上升，自然显得无可避免。必须指出的是，港台经济在 20 世纪 80、90 年代走上转型时，内地经济的起飞给予很大的助力——当然亦是加剧两地"去工业化"的催化剂（Chiu and Lui，1995；台湾中华经济研究院，1999），现时内地经济亦进入转型阶段，如何应对明显成为重大的考验。至于如何处理社会公平的问题，则肯定是其中一个判别转型能否成功的标准。

另外，两岸三地融合进程步入一个全新阶段所产生的挑战亦实在不少。如果说在早期的融合中，港台企业、资本及居民进入内地后在不少层面上占有绝对优势，所以能从中获取巨大利益，但自新千禧世纪以来，随着两岸三地融合进程的深化，加上内地经济的发展已迈上全新台阶，港台企业的竞争优势和两地原本突出的地位，乃显得今不如昔。再者，原来只有港台民众才可自由进出内地旅行、公干或游学等"特权"，亦随着"自由行"政策的出台和不断"升级"，令内地民众亦可自由进出港台而显得不值一晒（郑宏泰、尹宝珊，2014）。

当然，相对于港台民众可以自由进出内地"特权"的流失，港台作为内地门户地位，以及本身企业与人力资源竞争优势的流失，无疑影响更大更深远，因为当港台企业及人力资源竞争弱化之时，内地企业及人力资源的进入，必然会触发另一次社会达尔文主义的汰弱留强浪潮，因而很可能会产生两个重大问题：其一是激化贫富悬殊问题，其二是激化港台与内地之间的矛盾；至于前文提及在港台引起风风雨雨的"驱蝗"行动、"光复上水"行动、"反服贸"运动等，应只是冰山一角。由是之故，两岸三地政府及社会在紧抓经济发展及区域融合机遇的同时，应及早思考如何应对由此产生的社会问题，防患于未然，避免损耗经济发展和三地融合的成果。

总括而言，对于两岸三地的经济发展融合，以及由于强化彼此关系所产生的各种效益或矛盾，港台民众无疑相当清楚。他们一方面明确地认同内地经济发展势头仍然强劲，亦对内地前景充满信心，并认为这种融合势头有利于本身（社会整体及自身家庭）的经济，但另一方面则察觉到，贫富悬殊问题会因此恶化。对于这种机遇和挑战并存，同时又相衍相生的问题，我们无须大惊小怪，亦不用反应过敏，而应兼顾经济发展和社会公平的同步前进，不可偏废，尤应注意在深化经济发展及区域融合时，社会弱势群体更会显得被动与无奈，因而更需在社会政策上做出较大力度的平衡。

参考文献

高承恕，2012，《"关系社会"中的家族企业与金融：旧瓶与新酒》，载郑宏泰、何彩满编《华人家族企业与股票市场》，香港：香港中文大学香港亚太研究所，第 1～20 页。

国家统计局，2013，"马建堂就 2012 年国民经济运行情况答记者问"，1 月 18 日，http://www. stats. gov. cn/tjgz/tjdt/201301/t20130118_17719. html。

国家统计局，2014a，"2013 年国民经济发展稳中向好"，1 月 20 日，http://www. stats. gov. cn/tjsj/zxfb/201401/t20140120_502082. html。

国家统计局，2014b，"国家数据"，http://data. stats. gov. cn/。

李振宏，2005，《"不患寡而患不均"的解说》，《二十一世纪》，6 月号，第 109～118 页。

厉以宁，1989，《中国经济改革的思路》，北京：中国展望出版社。

厉以宁编，2000，《区域发展新思路：中国社会发展不平衡对现代化进程的影响与对策》，北京：经济日报出版社。

罗致政编，2010，《ECFA 大冲击：台湾的危机与挑战》，台北：新台湾"国策"智库。

人民网，2014，"国务院总理李克强答中外记者问"，3 月 13 日，http://lianghui. people. com. cn/2014npc/BIG5/376648/382697/index. html。

台湾"经济部"投资审议委员会，2014，"2013 年 12 月核准侨外投资、陆资来台投资、国外投资，对中国大陆投资统计速报"，http://www. moeaic. gov. tw。

台湾"行政院"大陆委员会，2012，《放宽大陆人民来台观光（1997 年 7 月 4 日大陆人民来台观光首发团，1997 年 7 月 18 日正式启动）》，http://www. mac. gov. tw/ct. asp? xItem = 100362&ct Node = 7271&mp = 1。

台湾"行政院"大陆委员会，2014，《2013 年 12 月份两岸交流统计比较摘要》，http://www. mac. gov. tw/public/Data/49116553371. pdf。

台湾"行政院"主计总处，2014a，《总体统计资料库：国民所得统计——国民所得统计常用资料（年）》，http://ebas1. ebas. gov. tw/pxweb/Dialog/statfile9L. asp。

台湾"行政院"主计总处，2014b，《总体统计资料库：家庭收支统计——户数五等分位组之所得分配比与所得差距（年）》，http：//ebas1. ebas. gov. tw/pxweb/Dialog/statfile9L. asp。

台湾"经济部"投资审议委员会，2014，《2013 年 12 月核准侨外投资、陆资来台投资、国外投资、对中国大陆投资统计速报》，http：//www. moeaic. gov. tw。

台湾智库编，2010，《谁是 ECFA 的新输家？中产阶级失业危机》，台北：台湾智库。

台湾中华经济研究院编，1999，《1999 年大陆经济发展研讨会论文集》，台北：中华经济研究院。

王尚银编，2005，《中国社会问题研究引论》，杭州：浙江大学出版社。

王小强，1996，《摸着石头过河：中国改革之路》，香港：牛津大学出版社。

吴荣义编，2010，《解构 ECFA：台湾的命运与机会》，台北：新台湾国策智库。

香港财政司长办公室，2012，《香港的坚尼系数：趋势与解读》，载《二〇一二年半年经济报告》，香港：香港特别行政区政府财政司司长办公室，页 81 ~ 84。

香港交易所，2014，《香港交易所市场资料 2013》，https：//www. hkex. com. hk/chi/stat/statrpt/factbook/factbook2013/Documents/FB_2013_c. pdf。

香港立法会秘书处，2014，《"个人游"计划》，《研究简报》，第 6 期。

香港旅游发展局，2014，《2013 年香港旅游业统计》，香港：香港旅游发展局。

香港贸易发展局，2014，《香港经贸概况》，9 月 26 日，http：//hong-kong-economy-research. hktdc. com/business-news/article/市 场 环 境/香 港 经 贸 概 况/etihk/sc/1/1X000000/1X09OVUL. htm。

香港政府统计处，2013，《2012 年到中国内地作私人旅行的本港居民的社会经济特征和消费开支》，载《香港统计月刊：2013 年 10 月》，香港：政府统计处，页 FA1 – 14。

郑宏泰、陆观豪，2013，《汇通天下：香港如何连结中国与世界》，香港：中华书局。

郑宏泰、尹宝珊，2014，《"自由行"十年回顾：探讨香港与内地的融合进程与嬗变》，香港：香港中文大学香港亚太研究所。

Aghion, Philippe, and Rachel Griffith, 2008, *Competition and Growth：Reconciling Theory and Evidence.* Cambridge, MA：MIT Press.

Census and Statistics Department, Hong Kong, 1986, *Hong Kong Annual Digest of Statistics：1986 Edition.* Hong Kong：Census and Statistics Department.

Cheung, Yin-wong, and Jude Yuen, 2004, "The Suitability of a Greater China Currency Union. " CESifo Working Paper No. 1192. http：//econpapers. repec. org/paper/cesceswps/_5f1192. htm.

Chiu, Stephen W. K. , and Tai-lok Lui, 1995, "Hong Kong：Unorganized Industrialism. " *In Asian NIEs and the Global Economy：Industrial Restructuring and Corporate Strategy in the 1990s*, Edited by Gordon L. Clark and Won Bae Kim, pp. 85 – 112. Baltimore, MD：Johns Hopkins University Press.

Esping-Andersen, Gøsta, 2007, "Sociological Explanations of Changing Income Distributions. " *American Behavioral Scientist* 50 (5)：639 – 658.

Gurr, Ted R. , 1970, *Why Men Rebel*. Princeton, NJ: Princeton University Press.

Kemenade, Willem van, 1997, *China, Hong Kong, Taiwan, Inc.*: *The Dynamics of a New Empire*. New York: Alfred A. Knopf.

Lübker, Malte, 2005, "Globalization and Perceptions of Social Inequality." Working Paper No. 32. International Labour Office, Geneva.

Milanović, Branko, 2011, *The Haves and the Have-nots*: *A Brief and Idiosyncratic History of Global Inequality*. New York: Basic Books.

Mosher, James S. , 2007, "U. S. Wage Inequality, Technological Change, and Decline in U-nion Power." *Politics and Society* 35 (2): 225 – 263.

Nicolas, Françoise, 2012, "Regional Integration Within Greater China: State of Play, Future Prospects and Implications for European Firms." Paper Presented at the Workshop Held at the Central Policy Unit, Hong Kong, April 17.

OECD, 2008, *Growing Unequal? Income Distribution and Poverty in OECD Countries*. Paris: OECD.

Sen, Amartya, 2000, "Social Justice and the Distribution of Income." *In Handbook of Income Distribution*, Edited by Anthony B. Atkinson and François Bourguignon, pp. 59 – 86. Amster-dam: Elvesier.

Sung, Yun-wing, 2005, *The Emergence of Greater China*: *The Economic Integration of Mainland China. Taiwan and Hong Kong*. New York: Palgrave Macmillan.

United Nations Development Programme, 2010, *Human Development Report 2010*: *The Real Wealth of Nations*. http://hdr. undp. org/sites/default/files/reports/270/hdr _ 2010 _ en _ complete_reprint. pdf.

World Bank, 1993, *The East Asian Miracle*: *Economic Growth and Public Policy*. New York: Oxford University Press.

World Bank, 2005, *World Development Report 2006*: *Equity and Development*. New York: Oxford University Press.

World Bank, 2014, "World Development Indicators," http://data. worldbank. org/indicator/.

公平的发展何以可能

肖 巍

（复旦大学马克思主义学院教授）

冷战后期，国际人权概念出现了一些新提法，特别是所谓"第三代人权"别开生面，也引起不少争议。包括中国在内的广大发展中国家，坚持如果没有集体维护的摆脱贫困的权利、促进发展的权利，其他人权也就无从谈起。发展和人权，它们在许多方面拥有共同目标，即以人为中心（以人为本）谋求发展的权利。不能把发展狭义地理解为经济增长或财富积累，而必须用更开阔的视野和更丰富的内容来理解。事实上，在全球化进程中，各国都出现了不容忽视的财富分配失衡、两极分化现象，不平等仍被认为是这个世界最主要的发展问题，经济问题的社会解决因此显得越发重要。一是扩大机会，通过激励包容性，通过利用资本回报来扩大发展机会；二是促进赋权，更及时迅捷地回应不同人群的意见和建议，消除由各种歧视造成的社会障碍；三是加强社会保障，扩大社会投资，以减少弱势群体在遭遇麻烦时的脆弱性。

一 人权视野看发展

一般认为，以美国《独立宣言》、《弗吉尼亚权利法案》（1776 年）和1791 年宪法修正案，法国《人权宣言》（1789 年）为代表，是为"第一代人权"，它形成于美国和法国大革命时期，旨在保护公民自由免遭国家（政府）的侵犯，因为要求限制国家的行为，这一代人权亦被称为"消极的权利"（negative rights）。

20 世纪第二次世界大战以后，为了使各国能够避免大规模人权侵害，遂有了包括《世界人权宣言》（1948 年）、《经济、社会及文化权利国际公约》和《公民权利和政治权利国际公约》（1966 年开放签署，1976 年生效）的《国际人权宪章》，是为"第二代人权"，这些人权需要国家采取积极行动来配合，因此被称为"积极的权利"（positive rights）。

所谓"第三代人权"兴起于冷战后期，在许多发展中国家的呼吁下，发展的权利（发展权）的问题被提了出来，联合国人权委员会予以积极回应与建议（1977 年），并形成了联合国大会的决议内容（1979 年）。1986 年第 41 届联合国大会以压倒性多数通过了《发展权利宣言》，宣言对发展权做了系统的阐述，并呼吁促进发展中国家的发展，促进国际新秩序的建立。以后又出现了"和平权""环境权""人道主义援助权"等，这些权利代表了集体人权①，也是对全球相互依存，维持和平、保护环境和促进发展需要国际合作的一种回应，即"捆绑的权利"（rights of solidarity）。

对于包括中国在内的广大发展中国家来说，其面临的主要问题是消除贫困、促进发展，它们虽然在政治上获得了独立，但不平等的经济关系使它们总是处于依附地位。从人权角度看，它们希望把争取平等发展的权利摆在更突出的位置。"人权及基本自由既不容分割，若不同时享有经济、社会及文化权利，则公民及政治权利绝无实现之日。且人权实施方面的长久进展之达成，亦有赖于健全有效之国内及国际经济社会发展政策。""经济上发达国家与发展中国家日益扩大的差距妨碍国际社会人权的实现。"②《发展权利宣言》通过以后，发展中国家

---

① 集体人权包含国内集体人权与国际集体人权。国内集体人权，又称特殊群体权利，包括少数民族权利、儿童权利、妇女权利、老年人权利、残疾人权利、罪犯权利、外国侨民与难民权利等；国际集体人权，又称民族人权，按国际社会的通常理解，主要包括民族自决权、发展权，还有和平与安全权、环境权、处置自然财富和资源权、人道主义援助权等。

② 《德黑兰宣言》，载北京大学法学院人权研究中心编《国际人权文件选编》，北京大学出版社，2002，第 39 页。

不断吁请消除实现发展权的各种障碍，并认为这理应是联合国改革的高度优先事项。①

人权主张认为个人权利在道义上优先。法国《人权宣言》（全称《人权和公民权宣言》）开宗明义，"在权利方面，人们生来是而且始终是自由平等的"；"任何政治结合的目的，都在于保存人的自然的和不可动摇的权利。这些权利就是自由、财产、安全和反抗压迫"。② 世界社会主义运动和福利国家实验扩展了人权观念，即基本人权不仅包括政府不得侵犯的个人自由，也应包括政府采取行动帮助实现的经济社会权利。联合国决议也一再确认权利相互联系，不容偏废③，但在大多数场合，对公民权利和政治权利的侵犯仍被看作更不可容忍。

值得注意的是，发展权所属的集体人权，不同于个人人权：第一，这些人权的主体是国家、民族和地区（国家是最基本的主权实体）；第二，这些人权必须通过国际社会的积极合作来实现；第三，这些人权目前仅为一些并不具备法律约束力的国际宣言和决议所认可，权利的实施机制还很不健全。但是，集体人权作为促进和保障个人权利的基本条件还是得到了肯定。显然，如果没有对发展权的认可和维护，发展中国家的发展进程将受到严重遏制，这些国家的人权就不可能充分实现。

各国（民族）的人权认识不同，对人权的具体要求也不同，更重要的是权利的实现事关经济发展、政治制度和文化传统。"一切人权均为普遍、不可分割、相互依存、相互联系。国际社会必须站在同样地位上、用同样重视的眼光、以公平、平等的态度全面看待人权。固然，民族特性和地域特征的意义，以及不同的历史、文化和宗教背景都必须要考虑，但是各个国家，不论其政治、经济和文化体系如何，都有义务促进和保护一切人权和基本自由。"④ 今天世界各国面临的发展挑战依然严峻，这些挑战包括创立联合国的主要目标：免于匮乏的自由和免于恐惧的自由；

---

① 在 1997 年联合国大会上，77 国集团建议把《发展权利宣言》纳入《国际人权宪章》，使之具备与《世界人权宣言》和两个主要国际人权公约同等重要的地位。

② 一些西方人权学者反对将经济、社会和文化权利列入人权，更别提生存权、发展权了。

③ 人权的不可分割性有两方面的含义，一是不同的权利之间不存在等级关系，所有的权利都是平等的；二是不能压制某些权利而促进另一些权利。

④ 《维也纳宣言与行动纲领》，载北京大学法学院人权研究中心编《国际人权文件选编》，北京大学出版社，2002，第 43 页。

还包括在制定《联合国宪章》时没有人会想到的一些问题。[①] 尽管在国家一级，各国的人权状况已经有了不同程度的改善，国际行动对人权实施已经并将继续产生影响，但这种影响毕竟是辅助性的。体现在一系列国际准则上的人权普遍性，还是要通过各国行动的特殊性才能实现。

根据《发展权利宣言》，"发展权利是一项不可剥夺的人权，由于这种权利，每个人和所有各国人民均有权参与、促进并享受经济、社会、文化和政治发展，在这种发展中，所有人权和基本自由都能获得充分实现"。[②] 实现发展权就是要让人民平等地参与发展，分享发展的成果。对于人口众多、人均资源相对贫乏、发展又很不平衡的中国来说，贫困和发展不充分仍然是阻碍中国人民享有人权的最大障碍，发展权的充分实现，仍然是中国人权发展的最重要内容。

二　衡量发展的社会尺度

发展和人权，在许多方面拥有共同目标，即以人为中心（以人为本）谋求发展。人类发展有助于为实现人权建立一个长期战略，有助于加深对人权方法的理解，拓宽人权方法的范围。体面的生活、足够的营养、医疗、教育、体面劳动和应对各种风险的能力不仅是发展的应有之义，也是人的权利。

"发展"与"增长"是不同的范畴，后者仅仅指物质的扩大，尽管经济增长毫无疑问是发展的最重要内容，是消除贫困、实现发展权的基本手段和主要途径。但是，如果忽视了社会公平正义，忽视了人的自由选择和谋求发展的能力，就会带来社会分化，引发一系列社会问题，不仅抹杀了人的发展潜能，还埋下人为物役的隐患，违背了发展的初衷。"需要注意的是，并非任何一种发展都必然带来人权状况的改善，那种造成贫者愈贫、富者愈富的'马太效应'的所谓发展，反而与人权保障目标背道而驰。那种拒绝大多数人参与发展过程，或者拒绝大多数人分享发展成果的发展模式，是不利于人权保障的，也是

---

① 见联合国秘书长安南所做的千年报告《我们人民，角色与作用》第二章，http:// www. un. org/chinese/aboutun/prinorgs/ga/millennium/sg/report/。

② 《发展权利宣言》，载北京大学法学院人权研究中心编《国际人权文件选编》，北京大学出版社，2002，第305页。

非理性的。"①

自 20 世纪 60 年代起,联合国提出若干个十年发展战略。"第一个发展十年（1961～1970 年）"战略规定的发展目标,是不发达国家的 GNP 年增长率最低为 6%,并希望较贫困国家能通过经济增长来改善人民的生活条件。这一时期,"经济发展问题实质上就是通过增加人均产出来提高国民收入水平,使每一个人都能消费得更多";"经济发展可以定义为物质福利持续而长期的改善……反映出产品和劳务流量的增加"（海因茨·沃尔夫冈·阿恩特,1997：52～53）。这些国家的经济增长,关键是增加资本积累和工业化进程提速,相应地,经济指标就成了对发展进行评价的标准。"第二个发展十年（1971～1980）"战略指出："发展之最终目的既为提供日益增多之机会,使全体人民有更佳之生活,故必须实现更公平的收入及财富分配,以促进社会正义及生产效率,切实提高就业水平,达成更高度收入保障,扩充与改进教育、卫生、营养、住宅及社会福利之设施,并保护环境。因此,社会素质上及结构上之改变必须与迅速经济增长携手并进,而现有之区域、部门及社会之悬殊情形应大为减少。此等目标既为发展之决定因素亦为其最终结果,故应视为同一动态过程之构成部分,而需要统筹办法。"② 为了提高发展质量,各国政府采取了许多措施：从人权角度看,就是开始关注生存权、发展权、受教育权、就业权、环境权等问题。"第三个发展十年（1981～1990）"战略致力于不断加速发展中国家的发展并建立一个新的国际经济秩序,特别需要发展中国家公平、充分和有效地参与制订和执行有关发展和国际经济合作的决定,促进国际经济制度结构的变革。"发展过程必须提高人的尊严。发展的最终目的是在全人类充分参与发展过程和公平分配从而得来的利益的基础上不断地增进他们的福利。……经济增长、生产

---

① 罗豪才：《通过科学发展提升人权保障水平》,《人民日报》2010 年 10 月 20 日。其实,早在 20 世纪 80 年代,就有"有增长而无发展"问题的提醒,譬如没有增加就业机会（"无工作的增长"）、没有政治参与能力（"无声的增长"）、没有文化根基（"无根的增长"）、收入差距不断扩大（"无情的增长"）、环境恶化（"无未来的增长"）等。这些问题困扰了许多发展中国家。

② 《联合国第二个发展十年国际发展战略》,http://www.un.org/zh/documents/view_doc.asp?symbol = A/RES/2626%20（XXV）。

性就业和社会平等都是发展的根本的不可分割的要素。"① 每个国家都要在发展计划和优先次序范围内厘定适当的、中肯的政策，以逐步实现发展的目标。"第四个发展十年（1991～2000）"战略面对的环境是国家间相互依存越来越密切，资金、人口、观念的流动日益开放，发展中国家的政治和社会结构受到强大的压力。"这十年的发展应促使所有人不分男女参与经济和政治生活，保护文化特性，确保人人有必要的生存手段。各国有责任根据其具体国情和条件制定本国促进发展的经济政策，每一个国家都要对其所有公民的社会和福利负责。《战略》应协助提供一种环境，支持各地逐步实行以赞同和尊重人权和社会与经济权利为基础的政治制度以及保护所有公民的司法制度。"② 由于注意到经济社会发展不容分割，以及公私部门、个人与企业、民主权利和自由在发展过程中的作用，有关见解逐渐趋于一致。

差不多与此同时，晚年邓小平提醒国人："少部分人获得那么多财富，大多数人没有，这样发展下去总有一天会出问题。""如果搞两极分化，情况就不同了，民族矛盾、区域间矛盾、阶级矛盾都会发展，相应地，中央和地方的矛盾也会发展，就可能出乱子。"（中共中央文献研究室，1994：364；2004：1364）无论中国还是世界，都越来越聚焦于发展人的本性、公平性和可持续性。

1990年，联合国开发计划署（UNDP）提出"人类发展"（human development）概念，"人类发展"既是一种发展观念，也是一种理论方法，是"扩大人的选择的发展"，基于发展新观念制定新的发展政策和发展战略。"我们重新发现那个最基本的真理，就是人民必须居于发展的中心。发展的目的就是给人民提供更多选择的机会。选择之一是收入，但这不是目的本身，而是获得人类福利的手段。人们还有其他选择，包括长寿的生活、知识的获得、政治自由、人身安全、社会参与和人权保障。人不能简化成一维的经济动物。人的构成因素以及对人类发展过程的研究应是一个完整的光谱，通过这个光谱人的能力得到

---

① 《联合国第三个发展十年国际发展战略》，http://www.un.org/zh/documents/view_doc.asp? symbol = A/RES/35/56。

② 《联合国第四个发展十年国际发展战略》，http://www.un.org/zh/documents/view_doc.asp? symbol = A/RES/45/199。

扩展和运用。"①

"人类发展"试图通过制度安排和政策调整使经济财富增长为人民生活服务，并成为扩大人们选择的基础。这就要求把人置于发展的中心，把扩大人的选择作为发展的目标；在扩展人的选择能力方面，既要注重能力的培养，也要注重能力的运用；"人类发展"还包含丰富的社会发展内容，但又不等于一般的社会发展；同时必须认识到，人既是发展的手段，也是发展的目的。这主要表现为"人类发展"四个要素：公平（Equity）、可持续（Sustainability）、生产力（Productivity）和赋权（Empowerment）（Mahbubul Haq，1999：15 - 19）。"人类发展"的核心内容包括：

（1）发展必须把人置于所关心的一切问题的中心地位。

（2）发展的目的是扩大人类的选择范围，而不仅仅是增加收入，它所关注的是整个社会，而不仅仅是经济。

（3）人类发展既与扩大人的能力（通过对人的投资）有关，也与保证充分利用这些能力（通过能使其转变为现实的结构）有关。

（4）人类发展建立在生产力、公正、持续性和享有权利之上。在承认经济增长是人类发展基础的同时，重视经济增长的质量和分配，强调世代的可持续性选择，而且必须通过适当的管理，充分利用经济增长为增进福利所提供的机会，促进人类的发展。

三　不平等仍然是发展的主要问题

伴随着全球化，各国发展争先恐后，世界经济规模迅速扩大，财富积累惊人，同时也出现了更大范围、更深程度的不平等，穷国和富国、穷人和富人之间的鸿沟进一步扩大了。贫富差距不但反映在经济指标上，还表现在人类发展指数（HDI），以及分享信息和话语权能力上。弱势群体受到排斥的现象还没有消除，新的排斥又产生了。任何一个社会，受到排斥的群体如果绝望了，就很可能铤而走险。在发达国家，就有很多人加入所谓"反全球化""占领（华尔街）"等街头抗议运动中。各种民

① 联合国开发计划署：《1990 年人类发展报告》前言，http://hdr. undp. org/en/media/hdr_1990_en_front. pdf。

间组织也在利用包括世界社会论坛（WSF）这样的场合发出反对不平等的声音。

在对全球金融危机的反思中，收入不平等是"占领（华尔街）"运动"99%对1%"的强烈声讨对象。法国新锐经济学家托马斯·皮凯蒂（Thomas Piketty）通过对欧美几个主要国家18世纪以来资本与财富的增长、分配趋势与机制的分析，认为资本收益率（r）经常性稳定地高于经济增长率（g）和劳动回报率，这些国家的资本收入比（$\beta = K/Y$，K为资本，Y为年收入）越来越高，并已构成几乎所有社会不平等的基本机制。"具有累积性质的这一不平等逻辑机制，催生出来惊人而持续的不平等。"（托马斯·皮凯蒂，2014：380）当今世界仍在上演财富向极少数人集中的悲剧，进而导致了严重的社会分化和阶层固化。

不平等撕裂了各种社会关系，激发了许多社会问题。这些不平等既有对地位、身份、族群、性别、地域、文化的体制性歧视，剥夺了部分人群公平参与竞争的机会，也包括缺乏有效的利益协调机制，弱势者要改变困境走投无路，还包括垄断机构选择性的制度安排，资源配置方式的行政性偏好，等等。经济合作与发展组织2014年发布的报告显示，20世纪80年代初以来这个"富国俱乐部"的贫富差距加速扩大，美国最富的1%人口掌握了20%的财富，而1981年这个数字是8%。英国最富的1%的人口在30年里所拥有的财富份额从6%升到14%，德国从10%升到13%。[①]世界经济论坛官网发布的《2014年全球风险报告》称，长期的贫富差距扩大将是未来十年最可能造成严重全球性危害的风险。[②]托马斯·皮凯蒂还认为，如果一个社会的总收入（劳动收入加资本收入）不平等持续加剧，出现了"超级世袭社会"（或食利者社会）和"超级精英社会"联手的情况，"未来将出现一个新的不平等世界，比以往的任何社会都更极端"（托马斯·皮凯蒂，2014：269）。

不平等为各类社会问题的产生和扩散提供了土壤，而这些问题一旦与民族问题、宗教问题挂起钩来，就变得异常复杂和敏感。近年不少国家和地区发生的社会动荡其实都和这种情况有关，再有外部势力

---

① 《"富国俱乐部"GDP全球占比下滑》，参考消息网2014年5月2日，http://finance.cankaoxiaoxi.com/2014/0502/383038.shtml。

② 《世界经济论坛发布〈2014年全球风险报告〉认为：贫富差距扩大将成全球最大风险》，《经济参考报》2014年1月17日。

渗透甚至干预，就很容易酿成大规模暴力事件，极端势力和恐怖主义也趁机得以抬头。

但是，正如阿玛蒂亚·森（Amartya Sen）所说，问题并不在于全球化本身，也不在于它所运行的市场体制，而在于制度安排的不公平导致了分享全球化利益方面的极不公平；问题也不仅仅在于穷人是否能从全球化中获得什么，而在于他们是否能得到公平的份额和机会。全球化面临的挑战都与不平等有关，这既包括国内的不平等也包括国际的不平等；既包括贫富悬殊，也包括政治、社会和经济权力的不平衡。由于不同的自然、人力资源和游戏规则，市场经济可能产生不同的效果。我们没有理由，也不可能置身于全球化进程之外，但同时必须解决一些非常重要的制度和政策问题（阿玛蒂亚·森，2001）。

中国人口占世界总数的1/5，经济规模占全球GDP总量超过了12%（2013年数字）；人均GDP已达到世界平均水平一半以上，但劳动收入占GDP比重过低（根据中国社会科学院社会蓝皮书《2013年中国社会形势分析与预测》，我国劳动收入占比从2004年的50.7%下降到2011年的44.9%，远低于托马斯·皮凯蒂样本的2/3甚至3/4的发达国家水平），城镇居民收入差距、城乡居民收入差距持续扩大……一方面，国际产业在后危机时期将有较大规模的结构调整，发达国家透支消费情况将有所收敛，各国的贸易保护主义会加大砝码；另一方面，国内经济仍然难以摆脱传统模式的惯性，产能过剩、土地收益耗竭、内需不足与通胀压力并存、社会福利供应缺失等依然存在。虽然官方数据显示收入差距上升的势头有所遏制，但是严重的收入差距远远超过了人们可以接受的水平，特别是由于相当一部分差距来自于腐败、垄断和制度歧视，更加强了人们对社会不公的愤慨。

中国是全球资本流动的集聚地，外商直接投资的回报相当高，本土资本则由于处于产业链的低端，创新能力缺乏，劳动成本增加，回报率就比较低。就此而言，还不能简单地移植托马斯·皮凯蒂的结论，甚至$r > g$这个不等式也未必适用于中国。中国的实业资本收益率并没有超过经济增长的速度，其中就有不完全市场不充分竞争的"拖拽"效应。中国长期存在政府行为既有"越位""错位"问题，又有"缺位""不到位"问题，前者妨碍了市场机制对资源进行配置的效率，后者则弱化了政府"有形之手"的调节作用。因此，推进公平的发展，政府职能必须要有实质性的转变。

改革开放以来，中国政府的主导在推动经济增长过程中功不可没，但政府过多、过大的行政干预和过度介入微观经济活动，严重压抑了市场活力。这不仅是发展不可持续的重要原因，也是导致寻租腐败的体制根源。新一届政府强调，凡是市场能做好的，就让市场去做；凡是能利用市场机制的，就尽量引入市场机制。"我们要坚持社会主义市场经济改革方向，从广度和深度上推进市场化改革，减少政府对资源的直接配置，减少政府对微观经济活动的直接干预，加快建设统一开放、竞争有序的市场体系，建立公平开放透明的市场规则，把市场机制能有效调节的经济活动交给市场，把政府不该管的事交给市场，让市场在所有能够发挥作用的领域都充分发挥作用，推动资源配置实现效益最大化和效率最优化，让企业和个人有更多活力和更大空间去发展经济、创造财富。"（人民日报，2014）这意味着政府只是服务者，是市场规则的维护者和市场关系的仲裁者。市场经济充分发展、市场规则不断完善，将"倒逼"（forced）权力为本的社会结构改革。

四　发展须高度关注经济问题的社会解决

中国提倡发展转型有年，但实施效果不尽如人意。2008年金融危机以后，中国采取了相对宽松的货币政策，资本价格快速上涨，资本收益率上升；而劳动收入占比提振乏力，加上我国人口老龄化趋势日益明显，加剧了分配格局的严峻性。"如果公共资本能够保证更均等地分配资本所创造的财富及其赋予的经济权力，这样高的公共资本比例可以促进中国模式的构想——结构上更加平等、面对私人利益更加注重保护公共福利的模式。"[①] 如果不解决好社会公平正义问题，那么就既不符合中国特色社会主义的目标，也有悖于全世界关于发展的普遍价值。

公平的发展，不仅要着力解决收入分配问题，也有赖于落实公民应

[①] 见托马斯·皮凯蒂《21世纪资本论》中文版自序，中信出版社，2014。皮凯蒂还建议中国要致力于建立一个完整、透明的累进税制度与财产税制度，这有助于保持良好的社会投资，而且可以让执政者清楚看到社会财富在各阶层的占有比例与变化趋势，有助于制定相应的有效政策。见《平衡贫富差距东西方都需改革——法国著名经济学家托马斯·皮凯蒂接受本报专访》，《环球时报》2014年10月9日。

享有的各种权益，破除社会不平等，特别是机会不平等、身份不平等、权利不平等。机会平等意味着无歧视性和非垄断性；机会面向全体社会成员开放；人人都有获得资本、生产要素的机会；都有平等进入市场进行自由竞争的机会；都有在求学、择业、就职等方面参与公平竞争的机会；等等。"那些处在才干和能力的同一水平上、有着使用它们的同样愿望的人，应当有同样的成功前景，不管他们在社会体系中的最初地位是什么，亦即不管他们生来是属于什么样的收入阶层。在社会的所有部分，对每个具有相似动机和禀赋的人来说，都应当有大致平等的教育和成就前景。那些具有同样能力和志向的人的期望，不应当受到他们的社会出身的影响。"（约翰·罗尔斯，1988：69~70）机会平等为每个社会成员提供一个平等竞争的公正环境，为有能力的人创造脱颖而出的条件，提供有利于他们发展的广阔空间。

长期以来，内地社会的户籍差别、城乡差别，造成不同户籍之间人们身份的很大差别，人为地分为不同等级，不同等级的社会成员又连带着不同的权利和义务，进一步造成某些职业某些人群的优势地位以及另一些职业和人群的弱势地位。"官本位"观念及其潜规则还在继续造成这样的身份差别，行政、事业、企业人员在收入、福利、发展机会等各方面的差别还在扩大。由身份造成的不平等严重扼杀了社会的活力，也使得社会阶层隔阂日益加深。必须大力消除城乡、地区、行业差别引起的身份不平等；限制公权力，破除官本位和潜规则；形成尊重知识而不是骄纵权力的有效体制机制；发挥司法保障社会公平正义最后防线的作用，切实保障人民的权利。

更深层次的是许多不平等现象背后的权利不平等。解决贫富差距扩大不仅仅是财富再分配的问题，也涉及权利和利益的调整。"现代再分配上基于权利的逻辑，以及人人都可获得基本公共服务的平等原则。""必须要将基本权利和物质福利尽可能覆盖每一个人，因为这最有利于那些权利最小化机会最少的弱势群体。"（托马斯·皮凯蒂，2014：493~494）这就牵动了财政、社会保障、就业、教育、医疗卫生等一系列体制改革。"市场化并不是各国财富差距扩大的根本原因，在各国贫富差距的扩大成因中，包括政府对市场缺失和市场扭曲采取的不作为态度，对资本节制和劳动保护的不足等才是最为核心的因素。在这种情形下，要调节市场化过程中的财富分化问题，仅靠市场的自我节制是不够

的，必须要有外力的限制去改变弱势者的相对不利地位。"（万海远，
2014）

中国正处于全面深化改革、推动发展转型的关键时期，同时也是社
会矛盾、风险的高发期。我们要"前移"社会解决的姿态，扩大社会投
资，加快社会建设。政府工作和政策应放在化解矛盾、消除风险的源头
上，维护公众享有公共资源、公共服务的均等权利，尽可能保证人们的
权利平等、身份平等、机会平等。这不但是矫正社会不平等的最基本条
件，也是风险治理最重要的制度安排。

第一，落实反贫困战略。中国至今还有一部分地区一部分人群没有
完全脱贫，这就需要关注解决这些问题的制度因素和文化因素，关注如
何分配资源的公共政策。不能光靠援助救济来反贫困，当地工作和政策
的重点要放在消除贫穷的根源以及满足大多数人的基本需要上，优先考
虑满足处境不利和缺乏代表的群体，如少数族群居民、残疾人、妇女、
儿童和老年人的需要，帮助实现其权利。

第二，大力推动包容性发展。包容性而不是排斥性的发展，就是既
要让社会中的每个人从发展中获得利益，也要把改进所有人的福利作为
发展的目标，使每个人拥有分享经济社会发展成果的权利。人和人的能
力不同、机遇各异，对经济发展的贡献有大小之别，但是每个人都要承
担为经济发展做出力所能及贡献的责任，实现分享发展成果的权利与推
动发展的责任相匹配。

第三，不断完善社会政策。社会政策是国家立法和行政干预，解决
社会问题，保证社会安全，改善社会环境，增进社会福利的政策和规定
的总称。国家既要通过社会政策提供基本的公共品，也要激励和引导更
多的社会主体参与福利供应，以满足不同群体的需要，并保证其可持续
性。社会政策还要平衡好公平与效率的关系，缩小或减缓社会差距，但
最重要的还是为社会成员提供发展机会和条件。

第四，抓紧社会保障体系建设。广义的社会保障是指公民享有国家
或地区为满足全体社会成员物质文化需要，改善其生活质量，具有普惠
性的制度安排（"体制型福利"）①。内地社会福利欠账较多，社会保障投

---

① 狭义的社会保障是指针对某些困难人群提供的救济或援助，具有应急性、补充性的特点，
也称"补缺型福利"。

入亟待加强，特别是要加紧建设对保障社会公平正义具有重大作用的制度。"逐步建立以权利公平、机会公平、规则公平为主要内容的社会公平保障体系，努力营造公平的社会环境，保证人民平等参与、平等发展权利。"（胡锦涛，2012：14）

第五，创新社会治理体制。党的十八届三中全会提出创新社会治理体制的任务，表明执政党对社会治理的认识达到了一个新高度。社会的健康发展，离不开良好的动力机制和平衡机制。前者可以释放社会发展的能量，后者协调社会有机体的均衡稳定。没有动力机制，社会将失去活力；没有平衡机制，社会就可能因不和谐而无法保持稳定。创新社会治理体制，必须着眼于最大限度增加和谐因素，增强社会发展活力。

参考文献

阿玛蒂亚·森，2001，《公平才好：全球化的十个问题》，《国际先驱论坛报》7 月 14～15 日。

安南，2000，《我们人民，角色与作用》第二章，http://www.un.org/chinese/aboutun/pri-norgs/ga/millennium/sg/report/。

参考消息网，2014 年 5 月 2 日，《"富国俱乐部"GDP 全球占比下滑》，http://finance.cankaoxiaoxi.com/2014/0502/383038.shtml。

海因茨·沃尔夫冈·阿恩特，1997，《经济发展思想史》，唐宇华等译，商务印书馆。

胡锦涛，2012，《坚定不移沿着中国特色社会主义道路前进 为全面建成小康社会而奋斗——在中国共产党第十八次全国代表大会上的报告》，人民出版社。

联合国开发计划署，1990，《1990 年人类发展报告》前言，http://hdr.undp.org/en/media/hdr_1990_en_front.pdf。

托马斯·皮凯蒂，2014，《21 世纪资本论》，中信出版社。

万海远，2014，《坚持市场化改革方向》，http://www.21ccom.net/articles/economics/dongjian/20141008114293.html。

约翰·罗尔斯，1988，《正义论》，何怀宏等译，中国社会科学出版社。

中共中央文献研究室编，1994，《邓小平文选》第 3 卷，人民出版社。

中共中央文献研究室编，2004，《邓小平年谱（一九七五——一九九七）》，中央文献出版社。

《德黑兰宣言》，2002，载北京大学法学院人权研究中心编《国际人权文件选编》，北京大学出版社。

《发展权利宣言》，2002，载北京大学法学院人权研究中心编《国际人权文件选编》，北京大学出版社。

《经济参考报》，2014，《世界经济论坛发布〈2014 年全球风险报告〉认为：贫富差距扩大将成全球最大风险》，1 月 17 日。

《联合国第二个发展十年国际发展战略》，http://www. un. org/zh/documents/view _ doc. asp？symbol = A/RES/2626%20（XXV）。

《联合国第三个发展十年国际发展战略》，http://www. un. org/zh/documents/view _ doc. asp？symbol = A/RES/35/56。

《联合国第四个发展十年国际发展战略》，http://www. un. org/zh/documents/view _ doc. asp？symbol = A/RES/45/199。

《人民日报》，2014，《习近平在主持中共中央政治局第十五次集体学习时的讲话》，5 月 28 日。

《维也纳宣言与行动纲领》，2002，载北京大学法学院人权研究中心编《国际人权文件选编》，北京大学出版社。

Mahbub ul Haq, 1999, *Reflections on Human Development*，Delhi：Oxford University Press.

图书在版编目（CIP）数据

公平与发展：海峡两岸暨香港人文社会科学论坛文
集：2014／中国社会科学院社会学研究所主编． -- 北
京：社会科学文献出版社，2017.2
ISBN 978 - 7 - 5097 - 9415 - 9

Ⅰ．①公…　Ⅱ．①中…　Ⅲ．①社会科学 - 文集②人文
科学 - 文集　Ⅳ．①C53

中国版本图书馆 CIP 数据核字（2016）第 147268 号

公平与发展
——海峡两岸暨香港人文社会科学论坛文集（2014）

主　　编／中国社会科学院社会学研究所

出 版 人／谢寿光
项目统筹／童根兴
责任编辑／孙　瑜　杜　敏　刘德顺

出　　版／社会科学文献出版社·社会学编辑部（010）59367159
　　　　　　地址：北京市北三环中路甲 29 号院华龙大厦　邮编：100029
　　　　　　网址：www. ssap. com. cn
发　　行／市场营销中心（010）59367081　59367018
印　　装／北京季蜂印刷有限公司

规　　格／开　本：787mm × 1092mm　1/16
　　　　　　印　张：19.25　字　数：307 千字
版　　次／2017 年 2 月第 1 版　2017 年 2 月第 1 次印刷
书　　号／ISBN 978 - 7 - 5097 - 9415 - 9
定　　价／89.00 元

本书如有印装质量问题，请与读者服务中心（010 - 59367028）联系